Inge Deutschkron

Inge Deutschkron

Überleben als Verpflichtung

Inge Deutschkron

Überleben als Verpflichtung

Den Nazi-Mördern entkommen

Butzon & Bercker

„Orientierung durch Diskurs“

Die Sachbuchsparte bei Butzon & Bercker, in der dieser Band erscheint, wird beratend begleitet von Tobias Licht, Susanne Sandherr, Johannes Bernhard Uphus und Marc Witzenbacher.

Bibliografische Information der Deutschen Nationalbibliothek

Die Deutsche Nationalbibliothek verzeichnet diese Publikation in der Deutschen Nationalbibliografie; detaillierte bibliografische Daten sind im Internet über http://dnb.d-nb.de abrufbar.

verlags gruppe engagement

Das Gesamtprogramm
von Butzon & Bercker
finden Sie im Internet
unter www.bube.de

ISBN 978-3-7666-1398-1
E-BOOK ISBN 978-3-7666-4131-1
EPUB ISBN 978-3-7666-4132-8

Umschlaggestaltung: Christoph M. Kemkes, Geldern
Satz: Schröder Media GbR, Dernbach
Printed in Germany

Inhalt

Vorwort

Sie holten sie aus ihren Wohnungen, aus den Fabriken, wo sie zu Zwangsarbeit verurteilt waren, nahmen sie, wo und wie sie sie fanden im Arbeitskittel, ohne Mantel, im Schlafanzug nach einer Nachtschicht. Kleinkinder torkelten an der Hand ihrer Mütter einher, junge Burschen schritten aus, als wollten sie es schnell hinter sich bringen, Männer gingen geduckt unter der Last ihres letzten Besitzes. Vom Fenster aus sah ich sie, sehe ich sie noch heute, in ihrem Erschrecken wie erstarrt, von Polizeibeamten, SS-Leuten, Zivilbeamten in die Wagen gestoßen. Die Aktion dauerte einige Tage. Dann waren sie alle fort – meine Familie, meine Freundinnen, Otto Weidts Blinde. Wir hatten keinen Schrei gehört, sahen kein Aufbegehren. Da liefen nur Gestalten, deren Ziel bestimmt zu sein schien. Des Nachts sah ich sie wieder vor mir und dachte an sie. Wo nur waren sie jetzt? Was tat man ihnen an? Ich begann mich schuldig zu fühlen. Mit welchem Recht drückte ich mich vor einem Schicksal, das auch das meine hätte sein müssen?

Nichtjüdische Freunde boten meiner Mutter und mir an, uns zu verstecken. Sie riskierten ihren Kopf für uns. Zwei Jahre und vier Monate dauerte dieses Leben von einem Versteck zum anderen. Weder unsere Freunde noch wir hatten vorausgesehen, wie schwer es sein würde. Doch sie brachten uns durch.

Mein Vater, der kurz vor Kriegsbeginn nach England fliehen konnte, beantragte unsere Einreise. Ein

Jahr lang mußten wir in Berlin auf das Visum warten. Emigranten begleiteten meinen Vater zu unserer Ankunft in London. Ich sah es sofort: Für sie waren wir Abgesandte ihrer ermordeten Angehörigen. Sie kämpften mit Tränen und wieder empfand ich Schuld wie damals, als ich das Schicksal der Deportierten nicht teilte.

Die Schuld wich schließlich der Sprachlosigkeit, als die Menschen in Nachkriegsdeutschland zu mir sagten „Vergessen Sie doch", wenn sie mich nicht anders zum Schweigen bringen konnten. „Sie müssen doch auch vergeben können", meinten sie, „es ist doch schon so lange her." Die meisten, denen ich begegnete, hatten sie einfach aus ihrem Gedächtnis gelöscht, die Verbrechen, für die der deutsche Staat eine eigene Mordmaschinerie hatte errichten lassen.

Da wußte ich plötzlich, was meine Pflicht war: Ich mußte es niederschreiben: die Wahrheit der schrecklichen Geschehnisse, präzise und emotionslos. Es ging mir nicht darum, daß die Schuldigen einen Weg der Sühne dem jüdischen Volk gegenüber suchten. Ich war wie besessen von der Idee, daß Vergleichbares nie wieder geschehen dürfe, daß Menschen anderen Menschen das Recht auf Leben streitig machen können, ganz gleich, welcher Hautfarbe, welcher Religion, welcher politischen Richtung, nicht hier und nicht anderswo. Und um dieses Zieles wegen gilt es die Wahrheit zu wissen, die ganze Wahrheit. Denn solange die Frage Rätsel aufgibt, wie konnte es geschehen, was waren die Ursachen politischer, wirtschaftlicher, gesellschaftlicher Art, ist die Gefahr nicht gebannt, daß ähnliche Verbrechen die Menschheit erneut heimsuchen.

Die vorliegende Sammlung enthält Auszüge aus einigen meiner Bücher, etlichen Buchbeiträgen, Reden und Zeitungsartikeln. Sie entstanden aus meinen Erfahrungen als Verfolgte in der Zeit eines verbrecherischen

Regimes in Deutschland und als Überlebende in der Nachkriegszeit. In diesem Buch ist das Erlebte und Beobachtete nach thematischen Schwerpunkten geordnet: Den Anfang macht eine Kurzbiographie „Ein Todesurteil und vier Leben“ zu meiner Person, Beiträge zu meiner Kindheit und Jugend im Zeichen des „gelben Sterns“ schließen sich an. Es folgen verschiedene Aufzeichnungen zur Stimmungslage im Nachkriegsdeutschland bis in die siebziger Jahre hinein. Weitere Themenschwerpunkte sind die Komplexität der Aufarbeitung deutscher Geschichte und das schwierige Verhältnis zwischen Deutschland und Israel sowie meine Rückkehr nach Deutschland. Einen zusammenfassenden Rückblick, der zugleich als Ausblick gelesen werden kann, bieten schließlich verschiedene Reden zu unterschiedlichen Anlässen. Das Niederschreiben meiner Erlebnisse ist mir zur Verpflichtung geworden – mir als einer, die dank mutiger Berliner das grausame Schicksal von Millionen anderen nicht teilen mußte.

Inge Deutschkron

Kurzbiographie – Ein Todesurteil und vier Leben

Sie sagte es schnell und sehr bestimmt: „Frau Deutschkron. Sie und Inge dürfen sich nicht deportieren lassen!“ Dabei hielt Emma Gumz die Hände meiner Mutter fest umklammert, so als wollte sie ihrer Forderung mehr Nachdruck verleihen. Meine Mutter sah sie verstört an, fragte schließlich erregt, wie dies denn zu verstehen sei. Da antwortete die kleine Frau, die jahrelang unsere Wäsche gewaschen hatte: „Der Fritz, unser Nachbarsjunge, ist als Soldat in Polen gewesen. Er hat gesehen, was sie dort mit den Juden machen.“ Und rasch fügte sie hinzu, daß ihr Mann und sie uns davor bewahren wollten. Das war im November 1942 gewesen. Ich war gerade 20 Jahre alt, als diese Frau die Vollstreckung des mir zugedachten Todesurteils auf ihre Weise zu verhindern suchte.

Dabei hatte alles so normal angefangen. Ich war 1922 in der kleinen Stadt Finsterwalde geboren worden. Als mein Vater meiner Mutter seine Versetzung an das dortige Gymnasium mitteilte, suchte sie den Ort vergebens auf ihrem Schulatlas. Finsterwalde würde nur eine Station in seiner Beamtenlaufbahn sein, beruhigte sie mein Vater, die mit einer Pension am Ende seiner Karriere so viel Sicherheit versprach. Auch für das Kind Inge schien der Weg vorgezeichnet zu sein – höhere Schulbildung, Universität, möglicherweise Doktortitel. Als ich vier oder fünf Jahre alt war, wurde mein Vater nach Berlin versetzt, wo er als Studienrat in einem Gymnasium im Wedding lehrte.

Ich mußte mich nun an die Großstadt gewöhnen. Mit der Kleinstadtidylle war es vorbei. Ich durfte nicht mehr auf der Straße mit anderen Kindern spielen. In den Straßen der Großstadt lauerten zu viele Gefahren für ein kleines Mädchen, meinten meine Eltern. Sie erlaubten mir auch nicht, Rad fahren zu lernen. Der Großstadtverkehr sei dafür zu rasant. Doch Berlin hatte für mich manches andere zu bieten. Da gab es den nahen Friedrichshain mit dem Märchenbrunnen und den jedem Kind vertrauten Figuren. Dann war da der Tennisplatz, wo ich meine ersten Lorbeeren als Balljunge verdiente, wenn meine Eltern ihre Matches spielten – im Tennis-Rot natürlich, einer Abteilung des Arbeitersportbundes, wie es ihrer politischen Einstellung entsprach. Und da war die von Maschinen betriebene Eisbahn, auf der ich sogar noch in lauen Sommermonaten meine Pirouetten drehen konnte. Meine Mutter blähte sich vor Stolz, wenn Zuschauer am kleinen Mädchen im roten Mäntelchen Talent entdeckten und ihm eine große Zukunft auf dem Eis voraussagten. Das aber enthüllte sie mir erst viel später, als mir der Besuch von Sportstätten als Jüdin untersagt war. Noch störte nichts diese Idylle.

Doch dann klirrte Glas. Und das geschah immer öfter. Es war meist das Fenster meines zur Hufelandstraße gelegenen Zimmers, auf das die Nazis Steine warfen. Natürlich hatte ich Angst. Aber meine Mutter verstand es, mich zu beruhigen. Die Leuchttransparente und Fahnen auf unserem Balkon, mit denen meine Eltern während der Wahlkämpfe jener Jahre um Wählerstimmen für die Sozialdemokratische Partei warben, reizten die Nazis zu solch kriminellen Handlungen. Mein Vater stellte seine ganze Freizeit in den

Dienst dieser Partei. Er sprach in öffentlichen Versammlungen gegen die Nazis, warnte die Berliner vor Hitler, dieser werde nur Krieg und Verderben bringen, ließe man ihn an die Macht. Ein Mitbewohner unseres Hauses wurde eines Nachts in unserem Hausflur angeschossen. Die Kugel sollte eigentlich meinen Vater treffen. Aber auch das hielt ihn nicht von seinen politischen Aktivitäten ab. Viele Jahre später, als mein Vater bereits im Ausland war, gestand ich meiner Mutter, daß ich vor dem Einschlafen immer auf Geräusche im Treppenhaus gehorcht hatte. Hallende Tritte von Stiefeln, wie sie die Hitler-Schergen zu tragen pflegten, verband ich mit Gefahr für meinen Vater.

Die politische Überzeugung meiner Eltern teilte sich mir natürlich mit. Meine Eltern legten Wert darauf, daß ich wußte, was sie taten, und warum sie es taten. Ich bin ganz sicher, daß ich 1933 als Zehnjährige besser wußte, wer Hitler war und welche Ziele die Nazis verfolgten, als manche erwachsene Bürger dieses Landes. Zu meinen schönsten Kindheitserinnerungen gehört nicht irgendeine Ferienreise oder ein kindliches Vergnügen, sondern die Tatsache, daß ich gemeinsam mit den politischen Freunden meiner Eltern in einem verräucherten Hinterzimmer einer Kneipe sitzen und helfen durfte, Flugblätter gegen die Nazis zu falten. An der Hand meiner Mutter ging ich auch in Demonstrationen mit. Im Berliner Lustgarten fühlte ich mich ebenso zu Hause wie auf dem Spielplatz im Friedrichshain.

„Wir sind Juden, Inge", sagte meine Mutter eines Tages im April 1933 zu mir. Ich hatte keine Ahnung, was sie mir da sagte. Ich war mit Weihnachtsbaum und Ostereiern aufgewachsen und wußte nichts über Judentum oder jüdische Religion. Es gab in unserem Haus weder Kultgegenstände, noch hingen meine Eltern an Traditionen jüdischen Ursprungs. Ich wußte noch nicht einmal, was eine Religion ist, denn ich hatte eine weltliche Schule besucht, in der dieses Fach nicht gelehrt wurde. Doch an jenem Tag wollte ich meinen Eltern keine weiteren Fragen stellen, denn ich spürte, daß sie andere Sorgen hatten. Ein Satz indes, den meine Mutter dieser für mich so überraschenden Eröffnung hinzufügte, blieb in meinem Gedächtnis haften. Ja, er wurde zum Leitmotiv meines Lebens: „Auch wenn du jetzt zu einer Minderheit gehörst, laß' dir nichts gefallen. Wehr dich, wenn du angegriffen wirst." Schließlich sei ich auch als Jüdin anderen Kindern ebenbürtig.

„Wir sind Deutsche", betonte mein Vater immer wieder, auch wenn die Nazis Juden nicht als solche anerkennen wollten. „Deutsch ist unsere Sprache, deutsch unsere Kultur!" Und er wies weiter darauf hin, daß unsere Familie nachweislich seit vielen Generationen in Deutschland ansässig sei und er und seine zwei Brüder im Ersten Weltkrieg als Freiwillige in der deutschen Armee gekämpft hätten. Darum gab es für uns auch keinen Grund auszuwandern. Meine Eltern hielten es aber für richtiger, Manuskripte meines Vaters, Schriften, ja sogar Bücher mit sozialistischem Inhalt zu verbrennen oder in den Hintergrund des Bücherschranks zu verbannen. Verhaftungen von Gesinnungsgenossen verstörten sie natürlich. Sie beschlossen dann auch, den 1. April 1933, den Tag des Boykotts jüdischer Geschäfte, nicht zu Hause zu verbringen. Mit den Worten, dies sei nur so eine Vorsichtsmaßnahme, spielten meine Eltern den Besuch bei Tante und Onkel Hannes in Spandau mir gegenüber herunter. Ich glaubte ihnen aufs Wort. Sie hatten mich noch nie belogen.

Kurz darauf wurde mein Vater seiner politischen Tätigkeit wegen aus dem Staatsdienst entlassen. Das traf ihn ins Mark. Aber dennoch blieb er zuversichtlich. Und er war nicht der einzige. Höchstens drei Monate würde dieser Hitler an der Macht bleiben. So schwadronierten die Männer, die wie mein Vater wegen ihrer führenden Rollen in demokratischen Parteien oder Gewerkschaften arbeitslos geworden waren. Es sei doch nicht denkbar, daß das deutsche Volk diesen Verbrecher auf Dauer dulden würde. Mit dieser Prognose endeten die meisten ihrer Diskussionen zur Lage. Sie saßen in jenen Frühlingstagen des Jahres 1933 in Schrebergärten untätig herum. Sie hatten längst resigniert. Demokratische Einrichtungen waren geschlossen, führende Funktionäre ihrer Organisationen verhaftet und in Konzentrationslager eingewiesen worden. Berichte über deren grausame Behandlung ließen Wagemut nicht zu.

Ein Einschnitt in meinem Leben war der Übergang in die höhere Schule, der gerade am 1. April 1933 fällig war. Außer mir besuchten noch einige jüdische Mädchen die gleiche Klasse. Das wußte ich nur vom gemeinsamen Religionsunterricht, der nun Pflicht geworden war. Gelegentlich fühlte ich mich verpflichtet, für sie einzutreten. Zwei von ihnen waren kleiner und schwächer als die anderen und waren häufig Ziel von Spott und Demütigungen. Da in der weltlichen Schule – revolutionär für diese Zeit – Jungen und Mädchen gemeinsam unterrichtet worden waren, hatte ich gelernt, wie man sich wirkungsvoll zur Wehr setzt. Die Angreifer ließen schnell von mir ab, wenn ich mit meinen Fäusten drohte. Der Rat meiner Mutter, mir nichts gefallen zu lassen, bewährte sich.

Die Nürnberger Rassegesetze von 1935, die es u.a. Juden und Nichtjuden verboten zu heiraten, führten die Schulbehörde dazu, jüdischen Schülern die Teilnahme an Ausflügen, am Schwimmunterricht, am Besuch von Landschulheimen zu untersagen. Umkleidekabinen wurden getrennt – für jüdische und nichtjüdische Schüler. Mein Vater fand diese Art der Diskriminierung nicht gut für ein Kind und meldete mich in der Jüdischen Schule in der Großen Hamburger Straße an. Ich weiß noch, wie mich diese Schule verwirrte. Tausende jüdischer Schüler strömten nun in die wenigen jüdischen Schulen der Stadt. Und so war es nicht zu verwundern, daß wir oft mehr als 50 Schülerinnen in einer Klasse waren. Ein geordneter Lehrbetrieb war unter diesen Bedingungen kaum möglich. Unter Lehrern und Schülern herrschte ein ständiges Kommen und Gehen. Einige wanderten aus. Lehrer verschwanden, waren verhaftet worden. Manchen Vater traf ein ähnliches Schicksal. Schüler und Lehrer waren nervös. Sollte man auswandern, sollte man bleiben? War ein menschenwürdiges Dasein in Deutschland überhaupt noch möglich? Die Schule tat alles, um uns auf eine mögliche Auswanderung vorzubereiten. Sie bot vermehrten Unterricht in Fremdsprachen an, lehrte uns Stenographie und Schreibmaschine schreiben, Kochen und Nähen. Das ging natürlich auf Kosten traditioneller Fächer. Chemie, Physik, Mathematik blieben mir fremde Wissenschaften. Ohne diese Kenntnisse habe ich bis heute problemlos gelebt. In Geschichte und Literatur bedauere ich meine Lücken. Große Freude bereiteten uns Sportfeste, die jüdische Schulen auf einem eigens dafür gemieteten Sportplatz im Grunewald veranstalteten. Das waren Ereignisse, denen wir entgegenfieberten. Die Erinnerung an diese Stunden auf dem Sportplatz ist die einzige wirklich angenehme Erinnerung an meine Schulzeit. Dort schüttelten wir alles uns Bedrückende ab. Wenn wir jedoch zur Rückkehr in die S-Bahn einstiegen, war diese gelöste Atmosphäre schnell wieder dahin. Wir achteten sorgsam und nicht ohne Ängstlichkeit darauf, kein Aufsehen, geschweige denn Anstoß zu erregen. Wenn eine von uns zu laut lachte, dann wurde sie von den anderen zurechtgewiesen. Auch wenn wir nicht darüber sprachen, ahnten wir doch, daß wir von den Mitreisenden als jüdische Kinder erkannt und angepöbelt werden konnten.

Meine Eltern versuchten, alles Demütigende zu ignorieren oder es mit Lachen abzutun. Dabei halfen ihnen die alten Freunde, die jeden Witz über die Nazis wie eine Offenbarung über deren Unfähigkeit aufnahmen. Herr Gumz, der die Schmutzwäsche zu holen und die saubere Wäsche zu liefern pflegte, hatte immer neue Witze parat, die er bei seinen Kunden zu hören bekam. Dazu gehört eine Begebenheit, die als Wahrheit in Berlin verbreitet wurde. Im Rahmen einer Naziveranstaltung sei ein Teilnehmer aus dem Publikum aufs Podium gebeten worden, um am Beispiel seines Ohres die rein arische Abstammung zu verdeutlichen. Der Versammlungsleiter ahnte nicht, daß der, den er aufs Podium gebeten hatte, Jude war.

Als mich tatsächlich ein Fotograf entsprechend der Nazitheorie aufforderte, mein linkes Ohr freizumachen, damit der Unterschied zwischen einem semitischen und einem arischen Ohr auf dem Foto deutlich sichtbar wurde, war ich den Tränen nahe. Ich war damals 16 Jahre alt und wie jedes junge Mädchen eitel. Dieses Foto war für eine Kennkarte bestimmt, auf der auch unsere Fingerabdrücke abgedruckt wurden, um so das Kriminelle als Wesensmerkmal des Juden sogleich kenntlich zu machen. Diese Kennkarte enthielt auch zum ersten Mal die für uns vorgeschriebenen Zusatznamen, Sara für Frauen, Israel für Männer, die zwischen Vor- und Zunamen eingefügt werden mußten. Und wieder versuchte mein Vater, diese Verordnung ins Lächerliche zu ziehen, indem er feststellte, er habe nun zwei „Zores" in Abwandlung des Namens Sara. Zores oder Zaroth bedeutet auf Hebräisch „Sorgen". Immer wieder führten meine Eltern mir vor, wie sie mit dem gegen sie gerichteten Unrecht fertig zu werden verstanden. Als die Nazis anordneten, daß Juden ihr Gold und Silber abzuliefern hätten, suchten meine Eltern alle kaputten, verbeulten und verbogenen Gegenstände für die Abgabe zusammen. Von unseren nichtjüdischen Freunden, den Riecks, den Garns, den Ostrowskis, erbaten wir ähnliches, um die Menge der abzuliefernden Gegenstände zu vergrößern und glaubhafter zu machen. Unser Familiensilber nahmen unsere „Aufbewahrier" zu sich, wie wir diese Freunde nannten. Das alles ging unter großem Gelächter vor sich. In dieser Atmosphäre wuchs ich auf.

Der Wendepunkt kam am 9. November 1938, als die Nazis das erste staatlich organisierte Pogrom inszenierten. Sie nahmen dafür den Mord eines jungen Juden an einem deutschen Diplomaten zum Vorwand. Jetzt begannen die deutschen Juden, die Wirklichkeit zu begreifen. Selbst mein Vater verstand nun, daß ein Jude nicht mehr in Frieden in Deutschland würde leben können. Aber das Auswandern war schwerer geworden. Das Ausland sträubte sich gegen die Aufnahme mittellos gewordener Menschen, obwohl ihnen die Verfolgung der Juden in Deutschland nicht verborgen geblieben sein konnte. England und Schweden nahmen Kinder ohne Eltern auf. Ich lehnte ein solches Ansinnen ab. Ich war viel zu sehr mit meinen Eltern verbunden.

Mein Vater hatte großes Glück. Eine englische Kusine überwies der Britischen Bank eine hohe Summe Geldes als Garantie dafür, daß mein Vater bei einer Einwanderung nicht dem englischen Staat zur Last fallen würde. Sie konnte dies nur für einen von uns tun. Mein Vater verließ Berlin am 19. April 1939. Wenig später ließ er uns wissen, daß er für meine Mutter und mich Arbeitsstellen in einem englischen Haushalt gefunden habe. Wir bemühten uns um unsere Ausreise. Aber es war schon zu spät. Am 1. September 1939 brach der Zweite Weltkrieg aus. Mein Vater war in England und meine Mutter und ich in Berlin. Und das blieb so sieben Jahre lang.

Ich war 17 Jahre alt, als unsere Schule geschlossen wurde. Die Nazis hatten für uns Mädchen das Jüdische Kindergärtnerinnenseminar im Grunewald als einzige Ausbildungsstätte bestehen lassen. Ich begann dort mit einem Kurs als Kinderpflegerin. Kurz nach Kriegsbeginn sperrten die Nazis die Pension meines Vaters mit der Begründung, er lebe nun im feindlichen Ausland. Das war das Ende meiner Ausbildung. Ich mußte Geld verdienen. Als Jüdin hatte ich die Wahl zwischen Arbeit in einer Fabrik und in einem jüdischen Haushalt. Ich zog letzteres vor. Aber auch das wurde nach einem Jahr verboten. So blieb mir nur die Arbeit in einer Fabrik.

In einem speziell für Juden eingerichteten Arbeitsamt wurde Juden Arbeitsstellen zugewiesen in Munitionsfabriken, auf Rieselfeldern, in der Straßenreinigung, im Straßenbau. Das Unglück wollte es, daß ich zu IG-Farben vermittelt wurde, und zwar in deren Seidenspinnerei für Fallschirme ACETA in Lichtenberg. Diese Fabrik war für ihre schlechte Behandlung von Juden berüchtigt. Im Büro drückte man mir einen Judenstern in die Hand, der am Arbeitskittel zu befestigen war, mit den Worten: „Wehe, wenn du den vergißt!“ Amtlich war diese Kennzeichnung noch nicht verordnet worden. Wir jüdischen Frauen waren weitgehend isoliert. Jeder Kontakt zu nichtjüdischen Arbeitern wurde verhindert. Eine arische Vorarbeiterin, die uns in die Arbeit einzuführen hatte, wahrte immer einen Meter Abstand, wenn sie mit einer von uns sprach. Zehn Stunden mußten wir aufpassen, daß sich der Faden auf den rotierenden Spulen nicht verhedderte, abriß oder die Spindeln nicht leerliefen. Wir hatten einen eigenen Frühstücksraum, in dem zwar ein Tisch stand, Sitzgelegenheiten aber fehlten. Während der Pause gab es unter den Frauen nur ein Gesprächsthema: Wie kommen wir hier wieder raus? Frauen, die schon länger dort arbeiteten, berichteten, daß es einigen Frauen gelungen wäre, entlassen zu werden. Unterleibskrankheiten wären ein Grund, der akzeptiert würde. Sie machten stundenlanges Stehen an der Maschine unmöglich. Auch ich wäre dieser Fabrik gern entronnen. Doch ich wußte nicht, wie. Ich war 19 Jahre alt und kerngesund. Eines Tages kam mir die rettende Idee. Ich trug zur Arbeit Schuhe mit den höchsten Absätzen, die ich je besessen hatte. Zehn Stunden an der Maschine stehen, drei in der Straßenbahn vom und zum Arbeitsplatz – Juden war das Sitzen in öffentlichen Verkehrsmitteln untersagt –, da wurden die hohen Absätze zur Tortur. Nach drei Tagen konnte ich mein rechtes Knie nicht mehr bewegen. Ein nichtjüdischer Arzt hatte den Mut, mir zu attestieren, daß ich für stehende Arbeit untauglich sei. Ich wurde krankgeschrieben. Dann folgte eine Aufforderung zum Betriebsarzt: „Ziehen Sie die Schlüpfer aus!", befahl er und wies auf einen Untersuchungsstuhl. Ich sagte, daß es sich um mein Knie handelte. Er gab mir mit einer Handbewegung zu verstehen, daß ihn das nicht interessiere. Nach einer peinlichen und nicht gerade schmerzfreien Untersuchung empfahl er meine Entlassung. Die IG-Farben-Krankenkasse sei nicht gewillt, weiter für mich Krankengeld zu zahlen.

Trotz der Demütigung war ich selig. Und ich hatte allen Grund dazu. Ein glücklicher Zufall wollte es, daß ich Otto Weidt kennenlernte, der in der Rosenthaler Straße 39 eine Werkstatt zur Produktion von Besen und Bürsten betrieb. Weidt, der praktisch blind war, beschäftigte fast ausschließlich blinde und taubstumme Juden. Für mich und zwei weitere sehende Juden fand er Aufgaben in seinem Büro, was streng verboten war. Otto Weidt haßte die Nazis. Er tat alles, was in seinen Kräften stand, um seinen Arbeitern zu helfen – mit Lebensmitteln, die Juden nur in sehr begrenztem Umfang zugeteilt wurden, mit Tabak und Gebrauchsartikeln, die er gegen die in seiner Werkstatt produzierten Besen und Bürsten eintauschte. Und schließlich benutzte er die auf diese Weise erstandenen Waren, um sich der Gunst der Gestapo zu versichern, die alle Betriebe, in denen Juden beschäftigt wurden, unter Kontrolle hielt. Daraus wurde eine Beziehung, die für uns wie für ihn von größter Bedeutung werden sollte. Ein den Eingang überwachendes Lehrmädchen machte uns durch eine Klingel auf nicht angekündigte Besuche von Gestapobeamten aufmerksam, wie etwa vom stellvertretenden Leiter des Judenreferats Prüfer. Wir flohen dann aus dem Büro in ein Versteck im Treppenhaus, während zwei nichtjüdische Angestellte unsere Plätze einnahmen. Das war alles viele Male geübt worden. Von unseren Verstecken aus hörten wir, wie Weidt den Prüfer liebenswürdig begrüßte, ihn durch den Betrieb führte, in dem er die „Saujuden", wie er uns bei solchen Gelegenheiten nannte, zu arbeiten gelehrt hatte. Für uns endete so ein Besuch mit einem Glas Wein und viel Gelächter. An die Blinden verteilte Weidt Zigaretten zum Trost für die ausgestandene Angst.

Ich ging gern in die Blindenwerkstatt. Wie alle, die dort arbeiteten, verehrte ich Otto Weidt, der uns nicht nur praktische Hilfe leistete. In der Art, wie er uns zur Seite stand, gab er uns ein Stück Selbstachtung zurück.

Ja, er tat etwas für jene Zeit Unglaubliches: Er behandelte uns wie Menschen, kam uns mit Respekt entgegen, half uns, uns aufzurichten, sann mit uns über Auswege aus schwierigen Situationen nach, wußte immer wieder Rat.

Vom Beginn des Krieges an dachten sich die Nazis fast täglich neue Gesetze und Verordnungen aus, mit denen sie uns das Leben erschwerten. Wir durften keine öffentlichen Verkehrsmittel mehr benutzen, mußten nach acht Uhr abends zu Hause sein, bekamen keine Seife zugeteilt, durften nicht zum Friseur gehen, mußten zwischen vier und fünf Uhr nachmittags unsere Einkäufe tätigen, durften unsere Wäsche nicht waschen lassen und vieles mehr. Daß die Gumzens das Verbot, die Wäsche von Juden zu waschen, mißachteten, brauche ich wohl kaum hervorzuheben. Zu den Verordnungen gehörte auch, daß wir in sogenannte Judenhäuser eingewiesen wurden, in denen sich jeweils zwei Personen ein Zimmer teilen mußten. In diesen Wohnungen lebten Menschen zusammen, die von Not und Angst getrieben wurden, was wohl am nächsten Tag auf sie zukommen würde und ob sie die Kraft haben würden, damit fertig zu werden. Gerüchte machten die Runde.

Hinzu kam die Sorge um Angehörige im Ausland – Kinder, Ehemänner, Eltern –, von denen sie durch den Krieg abgeschnitten waren. Die Atmosphäre in dieser Wohnung war schier unerträglich.

Ich erklärte eines Tages meiner entsetzten Mutter, daß ich dieser Atmosphäre hin und wieder zu entfliehen und das Verbot zu brechen gedachte, das Juden den Besuch von Theatern, Konzerten und Kinos untersagte. Ich brauchte diese zwei, drei Stunden Ablenkung, um neue Kraft zu schöpfen und weiteren Quälereien mit relativem Gleichmut begegnen zu können.

Dazu mußte ich den im September 1941 verordneten Judenstern abnehmen, den jeder Jude vom 6. Lebensjahr an an seinem äußeren Kleidungsstück zu befestigen hatte. Eine dieser perfiden Anordnungen, die uns vogelfrei machte. Auf der Straße sah uns jeder an, einige mit Haß, wenige freundlich, die Mehrzahl sah durch uns durch, aber sie sahen uns an. So verließ ich am Abend unser Haus mit dem Judenstern an der Jacke. In einem dunklen Hausflur tauschte ich diese mit einer ohne Stern, die ich in einer Tasche mit mir trug. Auf dem Heimweg mußte ich die Jacken noch einmal wechseln, denn ohne den Stern konnte ich unser Haus nicht wieder betreten. Als großen Triumph empfand ich es, daß ich meine Mutter zu einem uns verbotenen Spaziergang in den Grunewald überreden konnte.

Im Oktober 1941 begannen die Deportationen jüdischer Menschen aus Berlin „in den Osten", wie wir in Unkenntnis des wahren Ziels zu sagen pflegten. Noch ahnten wir nicht, daß wir alle zum Tode verurteilt waren und daß die Transporte der Vollstreckung dieser Todesurteile entgegenfuhren. Einer von Weidts Blinden war für einen der ersten Transporte vorgesehen. Weidt eilte zur Gestapo und forderte die Rücknahme dieser Maßnahme. „Wie soll ich denn meine Wehrmachtsaufträge ausführen, wenn man mir meine Arbeiter wegnimmt?", trumpfte er auf. Ein Argument, das er mit einem passenden Geschenk für den Gestapobeamten unterstützte. Und es wirkte. Der alte Levy wurde wieder frei, wie verschiedene andere nach ihm. Ja, es gelang Weidt noch im Herbst 1942, alle seine Blinden persönlich wieder aus dem Sammellager abzuholen, die am Morgen unerwartet aus der Werkstatt abgeführt worden waren. Doch er warnte damals: „Das war das letzte Mal!" Es schien ihm kein Zweifel mehr darüber zu bestehen, daß die Nazis entschlossen waren, alle

Juden aus Berlin „in den Osten" zu deportieren. Otto Weidt konzentrierte sich nun darauf, Verstecke zum Untertauchen zu finden. In der damaligen Neanderstraße mietete er einen Laden, den er als Nebenlager seiner Werkstatt deklarierte. Hinter aufgeschichteten Besen versteckte er die Familie Licht. Für Chaim Horn und seine dreiköpfige Familie trennte er den letzten Raum der wie ein Schlauch angelegten Werkstatt ab, indem er einen Kleiderschrank vor die Tür schieben ließ. Darin hingen Kleider und Mäntel, schob man sie beiseite, wurde offenbar, daß er keine Rückwand hatte. So konnte das Versteck von Familie Horn betreten werden. Ein Versteck übrigens, das im Originalzustand in der Ausstellung „Blindes Vertrauen" in der Rosenthaler Straße 39 zu besichtigen ist. Auch die blinde Marianne Bernstein und ihre Zwillingsschwester brachte Weidt unter. Das waren nur einige von denen, die Weidt zu beschützen übernahm und von denen ich wußte. Nicht alle überlebten.

Als meine Mutter und ich uns mit dem Gedanken vertraut machten, ebenfalls unterzutauchen, versprach Otto Weidt mir, daß ich bei ihm weiterarbeiten könnte. Er würde versuchen, dies zu legalisieren. Und tatsächlich händigte er mir eines Tages ein Arbeitsbuch aus, das auf den Namen Gertrud Dereszewski ausgestellt war. Jene Frau Dereszewski verkaufte ihr Arbeitsbuch, weil sie keine Lust hatte, in einer Fabrik zu arbeiten, wie es für Frauen bis zum 55. Lebensjahr vorgeschrieben worden war. Sie zog es vor, weiter im von den Nazis untersagten „ältesten Gewerbe" tätig zu sein. Gertrud Dereszewski, deren Namen ich nun annehmen mußte, wurde beim Arbeitsamt und bei der Krankenkasse als Arbeiterin der Blindenwerkstatt Otto Weidt angemeldet. Ich erhielt einen entsprechenden Ausweis. Leider war meine Legalität nicht von langer

Dauer. Gertrud Dereszweski fiel der Polizei in die Hände (Prostitution war untersagt). Weidt mußte sie offiziell entlassen. Trotzdem erlaubte er mir, bei ihm weiterzuarbeiten.

Um ein Versteck für meine Mutter und mich brauchte Weidt sich nicht zu kümmern. Der Initiative von Emma Gumz, uns verstecken zu wollen, folgten andere nichtjüdische Freunde. Sie alle hatten den Kontakt zu uns nie abgebrochen, obwohl dies für sie nicht ungefährlich war. Selbst, als wir gezwungen wurden, einen Judenstern an unserer Wohnungstür anzubringen, kamen sie, brachten Lebensmittel und versicherten uns, daß wir auf sie rechnen könnten.

„Ich bin ja so stolz, daß ich Sie dazu überreden konnte." Mit diesen Worten empfing uns Frau Gumz, als meine Mutter und ich am 15. Januar 1943 in ihrer Wäscherei in der Knesebeckstraße 17 untertauchten. Sie teilte uns ein Kabuff, wie sie es nannte, hinter ihrem Laden zu. In ihrem Laden gingen so viele Menschen ein und aus, daß wir gar nicht auffallen würden, meinte sie. Doch nach einiger Zeit erkundigte sich eine Nachbarin neugierig, wer denn der Besuch sei, der nun schon mehrere Wochen bei Gumzens wohne. Es schien uns geraten, schleunigst aus diesem ersten Versteck zu verschwinden. Die Gefahr, daß die Nachbarin Verdacht geschöpft hatte und ihn auch der Polizei melden würde, war zu groß. Frau Gumz weinte, als wir sie verließen, machte sich laut klagend Vorwürfe, daß sie entgegen ihren Absichten doch nicht die Kraft aufgebracht hatte, zu unserer Rettung entscheidend beizutragen.

Wir waren gerade sechs Wochen im Versteck, als die Nazis alle noch in Berlin befindlichen Juden abholten. Sie zerrten sie aus ihren Wohnungen, sie griffen sie auf der Straße auf, sie fanden sie auf ihren Arbeitsstellen in den Fabriken. Diese letzte große Razzia am 27. Februar 1943 ist darum auch als „Fabrikaktion“ in die Geschichte der Judenverfolgung Berlins eingegangen. Ich wurde Zeugin dieser Aktion. Verzweifelt über meine Ohnmacht sah ich hinter einer Gardine zu, wie man diese Menschen auf den letzten Weg brachte, einen Weg, dem ich nur durch den Mut und die Risikobereitschaft einiger Berliner entronnen bin.

Es ergab sich des öfteren, daß uns ähnliche Vorfälle wie bei den Gumzens zwangen, in großer Eile aus einem Versteck zu fliehen. Meine Mutter fand sich schwer in diese Situation des ständigen Fliehen-Müssens ein. Aber immer wieder redeten ihr die Freunde gut zu, beschworen sie durchzuhalten, wiesen auf die sich verschlechternde Kriegslage Nazi-Deutschlands hin und fanden neue Unterkünfte. Oft war das neue Versteck nur ein Provisorium, bis ein besseres gefunden werden konnte. Mal schliefen wir auf den Lehnen umgekehrter Sessel in einem Wohnzimmer, mal auf einem Matratzenlager hinter einem Ladentisch. An Wochenenden kampierten wir in einem Bootshaus in Schildhorn oder in einer Laube in Drewitz. Es fand sich auch mal ein Versteck, in dem wir uns längere Zeit sicher fühlen konnten. Es wurde durch Bomben zerstört. Als ausgebombte Berliner fielen wir im bis kurz vor Kriegsende unzerstörten Potsdam nicht auf. Ein ehemaliger Ziegenstall, von den Behörden als unbewohnbar eingestuft, diente uns längere Zeit als perfektes Versteck. Dabei ständig betreut von unseren Freunden, die auch für unsere Ernährung sorgen mußten. Da auch dies im Verlauf des Krieges immer schwieriger wurde, übte ich mich im Stehlen – Kohlköpfe von den Feldern im Umland von Berlin oder Wurst und Käse in einem Milchgeschäft, in dem ich ohne Angaben über meine Person tageweise aushalf. Ich betätigte mich im

Schwarzhandel, ich tauschte rares Briefpapier aus dem Papiergeschäft, in dem ich arbeitete, gegen Naturalien. Schließlich zwang uns die Lage zu einem neuen Wagnis. Wir fuhren in die Nähe der Front, die sich bereits auf deutschem Boden befand, mischten uns unter verschreckte Menschen, die vor den sowjetischen Truppen geflohen waren, und kehrten als Flüchtlinge aus Guben nach Berlin zurück. Als Ella Paula und Inge Elisabeth Marie Richter meldeten wir uns in Berlin an und wurden von der Nationalsozialistischen Volkswohlfahrt großzügig betreut. Das Kriegsende erlebten wir als legale Bürger in unserem Ziegenstall in Potsdam.

Mein begeisterter Empfang des ersten sowjetischen Soldaten, den ich zu Gesicht bekam, hätte beinahe fatale Folgen gehabt. Frauen waren in den Augen sowjetischer Soldaten Freiwild. Ich mußte mich noch einmal verstecken. Nur einmal durfte ich einem russischen Soldaten jüdischer Herkunft meine wahre Identität offenbaren. Der aber, wohl angetan von dem jungen Mädchen, wollte gleich *Chasane* (Hochzeit) mit mir machen. Als ich vorgab, sein Jiddisch nicht zu verstehen, zog er seine Pistole und brüllte, es sei alles gelogen. Ich sei gar keine Jüdin. Mit viel List entkam ich diesem unsympathischen Zwischenspiel. So endete mein erstes Leben.

Es dauerte einige Zeit, bis ich begriff, daß ich frei war, frei – der Vollstreckung des Todesurteils entkommen. Und das verdanke ich einzig und allein der mutigen, aufopfernden Hilfe unserer Freunde, die es möglich machten, daß meine Mutter und ich zwei Jahre und vier Monate in Verstecken überleben konnten: Lisa Holländer, Otto Ostrowski, Grete Sommer, Walter Rieck, Klara Grüger, Theodor Görner, Käthe Schwarz, Paul Garn und die bereits genannten Emma Gumz und Otto Weidt.

Das sind die Namen der wichtigsten unserer Helfer. Ich bezeichne sie als Helden. Es waren Menschen, die es nicht ertrugen, untätig zuzusehen, wie eine von den Nazis als Verbrecher eingestufte Minderheit ihren Mördern ausgeliefert wurde. Sie handelten, wie ihr Gewissen es ihnen eingab, und dachten dabei nicht an die Gefahren, in die sie sich begaben. Sie taten Großes, ohne sich dessen bewußt zu sein. Menschlichkeit war ihnen oberstes Gebot. Ich bin dankbar dafür, daß der Staat Israel sie als „Gerechte der Völker" anerkannt und ausgezeichnet hat. Die Staatsorgane dieses Landes haben sie bis heute weder beachtet noch geachtet.

Mein zweites Leben begann fast so spektakulär, wie das erste geendet hatte. Es dauerte nach Kriegsende noch drei Monate, bis es uns gelang, Kontakt zu meinem Vater in England aufzunehmen. Post und Telefon blieben noch lange Zeit unterbrochen. Ein englischer Soldat half uns mit einem Brief an meinen Vater über seine Feldpost. Und dann mußten wir noch ein weiteres Jahr warten, bis uns ein britisches Konsulat die Einreisevisen nach England erteilte. Dieses Jahr überbrückte ich als Sekretärin in der „Zentralverwaltung für Volksbildung für die sowjetisch besetzte Zone". Diese Tätigkeit begann so hoffnungsvoll. Ein jeder, der dort arbeitete – Menschen, die aus dem Exil zurückgekommen waren oder ein KZ überlebt hatten –, kannte nur ein Ziel: mitzuhelfen, ein anderes, ein neues Deutschland aufzubauen. Das ging solange gut, bis die Politik sie einholte. Die Kommunisten, die davon überzeugt gewesen waren, daß dieses von den Nazis befreite Deutschland ihnen wie eine reife Frucht in den Schoß fallen würde, sahen sich getäuscht. Da versuchten sie, die Sozialdemokraten, die in Berlin und im Osten Deutschlands in der Gunst der Wähler vorne lagen, für sich zu gewinnen. Sie griffen den alten Traum von der Einheit der Arbeiterklasse auf und nahmen ihn als Vorwand, um die Sozialdemokraten in ihre Reihen zu zwingen und mit Hilfe ihrer Wählerstimmen an die Macht zu gelangen. Diese tödliche Umarmung der Sozialdemokraten konnten sie in der sowjetisch besetzten Zone mit den Bajonetten der sowjetischen Armee verwirklichen.

Ich war, für meine Herkunft verständlich, in die neu gegründete Sozialdemokratische Partei eingetreten und avancierte zur Vorsitzenden der kleinen Betriebsgruppe SPD in dieser Verwaltung. Ohne Scheu und Zögern wandte ich mich gegen die Strategie der Kommunisten. Ich erklärte, ich hätte wahrlich nichts gegen die Einheit der Arbeiterbewegung, wohl aber etwas dagegen, wenn sie auf undemokratische Weise von oben diktiert durchgeführt werden sollte. Die Vorstellung, daß jemand erneut die kaum errungene Freiheit und die neue demokratische Ordnung untergraben könnte, erschien mir nach den Erfahrungen der schrecklichen Jahre unter der Nazidiktatur unerträglich. Und so bekämpfte ich offen jede Regung, die in diese Richtung zu deuten schien. Ich tat dies mit der ganzen Naivität meiner Jugend und meiner politischen Unerfahrenheit.

Das brachte mir ein Gespräch mit dem in der Verwaltung ansässigen Vertreter der sowjetischen Militäradministration ein. Liebenswürdig empfing er mich, bedauerte mein Schicksal, wurde streng, als ich es ablehnte, seiner Aufforderung, Mitglied der SED zu werden, nachzukommen. Schließlich fragte er hintergründig: „Wenn Sie die Möglichkeit hätten, in die Sowjetunion oder in die USA zu reisen, wohin würden Sie fahren?“ Ich antwortete ihm, daß ich als Sozialistin natürlich großes Interesse daran hätte, das Mutterland des Sozialismus kennenzulernen. Mir schiene aber auch ein Besuch in den USA wichtig. Denn wollte man die Übel des Kapitalismus bekämpfen, müßte man sie kennen. Aber nach England würde ich bald reisen. Nun entließ er mich schnellstens. Wenige Tage danach wurde ich gewarnt. Die sowjetische Militäradministration hatte meine Papiere angefordert. Mir drohte Verhaftung. Ich entkam dieser neuen Gefahr.

Ich glaubte, meinem unvollkommenen Englisch nicht zu trauen, als mir der Beamte der Einwanderungsbehörde am 2. August 1946 im Hafen von Folkestone eröffnete, ich hätte mich als feindliche Ausländerin einmal die Woche bei der Polizei zu melden. Der entsprechende Ausweis verpflichtete mich außerdem, mich nach 24 Uhr im Hause aufzuhalten und nicht über fünf Meilen hinaus ohne polizeiliche Genehmigung zu reisen. Meine Aufenthaltsdauer sei auf sechs Monate beschränkt. Eine Arbeitsbewilligung sei ebenfalls nicht zu erwarten. Wohl gemerkt, ich war mit einem Visum nach England gekommen, das nur Opfern des Faschismus oder sogenannten *displaced persons* zustand. England versagte zur damaligen Zeit jedem anderen Deutschen die Einreise. Mein Entschluß, diesem unfreundlichen Land so bald wie möglich den Rücken zu kehren, stand schon an diesem 2. August 1946, dem Tage meiner Ankunft, fest.

Ein englischer Politiker griff später die Absurdität der mir zuteil gewordenen Behandlung auf und bewirkte, daß ich von einem feindlichen zu einem normalen Ausländer avancierte, der zwar mehr Rechte hatte, aber ebensowenig in die englische Gesellschaft aufgenommen wurde.

Ich blieb acht Jahre in England, studierte zunächst und arbeitete dann im Büro der Sozialistischen Internationale in London. Dort lernte ich führende Sozialisten aus aller Welt kennen. Die Sozialisten Indiens luden mich zu einem Besuch in ihr Land ein. Dies schien mir im Jahre 1954, als es noch keine Reisegesellschaften und nur wenige Fluglinien gab, doch recht abenteuerlich. Aber vielleicht war gerade das der Grund, daß ich die Reise unternahm. Ein ganzes Jahr durchstreifte ich Indien, Burma und Nepal, überall von Sozialisten betreut und geführt. Die Erlebnisse und Erfahrungen in einer für mich fremden Welt überwältigten mich. Ich saugte sie auf, lernte bei jedem Schritt Neues über das Leben anderer Völker. Ich erkannte politische Zusammenhänge. Ich schrieb auf, was ich gesehen hatte. Und ich fand später Leser dafür unter den Deutschen, denen in zwölf Jahren Nazidiktatur die Welt fremd geworden war. So führte mich diese Reise zu meinem Beruf – dem Journalismus, der mir mehr wurde als nur ein Broterwerb.

Ich überlegte nicht lange, wo ich in Zukunft leben und arbeiten wollte. Die acht Jahre in England hatten mich nicht zum Bleiben veranlaßt. Zu Palästina, dem späteren Israel, hatte ich keinerlei Bindungen. Also kam nur Deutschland in Frage. Dort, so glaubte ich, würden nun Menschen an der Macht sein, die dem Typ jener glichen, die mir zum Überleben verholfen hatten. Und sie würden ein demokratisches Deutschland aufbauen und danach streben, nach der schrecklichen Vergangenheit ein geachtetes Mitglied der Völkerfamilie zu werden. Ich wollte daran mitarbeiten. So in etwa meine etwas naive Entscheidung.

Als ich Mitte der fünfziger Jahre nach Bonn kam, fand ich vor, was ich nicht erwartet hatte. Alte Nazis und solche, die für den Aufstieg Hitlers Mitverantwortung trugen, saßen nun in einigen der wichtigsten Regierungsämtern. Ich verstand das nicht. Die Hitlerzeit war für meine Begriffe nicht nur eine unselige Phase in der Geschichte Deutschlands gewesen. Hitler hatte die ganze Welt in einen fürchterlichen Krieg gestürzt. Unter seiner Herrschaft mußten viele Millionen Menschen gewaltsam sterben. Vergessen konnte ich aber auch nicht, was Hitler dem deutschen Volk angetan hat. Er zerstörte die erste Demokratie in diesem Land und setzte eine grausame Diktatur an ihre Stelle. Er machte die Deutschen zu Sklaven, die, wenn sie seine Gesetze nicht befolgten, die furchtbaren Instrumente des Terrors und der Folter zu spüren bekamen. Denunziantentum wurde gepflegt und gefördert, dem Blockwart jede Vollmacht erteilt. Mit Hilfe einer nie schweigenden Propaganda hämmerten die Nazis den Deutschen ihre These von den Menschen ein, die ein Recht auf Leben hatten, und jenen, die vernichtet werden müßten. Und das betraf nicht nur Juden, Sinti und Roma, Polen und Russen, sondern auch Deutsche, die dem nazistischen Idealbild nicht entsprachen. Und ich fragte mich nun und tue das heute immer wieder: „Wie konnten die Deutschen Männern, die für diese schrecklichen Verbrechen mitverantwortlich wurden, noch einmal Vertrauen schenken?" Ich spürte bald, daß viele Deutsche mich und meine Einstellung nicht verstanden. Für manche mag ich eine lebendige Anklage, unangenehm und unbequem gewesen sein. Andere waren ausschließlich damit beschäftigt, die Gegenwart und die Zukunft zu bewältigen, so daß sie keine Gedanken an die Vergangenheit verschwenden wollten. Sprach ich mein Entsetzen darüber aus, erhielt ich Ratschläge, doch nicht die Vergangenheit zur Richtschnur meines Denkens und Handelns zu machen und das auch nicht von anderen zu verlangen. Ich fühlte mich bald sehr fremd in Deutschland, unsicher und allein.

Die israelische Zeitung MAARIV bot mir 1958 an, für sie in Bonn als ihre Deutschland-Korrespondentin zu arbeiten. Ich sagte zu. Zunächst sah ich darin eigentlich nur einen Broterwerb. Die Redaktion erwartete von mir, daß ich ihren Lesern ein Bild vom neuen Deutschland vermittelte. Die Mehrzahl ihrer Leser stand Deutschland skeptisch gegenüber und glaubte nicht an eine so schnelle Abkehr vom Nationalsozialismus hin zur Demokratie. So ergab es sich, daß Anzeichen für eine positive Entwicklung in den fünfziger und sechziger Jahren in Deutschland eine schlechte Plazierung in der Zeitung fanden, Berichte über ehemalige, auch belastete Nazis und ihre Karrieren im neuen Deutschland hingegen auf der ersten Seite zu lesen waren. Dafür bot die Bonner Regierung auch ausreichend Material an. Ich leugne nicht, daß es auch in meinem Sinn war, der israelischen Öffentlichkeit bekannt zu machen,

- daß alte Nazis auch im neuen Deutschland zu Ministern und Staatssekretären aufsteigen konnten,
- daß ehemalige Nazis im Bundestag, in allen Parteien, in allen Verwaltungen, vielfach in hohen Positionen mitarbeiteten,
- daß Richter, die in den 12 Jahren und besonders im Zweiten Weltkrieg insgesamt 32.000 Todesurteile verhängt hatten, nicht in einem einzigen Verfahren zur Rechenschaft gezogen worden waren,
- daß die Justiz voll war von Richtern und Staatsanwälten, die schon im Dritten Reich „Recht" gesprochen hatten,
- daß Naziverbrecher, wenn sie trotz vieler Verschleppungstaktiken von Polizei und Staatsanwälten vor Gericht gestellt wurden, nur selten Strafen erhielten, wie sie bei normalen Kapitalverbrechen üblich sind,
- daß alte Nazis lange vor den Opfern des Nationalsozialismus ihre Wiedergutmachung bzw. Pensionen erhielten,

– daß Wiedergutmachungszahlungen an die Opfer von Beamten mit brauner Vergangenheit festgesetzt wurden.

Das sind nur einige Beispiele dafür, daß man in Bonn eine drastische Trennung von der Vergangenheit unterließ.

Ich selbst hatte ab und zu Zusammenstöße mit Beamten, die ihre Nazivergangenheit nicht leugneten und selbstgerechter nicht hätten auftreten können. Ein Staatssekretär an der Seite von Bundeskanzler Erhard erklärte mir, daß man beim Aufbau des neuen Staates auf die alten Nazis hätte zurückgreifen müssen und damit nichts weiter getan hätte, als ihr Wissen auszubeuten, wie er es formulierte. „Ihnen verdanken wir unseren wirtschaftlichen Aufschwung und daß dadurch die Gefahr des Kommunismus im neuen Deutschland gebannt werden konnte." Süffisant lächelnd fügte er hinzu, daß ohne diesen wirtschaftlichen Aufschwung keine Wiedergutmachungszahlungen an die Opfer des Nationalsozialismus hätten gezahlt werden können. Nach solchen und ähnlichen Begebenheiten fragte ich mich manchmal, weshalb ich das alles ertrug. Es wäre ungerecht, würde ich in diesem Zusammenhang nicht darauf verweisen, daß ich in Bonn auch Freunde hatte, die unter den restaurativen Erscheinungen ebenso litten wie ich. Aber meist waren sie nach den Jahren der Hitler-Diktatur müde geworden, hatten politische Verfolgung hinter sich, hatten resigniert. Andere erkannten, daß alte Nazis auch Wähler waren, und ließen es an klaren Aussagen zur Vergangenheit fehlen. Daß ich in Bonn nicht beliebt war, ist sogar verständlich. Ich störte.

Als in den sechziger Jahren der Aufruhr der Studenten einsetzte, war ich begeistert. Junge Deutsche, die gegen diese Zustände in ihrem Land revoltierten, schienen mir ein hoffnungsvolles Zeichen für eine demokratische Entwicklung ihres Staates. Dabei war es fast logisch, daß sie ihre Elterngeneration, die in der Nazizeit so kläglich versagt hatte, zu fragen begannen, wie es zu diesem verbrecherischen Regime hatte kommen können, und wie sie sich damals verhalten hatten. Nur selten bekamen sie eine befriedigende Antwort. Diesen Jungen kommt das Verdienst zu, als erste in diesem Land eine Auseinandersetzung mit der Vergangenheit angestoßen zu haben. Aber dann suchten sie, ihrer Bewegung eine ideologische Grundlage zu geben. Die Lehren von Mao Tse-tung, Che Guevara, Ho Chi-Minh und Karl Marx boten ihnen Ansätze dafür. Sie teilten die Welt ein in Gut und Böse, in Unterdrücker und Unterdrückte, in Imperialisten und Antiimperialisten. Und dabei kamen sie zu der Feststellung, daß Israel ein Ableger Amerikas sei, ergo ein Vorposten des Kapitalismus im Nahen Osten, dem keine Gnade gewährt werden dürfe. Israel müsse mit allen Mitteln bekämpft werden. Ich glaubte, meinen Ohren nicht zu trauen. Israel, das vielen Verfolgten des Naziregimes zur einzigen Zufluchtsstätte, das Unzähligen zur Heimat geworden war, ein Staat, der damals noch sozialistischer war als alle jene Länder zusammen, die diesen jungen Leuten als Vorbilder dienten, sollte nun nichts weiter sein als ein Unterdrücker, Ausbeuter oder Rassist? Man brauchte wahrlich nicht Zionist zu sein, um sich nun mit Israel verbunden zu fühlen. Spruchbänder, die diese Jungen auf ihren Demonstrationen mit sich führten und auf denen sie den Zionismus mit dem Faschismus gleichsetzten, empörten mich.

Als sie sogar zu Tätlichkeiten gegen den israelischen Botschafter übergingen, hatte ich genug. Die alten Nazis in Bonn und nun auch noch die jungen verantwortungslosen Linken machten mir die Entscheidung leicht. Ich beschloß, meine Brücken in Bonn abzubrechen und nach Israel auszuwandern – und ein drittes Leben zu beginnen.

Durch die Arbeit für die israelische Zeitung hatte ich Kontakt zu Israel bekommen. Bei Reisen dorthin hatte ich den Sinn und die Notwendigkeit für die Existenz dieses Staates begriffen und hatte die Aufbauleistung vor Ort bewundert. Israel stellte sich mir als Land der Verfolgten dar, in dem auch für mich ein Platz sein müßte. Verfolgte, ganz gleich, woher sie kommen und welche ihre Muttersprache ist, verstehen einander, haben den gleichen starken Überlebenswillen, haben vergleichbare Reaktionen. Meiner Redaktion, die zunächst von meinen Plänen nicht sonderlich begeistert war – ich sprach kein Wort Hebräisch –, kündigte ich meine Ankunft für den 2. Februar 1972 an. Dennoch nahm man mich herzlich auf, half mir, die vielen bürokratischen Klippen einer Einwanderung zu überwinden, und fand einen Platz für mich in der Redaktion. Ich fühlte mich sehr schnell zugehörig. Ja, es mag Ihnen merkwürdig klingen, wenn ich sage, daß ich das erste Mal in meinem Leben in diesem von außen bedrohten Land ein Gefühl der Sicherheit und der Geborgenheit empfand. Lange Zeit schrieb ich meine Artikel noch in Englisch, während ich eifrig Hebräisch lernte. Mir bot sich eine Fülle von Aufgaben: Besuche von Staatsmännern aus aller Welt, Schicksale von Verfolgten aus vielen Nationen, die Entwicklung in Deutschland, um nur einiges zu nennen. Dabei lernte ich das Land und seine Menschen kennen. Und das faszinierte mich. Menschen aus 70 Nationen, die ihre Traditionen und Gewohnheiten in unser Leben einbrachten, sowie politische und kulturelle Eigenheiten, die zu verstehen mir manchmal nicht leicht fiel. Das traf besonders auf Religion und Religiosität zu. Und schließlich mußte ich lernen, mit heißem Krieg und kaltem Frieden zu leben.

Es war der 6. Oktober 1972. Der schrille Ton einer Sirene weckte mich aus tiefem Schlaf. Ich glaubte mich in Berlin im Zweiten Weltkrieg. Die Nachbarin riß mich aus meiner Verwirrung. Die Ägypter hätten den Suezkanal überschritten. Es sei Krieg. Ihr Mann stand bereits in Uniform vor mir. Er ergriff sein Gewehr, küßte seine Frau zum Abschied, so als ob er auf irgendeine Reise ginge. In der Redaktion übernahmen wir Frauen Aufgaben von unseren Kollegen, die bereits an der Front waren. Redakteure, das Gewehr über der Schulter, kamen auf dem Weg zum Krieg noch kurz vorbei, um letzte Anweisungen zu geben. Natürlich wurden Fragen gestellt, wie Israel vom Krieg überrascht werden konnte. Doch das war zunächst nebensächlich. Es gab keinen Streit, keinen Aufschrei, keine Empörung, solange der Krieg dauerte. Man fügte sich in die Situation, die zunächst für Israel keineswegs rosig schien. Die Zeitung erschien oft mit weißen Flecken. Die Zensur hatte noch in letzter Minute Streichungen vorgenommen. Mütter saßen stundenlang neben dem Telefon und warteten auf ein Gespräch mit ihrem Sohn oder ihrem Mann irgendwo an der Front. Freiwillige, meist Frauen und alte Männer, halfen aus, um die Wirtschaft des Landes in Gang zu halten. Nach 19 Tagen stimmte Israel dem vom Sicherheitsrat der UNO ausgehandelten Waffenstillstand zu. Erleichterung war spürbar. Israel hatte 2700 Tote zu beklagen. Man ahnte, daß es nicht die letzten sein würden.

Aber dann, im November 1977, als der ägyptische Präsident Sadat sich entschloß, nach Jerusalem zu kommen, schien der Frieden näher als jemals zuvor. Er käme, so sagte er, „mit der ehrlichen Absicht, neues Leben zu gestalten und Frieden herzustellen". Noch heute sehne ich mich nach dem Bild zurück, als Anwar Sadat die Gangway seines Flugzeuges herunterschritt und mit ausgestreckten Händen auf die ihn erwartenden israelischen Staatsmänner zuging. Die Mehrheit der Israelis glaubte diesem Mann. Ja, es würde Frieden geben. Sie wiederholten es immer wieder, so als wollten sie es sich selbst suggerieren. Menschen tanzten in den Straßen von Jerusalem. Andere drückten ihre Nasen an den Glaswänden des Theaters von Jerusalem platt, um etwas zu sehen, etwas zu spüren von dieser revolutionären Entwicklung, die sich da drinnen abspielte. Ich probierte die provisorisch für diesen Tag gelegte Telefonleitung nach Kairo aus. Ich wollte der Ehefrau des ägyptischen Präsidenten ein paar Worte der Freude über diese Entwicklung entlocken. Es machte mir nichts aus, daß die Verbindung nicht zustande kam. Mir genügte das Gespräch der beiden Telefonistinnen, dessen Zeugin ich wurde. „Ist heute nicht ein herrlicher Tag? Wir haben Frieden!“, rief die eine aus Jerusalem ihrer Kollegin in Kairo zu. „Kein Krieg mehr, keine Toten, wie wunderbar!“, pflichtete ihr die Kollegin aus Kairo bei. Zu dem globalen Frieden, den Präsident Sadat damals anstrebte, kam es nicht. Zwar hörte das Morden zwischen Ägyptern und Israelis auf. Ein kalter Frieden blieb zurück. Anwar Sadat wurde 1981 von moslemischen Fundamentalisten ermordet.

Im Juni 1973 wurde der erste Besuch eines deutschen Bundeskanzlers in Israel erwartet. Schon Tage zuvor herrschte eine gespannte Atmosphäre im Land. Der Anblick der deutschen neben den israelischen Fahnen, die in den Straßen von Jerusalem und um den Flughafen Lod aufgezogen waren, waren die Ursache dafür. Zwar bestanden seit 1965 diplomatische Beziehungen zwischen Israel und der Bundesrepublik. Doch die spielten sich auf diplomatischem Parkett ab, entfernt von Zuschauern, den Überlebenden, den Zweiflern, den Gegnern auch dieses neuen Deutschlands. Gewiß, hier kam Willy Brandt, ein Mann, dem man eigentlich Vertrauen entgegenbringen konnte. Er hatte gegen die Nazis gekämpft und später in der Emigration gelebt. Im Dezember 1970 hatte er in Warschau am Mahnmal vor dem ehemaligen Getto einen Kranz niedergelegt und in Demut vor den jüdischen Opfern niedergekniet. Das war mehr, als man von einem deutschen Kanzler erwarten konnte. Dieser Mann kam nach Israel und sprach im Namen Deutschlands, eines neuen Deutschlands, wie so oft vorgegeben wurde, und das dennoch seine Vergangenheit nicht abstreifen konnte.

Vom ersten Moment an ließ Brandt keine Zweifel darüber aufkommen, welche Art der Beziehungen er für beide Länder voraussah. Er sagte: „Sie haben den Kanzler deutscher Staatlichkeit eingeladen. Das heißt, Sie stellen der Macht der Vergangenheit den Anspruch der Gegenwart gegenüber. Ich glaube, die Menschen wären in der Tat verloren, wenn es nicht diesen Mut zum neuen Anfang gäbe." In ihrer Antwort gab die israelische Regierungschefin Golda Meir zu verstehen, daß auch sie den Besuch Brandts als die Einleitung zu einem neuen Anfang der Beziehungen beider Länder ansehe: „Sie haben als einer der ersten gesagt, daß Geschehenes nicht ungeschehen gemacht werden kann, aber daß man auch nicht vergessen kann. Dieses Wort hat Wunder gewirkt und es uns und Ihnen ermöglicht, uns zu erinnern. Wir können nur im Bewußtsein der vergangenen Ereignisse aus der Gegenwart in eine hoffnungsvolle und bessere Zukunft blicken."

In der nationalen Gedenkstätte Israels, Yad Vashem, in der das ewige Feuer brennt und Urnen mit Asche von Opfern aus verschiedenen Konzentrationslagern in den Fußboden eingelassen sind, war zum ersten Mal die deutsche Sprache zu hören. Hunderte von Journalisten aus aller Welt wurden Zeugen dieses historischen Ereignisses, als der deutsche Kanzler Verse aus einem Psalm vorlas. Zwar sprach der Kanzler mit fester Stimme, doch die Erregung war ihm anzumerken. Eine Erregung, die sich auch auf mich übertrug. Ja, ich glaubte an die Ehrlichkeit dieses Mannes. Und dennoch hatte ich Mühe, mich in meiner Berichterstattung nicht von meinen Erfahrungen im Nachkriegs-Deutschland leiten zu lassen. Nahe der Erinnerungsstätte, in der die Zeremonie ablief, wußte ich die Bäume, die einige meiner Retter als Dank für ihr Opfer im „Hain der Gerechten" hatten pflanzen dürfen. Das half mir.

Es war Volker Ludwig, der Leiter des Berliner „Grips Theaters", der mit seinem Entschluß, aus meinem Buch „Ich trug den gelben Stern" ein Theaterstück zu machen, mein viertes Leben einläutete. Im Februar 1989 hatte „Ab heute heißt du Sara" Premiere. Inzwischen ist es von 37 deutschen Bühnen gespielt worden, im „Grips Theater" selbst steht jetzt die 300. Vorstellung auf dem Programm. In mehr als dreißig Schulen der Bundesrepublik führten Schüler bisher das Stück oder Szenen daraus auf, eine Zahl, die ständig steigt. Ich erinnere mich an die ersten Proben, an denen ich teilnahm. Als ich meine Mutter auf der Bühne sagen hörte: „Wir sind Juden, Inge. Für die Nazis sind wir ihre Feinde", da glaubte ich, es nicht mehr aushalten zu können. Ich mußte wieder einmal begreifen, wie tief die Erfahrungen der Verfolgung, der Flucht, der Verlust lieber und liebster Menschen sitzen, wie wenig sie zu verarbeiten sind. Auch wenn man annimmt, nach über 50 Jahren davon frei zu sein. Im stillen haderte ich mit mir, schalt mich einen Feigling, der nicht begriffen hatte, daß Volker Ludwig mit seinem Stück das Gleiche bewirken wollte wie ich, nämlich der Jugend zu zeigen, was damals geschah und was Menschen anderen Menschen angetan haben, nur weil sie angeblich anders waren als die Deutschen, und daß diese Denkweise zu den bestialischsten aller Morde führte. Langsam wich mein anfänglicher Schock und machte einem Gefühl des Vertrauens Platz, das durch den Kontakt zu den meist jungen Schauspielern entstand und wuchs. „Ab heute heißt du Sara" ist in Berlin immer noch ständig ausverkauft. 80% des Publikums sind junge Leute. Ich gehe öfter ins Theater, um die Reaktion dieses Publikums zu beobachten. Es fasziniert mich noch heute, mitzuerleben, wie sie mit Spannung der Handlung auf der Bühne folgen, wie sie mitgehen, wie sie mitleiden und wie sie am Schluß begeistert applaudieren – Ausdruck ihres Verständnisses für das, was das Stück ihnen sagen will.

Das blieb nicht ohne Folgen für mich. Schulen wandten sich an mich, baten, daß ich ihren Schülern über mein Leben als Verfolgte in der Nazizeit berichte, ihre Fragen beantworte, die sich hauptsächlich darum drehen, wie es zu dem Schrecklichen kommen konnte. Meist finde ich junge Menschen vor, die – anders als ihre Eltern und Großeltern – geradezu begierig sind, etwas darüber zu erfahren, die ohne Scheu ihre Fragen stellen. Es handelt sich um eine Generation, deren Eltern den Nationalsozialismus nicht mehr erlebten und in einer Zeit aufwuchsen, in der in den Schulen der alten Bundesrepublik die schlimme Vergangenheit nur selten zum Lehrstoff gehörte. Sie haben ihren Kindern nur wenig oder gar nichts über jene schreckliche Zeit zu sagen.

[...]

Das Theaterstück hat mich wieder nach Berlin gebracht. Dabei habe ich feststellen müssen, wie viel mich mit dieser Stadt verbindet, wie sehr ihre Atmosphäre meinem Wesen entspricht und daß das Berlinern die einzige Sprache ist, die ich wirklich beherrsche. Ich gebe aber zu, daß es in dieser Stadt Gegenden gibt, mit denen ich schlimme Erinnerungen verbinde und die ich meide. Bedeutender aber ist für mich die Bekanntschaft dieser jungen Generation, die sich so frei und offen gibt und die mir und meinem Anliegen so viel Sympathie entgegenbringt. Und dennoch: Nichts, gar nichts schien sich geändert zu haben, als Ende 1991 Rechtsradikale gegen Ausländer vorzugehen begannen. Es waren schlimme Bilder, die schon damals über den Bildschirm liefen und die mich unweigerlich zurückversetzten in jene Zeit, in der in Deutschland Mensch nicht gleich Mensch war. Wieder schlossen Deutsche ihre Fenster wie bei den Judenverfolgungen in den dreißiger Jahren, um nicht vom Brandgeruch oder den Schreien der Menschen belästigt zu werden, denen der Zufall eine dunkle Hautfarbe oder geschlitzte Augen beschert hat. Als in der Öffentlichkeit bekannt wurde, daß auch ich durch Schmähschriften belästigt und am Telefon durch antisemitische Hetzparolen beleidigt wurde, erhielt ich Hunderte von Briefen anderer Art, in denen Berliner ihr Entsetzen und ihre Scham darüber ausdrückten. Unter diesen Briefen waren auch Zuschriften von Kindern, die mich wissen ließen, daß sie zu mir stehen. „Wenn Sie mal Rat brauchen, dann kommen Sie zu uns", schrieben Dreizehnjährige. „Wir helfen Ihnen, wenn Ihnen jemand etwas antun will." Diese Briefe und die Blumen, die Unbekannte vor meine Wohnungstür legten, ermutigten mich, gaben mir die Kraft, die ich brauche, um weiterhin vor jungen Menschen Zeugnis abzulegen über meine Vergangenheit und die ihres Landes, die für mich immer gegenwärtig bleibt.

Aber vor allem möchte ich der jungen Generation am Beispiel derjenigen, die ihren Kopf für uns riskierten, beweisen, daß es selbst im Nazi-Deutschland nicht nur schlechte Menschen gegeben hat. Nein, es gab jene, wenn auch viel zu wenige, die ganz sicher waren, daß jeder Mensch auf dieser Erde ein Recht auf Leben hat, gleich welcher Herkunft, gleich welcher Hautfarbe, gleich welcher Religion, und die trotz aller Gefahren für sie selbst entsprechend handelten.

Diese Menschen möchte ich der Öffentlichkeit nahebringen und sagen: Erkennen Sie diese Menschen als Helden an, ehren Sie sie, stellen Sie sie der Jugend als Vorbilder hin! Denn sie sind wahrhaftig ein Beispiel für Zivilcourage, eine Haltung, die die Lebensführung eines jeden von uns bestimmen sollte.

Verlorene Jugend

Jugend – was war das?

„Sechs Kinder will ich haben“, sagte ich zu dem verdutzten Gerd schon bei unserem ersten Zusammentreffen. Warum gerade sechs, konnte ich ihm auch nicht erklären. Es war ohnehin an der Zeit auszusteigen. Wir befanden uns in der S-Bahn. Gerd Kohbieter und ich besuchten die jüdische Mittelschule in der Großen Hamburger Straße 27. Wir waren beide 16 Jahre alt. Nach Schulschluß fuhren wir S-Bahn, der einzige Ort, der uns zum Händchenhalten und zu verliebten Gesprächen geblieben war.

Gerd war sehr groß für sein Alter. Er hatte eine schlanke, sportliche Figur und überragte die meisten seiner Klassenkameraden. Seine Bewegungen wirkten wie die eines älteren Galans, freundlich, höflich, beschützend. Er hatte blonde Haare, glasklare blaue Augen, die neugierig in die Welt guckten.

Kurz, er war der Typ eines jungen Mannes, dem manches junge Mädchen sehnsuchtsvoll hinterherblickte. Kein Wunder, daß ich auf diese Eroberung – meinen ersten Freund – sehr stolz war.

Gerd und ich hatten uns auf dem Sportplatz Eichkamp kennengelernt. Einmal im Jahr veranstalteten die jüdischen Schulen Berlins dort ein Sportfest. Mannschaften der verschiedenen jüdischen Schulen kämpften um wertlose, aber begehrte Trophäen. In der Erinnerung sind diese Sportfeste die schönsten Tage meiner Schulzeit. Alles Bedrückende, das auf uns lastete, war dort wie weggeblasen. Wenn wir allerdings zur Rückfahrt in die Schule in die S-Bahn einstiegen, war diese gelöste Atmosphäre ebenso schnell wieder verflogen. Auch wenn wir nicht darüber sprachen, wir ahnten, daß wir von den anderen Fahrgästen als jüdische Kinder erkannt und angepöbelt werden konnten. Schließlich schürte das nationalsozialistische Regime, das seit 1933 im Amt war, Haß gegen Juden, nannte sie Verbrecher, Kriminelle, Insekten, die man zertreten müsse.

Seit diesem Sportfest fuhren Gerd und ich jeden Tag nach Schulschluß mit der S-Bahn zwischen Bahnhof Börse (heute Hackescher Markt) nahe unserer Schule und Savignyplatz, der meinem Zuhause am nächsten gelegenen Station, hin und her. Zwar war auch das begrenzt. Meine Mutter wußte genau, wann ich aus der Schule zu Hause sein müßte. Mit Ausnahme der Tage, an denen wir hitzefrei hatten, und die waren selten. Meine Mutter sah meine Beziehung zu Gerd nicht gern. Sie kannte ihn nicht und legte auch keinen Wert darauf, ihn kennenzulernen. Sie fand nur, daß man in solchen Zeiten, in denen Juden Freiwild für Verfolgungen und Diskriminierungen sind, am besten und am sichersten zu Hause aufgehoben war. Möglichkeiten „auszugehen“ waren Juden ohnehin verwehrt. Darunter fielen Besuche ins Theater, ins Kino, ins Konzert, ins Museum. An den meisten Cafés hingen Schilder mit der Aufschrift „Juden unerwünscht“. Manchmal war die Sprache noch drastischer. Das Strandbad Wannsee war die erste Badeanstalt in Berlin, die uns den Eintritt untersagte. So blieb Gerd und mir nur die S-Bahn als einziger Treffpunkt, wo wohl aus der Situation heraus mehr Zärtlichkeiten ausgetauscht wurden, als nach einer so kurzen Bekanntschaft üblich war.

Eines Tages hielt ich vergebens Ausschau nach Gerd. Ich hörte von einem Klassenkameraden, er sei ganz plötzlich nach Shanghai abgereist, einem der wenigen Orte in der Welt, in die Juden damals noch einreisen durften. Die meisten Länder hatten ihre Grenzen längst geschlossen oder setzten finanzielle Bedingungen für eine Einwanderung fest, die kein deutscher Jude mehr erfüllen konnte. Gerd habe seine Mutter beschworen, mit ihm zu gehen, so erzählte man mir. Der nichtjüdische Vater hatte die Mutter bis zu seinem Tode vor der Verfolgung als Jüdin beschützen können. Damit war es danach vorbei. Und trotzdem lehnte die Mutter es ab, Berlin zu verlassen.

So war der 16jährige allein in das unbekannte China gefahren. Er habe dort als Zauberer gearbeitet, ein Hobby seiner Kindheit.

In Nachtlokalen und Bars fand er Beschäftigung. So schrieb er mir fast fünfzig Jahre später aus Berlin nach Tel Aviv. Mein Buch „Ich trug den gelben Stern“ in der Auslage eines Buchladens in Berlin hatte ihm den Weg zu mir gewiesen.

Wir trafen einander wieder, im Berlin der neunziger Jahre. Seine Haare waren schlohweiß geworden. Ein kleiner Spitzbart in der gleichen Farbe sollte wohl den Künstler, als den er sich empfand, unterstreichen. Seine blauen Augen strahlten nicht mehr. Mit seiner Körperfülle paßte er gerade noch in mein kleines Auto. Mich betrachtend, sagte er nur, er sei wirklich stolz darauf, daß er mit 16 Jahren schon einen so guten Geschmack bewiesen habe.

Die Lebensbedingungen in Nazi-Deutschland brachten es mit sich, daß ich Gerd bald vergaß. Nach Ausbruch des Zweiten Weltkrieges im Jahr 1939 nahmen die Nazis keine Rücksicht mehr auf die Reaktionen des Auslands auf ihre Politik. Sie verfolgten, diskriminierten, quälten jüdische Menschen fast täglich mit neuen Verboten, Anordnungen, Gesetzen. Sie erklärten Juden zum Abschaum der Menschheit, schuldig an allen Unbilden, die der Welt widerfahren waren.

Es war der 19. September 1941, an dem wir das erste Mal gezwungen waren, einen „Judenstern" zu tragen. Ich fürchtete mich vor der Reaktion der Berliner. Aber sie blieb aus. Ich hatte allerdings mein eigenes kleines Problem. Monatelang war ich jeden Morgen an der U-Bahn Station Bayerischer Platz in den gleichen Zug und in das gleiche Coupé gestiegen. Das hatte auch ein junger Mann getan. Ich hatte keine Ahnung, wer er war. Wir hatten kein Wort miteinander gewechselt. Wir hatten uns bloß angesehen. Es war da offenbar eine gegenseitige Sympathie entstanden, wie unsere Blicke es deutlich machten. Ich ahnte, daß er kein Jude war. Ich gebe zu, daß ich mich vor seiner Reaktion fürchtete, wenn er an mir den „Judenstern" entdeckte. Seine Blicke bewiesen mir an jenem Tag, daß meine Sorge unbegründet war. Doch nach jenem ersten Tag des Sterntragens habe ich ihn nie wiedergesehen. Das mag Zufall gewesen sein, vielleicht auch Angst seinerseits, Kontakt zu Juden wurde im Reich der Nazis streng geahndet.

Meine Mutter sprach ihre Überraschung aus, als ich ihr meine Bereitschaft, ja sogar meinen Wunsch mitteilte, zur Kartenstelle gehen zu wollen. Dort erhielten Juden jeden Monat ihre Lebensmittelkarten, die nichtjüdischen Bürgern ins Haus geliefert wurden. Die Rationen, die uns auf diesen Karten mit dem aufgedruckten gelben „J" zustanden, waren wesentlich geringer als die der Nichtjuden. Man konnte früh oder spät zur Kartenstelle kommen, stets wartete dort eine lange Schlange Menschen vor dem Gebäude darauf, eingelassen zu werden. Man ließ uns warten, manchmal stundenlang. Ganz gleich, ob es regnete oder ob es schneite oder ob es brütend heiß war. Um sich die Zeit zu vertreiben, unterhielten sich die Leute, flüsternd versteht sich, um den Beamten keinen Vorwand für eine Bestrafung zu liefern.

Einmal entdeckte ich in der Masse der Menschen einen jungen Mann, der mir bekannt vorkam. Und tatsächlich, er bestätigte mir, daß wir die gleiche Schule besucht hatten. Ich weiß nur noch, daß er Erich hieß, groß gewachsen war, aber stark hinkte. Wenn jemand mit ihm sprach, beugte er sich ein wenig vor und verstärkte damit den Eindruck großer Bescheidenheit. Wenn jemand ihm seinen Platz in der Schlange wegnehmen wollte, ließ er es geschehen, wohl um Streit unbedingt zu vermeiden. Er lächelte stets freundlich und, meiner Erinnerung nach, verschwand dieses Lächeln nie von seinem Gesicht. Auch er gab seiner Freude Ausdruck über unser Treffen. Ich fühlte, daß dies keine Floskel war.

Die vielen Stunden, die man uns warten ließ, gaben uns viel Zeit für Gespräche. Sie drehten sich meist um das Schicksal ehemaliger Schulkameraden. Einige hatten in fernen Ländern Asyl gefunden. Natürlich waren wir neidisch; oft nur des Abenteuers wegen. Wir bedauerten jene, die, nur um aus Deutschland herauszukommen, nach Aleppo in Syrien geflohen waren, eine Stadt, in der man noch ohne Visum aufgenommen wurde. Sie war durch die ansteckende Aleppo-Beule bekannt geworden. Da es uns verboten war, Zeitungen zu kaufen, man uns das Radio weggenommen hatte und wir zu kulturellen Veranstaltungen nicht zugelassen waren, waren die Themen unserer Gespräche begrenzt. Bücher standen uns nicht zur Verfügung. Die meisten hätten uns auch nicht interessiert. Es war meist Literatur, die nazistische Gedanken propagierte. Andere Bücher jüdischer oder ausländischer Autoren waren in Deutschland nicht mehr zum Verkauf oder Vertrieb zugelassen.

Und doch redeten wir unentwegt und ungeniert. Ich spürte deutlich, daß den Menschen um uns herum unsere Freude aneinander nicht entging. Wir sprachen darüber, wie wir uns die Welt ohne Krieg und Terror vorstellten und was wir in dieser Welt einmal tun wollten. Ich wollte damals noch Lehrerin werden, also meinem Vater nacheifern. Er wollte Ingenieur werden, Autos bauen, die gerade dabei waren, die Straßen zu erobern. Wir taten so, als ob das Leben wie selbstverständlich noch vor uns läge. Das war natürlich mit dem Ende des Naziregimes verbunden. Abitur machen, studieren, was jüdischen Jugendlichen verboten war – das waren die Grundlagen für unsere Ziele.

„Also bis zum nächsten Monat“, so pflegten wir uns zu verabschieden und winkten einander nach. Als ich am für die Ausgabe der Lebensmittelkarten festgesetzten Tag im folgenden Monat nach ihm suchte, fand ich ihn nicht. Ich fürchtete, ihn verpaßt zu haben, und fragte Umstehende, ob sie einen jungen Mann, der stark hinkte, gesehen hätten. Er muß wohl zu den ersten gehört haben, die deportiert worden waren. Auswanderungen waren seit Oktober 1941 verboten. Fast zur gleichen Zeit hatten die Deportationen jüdischer Menschen „nach dem Osten“, wie wir in Unkenntnis des wahren Zieles zu sagen pflegten, begonnen. Erich blieb für immer verschwunden.

Jedes Mal, wenn Hans mich berührte, zuckte ich zusammen und rückte von ihm ab. Hans Rosenthal war mein erster Freund, den ich zu lieben glaubte. Er war 39 Jahre alt – also 19 Jahre älter als ich –, unverheiratet und lebte mit seiner Mutter zusammen. Ich hatte ihn 1942 in der Blindenwerkstatt Otto Weidt, Rosenthaler Straße 39, kennengelernt, wo ich während der Jahre 1941 bis 1943 arbeitete. Otto Weidt war einer der wenigen Arbeitgeber in Berlin, von dem insgeheim bekannt war, daß er Juden gut behandelte und ihnen half, wo und wie er nur konnte. Er haßte die Nazis. Hans, den er als Materialverwalter der Jüdischen Gemeinde kannte, belieferte er mit Besen und Bürsten. Sie waren für die verschiedenen Einrichtungen der Jüdischen Gemeinde bestimmt.

„Wenn alles vorbei ist, dann heiraten wir doch", so pflegte ich Hans zu vertrösten, „und wandern nach Amerika aus", fügte er hinzu. Sicher könne er dort wieder als Ingenieur arbeiten wie vor 1933 in der Glühbirnenfabrik Osram im Berliner Wedding.

Hans insistierte nicht. Er war ein ruhiger und besonnener Mensch, der nicht nur so aussah, als könne er keiner Fliege ein Leid antun. Er war groß und schlank mit linkischen Bewegungen, die Unsicherheit ausdrückten. Er hatte ein freundliches Gesicht, das stets zum Lächeln bereit schien, ein Eindruck, den der tiefe Einschnitt in seinem Kinn noch verstärkte. Wenn er anderen zuhörte, war sein Mund meist einen Spalt geöffnet. Er konnte auch hell auflachen, und er tat dies bei jeder sich bietenden Gelegenheit. Dabei zog er die eine Schulter etwas hoch wie eine Geste der Entschuldigung für seinen plötzlichen Gefühlsausbruch.

Hans und ich trafen meist an Sonntagen zum Kaffee bei seiner oder meiner Mutter zusammen. Andere Möglichkeiten hatten wir nicht. Wir mußten ohnehin ab zwanzig Uhr abends bis morgens um sechs Uhr zu Hause sein. Die Benutzung öffentlicher Verkehrsmittel war nur für den Weg zum Arbeitsplatz zugelassen. Unsere Telefone waren abgeschaltet worden. Glücklicherweise wohnten wir nicht weit voneinander. So blieb uns nur, unter dem Kaffeetisch Händchen zu halten oder uns verstohlen zu küssen, wenn die Mutter das Zimmer verließ, um den Kaffee zu holen.

Ein Freund bot uns schließlich sein Zimmer an, in dem wir ab und zu am Tag allein sein konnten. Obwohl ich die Stunden herbeisehnte, flößte mir der mit wenigen alten Möbeln ausgestattete Raum Unbehagen ein. Einmal sprach Hans ganz offen mit mir über körperliche Beziehungen. Aber ich weinte nur und bat ihn inständig, mich in Ruhe zu lassen. Meine Sinne waren auf nichts anderes als auf die Abwehr von Gefahren eingestellt. Meine Nerven waren ständig zum Zerreissen gespannt. Immer wenn wir uns trennten, weinte ich vor Angst, er würde wie die anderen ohne mein Wissen deportiert, und ich würde ihn nie wiedersehen. Ich weinte und weinte und klammerte mich an ihn.

Meine Mutter machte keinen Hehl daraus, daß ihr meine Verbindung zu Hans nicht recht war. Eifersucht war sicher einer der Gründe dafür, denn sie verstand wohl besser als ich, daß der so viel ältere Hans eine Art Vaterersatz für mich war und mir den Halt gab, den sie mir nicht geben konnte. Sie fürchtete auch, und das sprach sie auch aus, daß ich Hans heiraten und sie allein „in den Osten" deportiert werden würde – mit einem unbekannten Ziel. Während Hans, als verdienter Funktionär der Jüdischen Gemeinde, mit mir in das sogenannte Vorzugslager Theresienstadt eingewiesen würde.

Nichtjüdische Freunde meiner Eltern, die von dem schrecklichen Morden jüdischer Menschen aus ausländischen Rundfunksendern und von deutschen Soldaten erfahren hatten, beschworen uns, uns mit ihrer Hilfe zu verstecken. So geschah es dann auch.

Den Kontakt zu Hans hielt ich aufrecht, der uns vor bevorstehenden Aktionen der Gestapo warnte. Er selbst wurde dreimal abgeholt und wieder freigelassen. Die Gestapo wußte um seine guten Beziehungen zu Berliner Grossisten und zwang ihn, sie mit Mangelware zu versorgen. Die Grossisten verstanden sehr wohl, daß das Leben des Juden Hans Rosenthal von derartigen Lieferungen abhing.

Wir überlebten. Hans und seine Mutter im Jüdischen Krankenhaus, das die Gestapo in ein Gefängnis umgewandelt hatte. Meine Mutter und ich in verschiedenen Verstecken in und um Berlin. Hans erinnerte mich an unsere Gespräche für eine gemeinsame Zukunft. Doch ich erschrak. Heiraten? Ich hatte doch noch gar nicht richtig gelebt – und wies ihn ab, vertröstete ihn. Er verzieh mir das nie und wanderte nach Amerika aus. Ich hörte nie wieder von ihm.

Ich blieb mit einem schlechten Gewissen zurück.

Erinnerungen an zwei Finsterwalder Jungen

1943 waren sie acht und fünf Jahre alt. Zwei Jungen, Brüder, der ältere hieß Dieter, der jüngere Peter. Ständig hatten sie Hunger, bettelten um ein Stück Brot oder eine Kartoffel. Sie waren im Jüdischen Krankenhaus in Berlin inhaftiert. Ihr Vater war kurz nach der Geburt Peters ins KZ Buchenwald eingeliefert worden. Ihre Mutter galt als verstorben.

Beide waren in Finsterwalde geboren worden. Dort war ihr Vater aufgewachsen. Dessen Mutter, eine Schwester meines Vaters, war geschieden und konnte ihre drei Kinder nicht allein ernähren. Willy, so hieß der Vater der beiden Jungen, kam zu uns nach Finsterwalde und wuchs mit mir zusammen auf. Als er die Volksschule beendet hatte, nahm ihn Emil Galliner als Lehrling in sein Kaufhaus. Wir verließen Berlin 1926 oder 1927. Willy aber, knapp 17jährig, blieb in der Stadt, in der er sich heimisch fühlte. Er wurde aktiver Sportler und später ein Autonarr, eine Tatsache, die ihm in der Nazizeit zum Verhängnis werden sollte. Die Nazis nahmen eine simple Autostrafe zum Vorwand, ihn als sogenanntes „asoziales Element“ schon 1938 ins KZ zu sperren. In Wirklichkeit suchten sie damals kräftige junge Männer, die ihnen das KZ Buchenwald aufbauten. Seine Kinder blieben zunächst bei der nichtjüdischen Mutter, die Willy noch vor den 1935 erlassenen Nürnberger Rassegesetzen, die eine eheliche Verbindung zwischen Juden und Nichtjuden verboten, geheiratet hatte.

Seine beiden Jungen kamen Anfang der vierziger Jahre ins Jüdische Krankenhaus in Berlin, wo die Gestapo eine Dienststelle hatte, ein Gefängnis und ein Arbeitslager unterhielt. Diese waren im Jüdischen Krankenhaus in der Iranischen Straße eingerichtet worden zu einer Zeit, als Berlin als „judenrein“ galt. Am 27. Februar 1943 waren alle noch in Berlin verbliebenen Juden in der sogenannten „Fabrikaktion“* abgeholt und wenig später zu Tausenden „in den Osten“ deportiert worden. Im Jüdischen Krankenhaus blieben Kranke zurück, die auch dort behandelt wurden, bis man sie nach ihrer Gesundung, als transportfähig erklärt, deportieren konnte. Im Gefängnis waren hauptsächlich „Untergetauchte“ untergebracht, die sich der Deportation hatten entziehen wollen, aufgespürt worden waren und bis zur Abfahrt eines Deportationszuges dort blieben. Juden aus „Mischehen“, die durch Heirat mit einem Nichtjuden vor Deportationen geschützt waren, wurden sofort nach dem Tode des nichtjüdischen Partners ins Gefängnis des Krankenhauses gebracht, um ebenfalls bei nächster Gelegenheit „in den Osten“ deportiert zu werden. Noch in den letzten Kriegstagen des Monats März 1945 gingen von dort Züge ab. Nun

---

* Fabrikaktion, so genannt, weil die Gestapo die letzten Juden Berlins auch von ihren Arbeitsstätten in den Fabriken, in denen sie Zwangsarbeit leisten mußten, abholten.

allerdings nur noch in die KZs innerhalb Deutschlands. Die Vernichtungslager in Polen waren für die Deutschen nicht mehr erreichbar.

Die beiden Jungen waren mutterseelenallein in diesem Gefängnis, aus dem es keinen Weg nach draußen gab. Jeder, der dort Dienst tun mußte – Ärzte oder Schwestern oder anderes Hilfspersonal der Gestapo mit irgendeinem „arischen" Vorteil –, kannte die Kinder. Sie hatten selber wenig zu essen. Aber das Mitleid für die beiden Jungen war groß, und man opferte ihnen schon mal eine Kartoffel oder ein Stück Brot. Sie hatten niemanden mehr auf dieser Welt – das war bekannt – außer ihrem Vater, der sich im KZ natürlich nicht um seine Kinder kümmern konnte. Aus Gründen, die nicht mehr geklärt werden können, hatte die Mutter die beiden Jungen Anfang der vierziger Jahre, als die Verfolgung der Juden immer stärkere Formen annahm, in die Obhut ihrer Eltern gegeben.

Berichten zufolge, die die jüdische Großmutter, also meine Tante, in Berlin erreichten, sei die Mutter eines Tages an einer Lungenentzündung gestorben. Und schließlich starben auch die Großeltern, bei denen die Jungen eine Bleibe gefunden hatten. Die Jungen galten als „Mischlinge ersten Grades" und waren nach den Nazigesetzen nicht zur Deportation bestimmt. Das spätere Vorhaben, Mischlinge oder Juden aus Mischehen dennoch zu deportieren, mußte aufgegeben werden. Im Zuge der sogenannten „Fabrikaktion" Ende Februar/März 1943 waren auch sie bereits verhaftet worden. Aber mehr als 200 „arische" Ehefrauen und Angehörige demonstrierten über eine Woche lang vor dem Sammellager in der Rosenstraße und erwirkten die Freilassung ihrer jüdischen Angehörigen. Ein Aufbegehren gegen das Naziregime, das in Deutschland einmalig blieb.

Nach der Befreiung am 8. Mai 1945 suchte meine Mutter die beiden Jungen und fand ihre Spuren in dem ehemaligen jüdischen Waisenhaus in Berlin-Niederschönhausen. Ihr Vater, von dessen Überleben wir auf diese Weise erfuhren, hatte sie einen Tag zuvor von dort abgeholt. Willy hatte sieben Jahre im KZ Buchenwald zubringen müssen, wo er neben schwerster Arbeit auch noch medizinischen Experimenten ausgesetzt war. Dennoch ließ er sich in Weimar, nur wenige Kilometer von seiner Folterstätte entfernt, nieder. Seine Jungen, die nie ein Familienleben kennengelernt hatten, schickte er nach kurzer Zeit nach Palästina mit der Begründung, sie würden in Deutschland keine Zukunft haben. Dort wuchsen sie in einem Heim auf. Die Sehnsucht nach einer Familie ließ vor allem den Jüngsten nie los. Er war einer der ersten, mit einem israelischen Paß, der eine Einreiseerlaubnis in die DDR erhielt, um den Vater wiederzusehen. Er suchte aber auch nach seiner Mutter, an deren Tod er nicht glauben wollte. Und tatsächlich, so sein Bericht, fand er sie in Westdeutschland. Sie aber wollte ihn nicht wiedersehen, wohl auch nicht an ihn erinnert werden. Sie empfing ihn nicht. Es ist heute nicht mehr feststellbar, ob die Mutter damals ihren Tod vorgetäuscht hatte, um sich aus Angst der Kinder mit dem jüdischen Makel zu entledigen, oder ob die Information über ihren Tod nur der jüdischen Großmutter galt, um alle Kontakte abzubrechen, oder ob der Sohn einer Halluzination erlag.

Trotzdem dieser Sohn in Israel eine eigene Familie gegründet und auch schon Enkelkinder hat – ähnlich wie sein älterer Bruder –, hat er nie wieder seine Ruhe gefunden. Mal wollte er wieder in Deutschland zu Hause sein. Dann wieder zog es ihn nach Israel zurück. Vor einigen Jahren starb er in Israel.

Die deutsche Gesellschaft in der Nachkriegszeit

Mit den Jahren wuchsen die Zweifel

Kaum war ich 1946 in England angekommen, da sprach ich schon vor englischem Publikum über die Not und das Elend des besiegten deutschen Volkes. Das Naziregime, dem so viele Deutsche zunächst willig gefolgt waren, teils aus Naivität, teils weil sie sich von diesem neuen Regime persönliche Vorteile versprachen, und das sie dann in schreckliche Verbrechen verstrickte, war untergegangen. Ich war überzeugt, daß die Deutschen nun zum Rechtsstaat und zur Menschlichkeit zurückkehren würden.

Wir waren in der Nazizeit als Juden verfolgt worden. Meinem Vater gelang wenige Monate vor Kriegsausbruch die Flucht nach England. Wie alle Juden wurden meine Mutter und ich bei Beginn des Zweiten Weltkrieges Gefangene des Nazistaates und damit fast täglich neuen Verfolgungen ausgesetzt. Der „gelbe Stern", mit dem wir ab September 1941 gezeichnet wurden, machte uns zu Spießrutenläufern. Allerdings gab es in Berlin immer wieder Menschen, die uns heimlich Hilfe leisteten. Wenige zwar, denn Mut und Zivilcourage waren rar geworden in einem Staat, der dafür mit Jahren im Konzentrationslager drohte.

Im Oktober 1941 begannen die Nazis, jüdische Menschen „in den Osten" zu deportieren, wie wir es nannten, in Unkenntnis des wahren Ziels. Wir wollten auch nicht glauben, daß dies den Tod bedeuten könnte, und hielten entsprechende Meldungen, die von ausländischen Sendern verbreitet wurden, für Gerüchte. Erst als uns eine Berliner Geschäftsfrau berichtete, ein Bekannter habe als Soldat in Polen gesehen, „was sie dort mit den Juden machen", wurde das eigentlich Unfaßbare glaubhafter. Die gleiche Frau bot uns ein Versteck an, wollte nicht untätig bleiben, wenn Menschen ihrer Herkunft wegen ermordet werden sollten. Ihrem Beispiel folgten andere Berliner, die dem Hitler-Regime von Anfang an feindselig gegenüberstanden.

Zwei Jahre und vier Monate waren meine Mutter und ich auf der Flucht, von einem Versteck zum anderen, mit der steten Angst im Nacken, keine Zuflucht mehr zu finden, zu verhungern oder von den Nazis erwischt zu werden. Wir verdanken 20 Berliner Familien unser Überleben. Ihnen war die Rettung von Menschenleben oberstes Gebot. Sie waren ganz gewöhnliche Menschen, die ihrem Weltbild entsprechend Großes taten, ohne sich dessen bewußt zu sein. Sie bewiesen tagtäglich ihr Heldentum. Ungeachtet des eigenen Risikos halfen sie, sprachen uns Mut zu, gaben uns Hoffnung, wenn uns alle Auswege versperrt schienen. Der Staat Israel hat ihnen dafür gedankt – nicht die Bundesrepublik Deutschland. Die Erfahrung mit diesen Menschen hat viel damit zu tun, daß ich dem nach dem Krieg entstehenden deutschen Staat Vertrauen entgegenbrachte. Als ich Mitte der fünfziger Jahre beschloß, in die Bundesrepublik zurückzukehren, war ich ganz sicher, daß diese Menschen oder Menschen dieses Typs in der Führung des neuen Deutschlands eine entscheidende Rolle spielen würden.

„Vergessen Sie das doch! Das ist doch schon so lange her!", die Reaktion der einen. „Sie müssen doch vergeben können!", die Reaktion der andern. Das waren Aufforderungen an mich, wenn ich in Bonn mein Befremden, ja mein völliges Unverständnis darüber ausdrückte, daß in manchen Ministerien ehemalige Mitglieder der NSDAP zahlreicher vertreten waren als im Dritten Reich. Und unter ihnen einige, die am Mord von Juden oder politischen Gegnern des Naziregimes direkt oder indirekt beteiligt gewesen waren. Man konnte meinen, daß die, die in Bonn Verantwortung trugen, in keiner Weise betroffen waren von den nun im Detail bekanntwerdenden Verbrechen, die Deutsche begangen hatten. Es schien sie auch nicht zu interessieren, daß das Naziregime einen Weltkrieg vom Zaun gebrochen hatte, in dem 55 Millionen Menschen ihr Leben lassen mußten, und daß sie dafür Mitverantwortung trugen. Sie fanden es offenbar völlig in Ordnung, daß selbst diese für die Verbrechen mittelbar oder unmittelbar Verantwortlichen nun am Aufbau einer von den Siegermächten verordneten Demokratie mitwirkten. Ihre Diagnose meiner Einwände: „Die Deutschkron leidet an Naziphobie!" Und ich? Ich sah Bilder vor mir, Bilder aus jenen Tagen, als sie Menschen aus ihren Wohnungen holten, sie auf einen Lastwagen schleiften und davonfuhren mit unbekanntem Ziel – für immer.

Ich arbeitete als Deutschland-Korrespondentin der israelischen Zeitung „Maariv" in Bonn und konnte den Kontakt zu Politikern und Staatsbeamten mit brauner Weste nicht meiden. Noch heute schaudere ich bei der Erinnerung, daß ich mit Leuten sprechen mußte, wie zum Beispiel einem hohen Beamten des Wirtschaftsministeriums, der mir freiwillig und dazu noch schmunzelnd berichtete, er habe in jenen Jahren jüdisches Eigentum beschlagnahmt. Oder daß ich Auskünfte einholen mußte vom Direktor des Deutschen

Bundestages, der in der Verwaltung des berüchtigten Ghettos Lodz tätig gewesen war. Sein Assistent behauptete mir gegenüber, sein Chef habe das Ghetto nie betreten und wisse daher auch nicht, wie es darin ausgesehen habe. Den langjährigen Staatssekretär im Bundeskanzleramt, Dr. Hans Globke, als Staatssekretär Kanzler Adenauers rechte Hand, mied ich, obwohl er seiner Funktion nach für meine Arbeit eine wichtige Quelle gewesen wäre. Er hatte 1935 als Oberregierungsrat im Innenministerium die Einführung zu den Kommentaren zur deutschen Rassengesetzgebung mitverfaßt, die als „Nürnberger Gesetze" in die Geschichte eingegangen sind. Sie wurden zur ideologischen Grundlage der nazistischen Rassenpolitik, die schließlich zur Ermordung der Juden führte.

Globke wurde zum Symbol dafür, daß der Geist des Nationalsozialismus zumindest die ersten 20 Jahre der Bundesrepublik beeinflußte. Seine Existenz und Stellung in Bonn machte es den ehemaligen Mitstreitern des Nationalsozialismus leicht, ohne die geringsten Hemmungen Posten in der Verwaltung und Führung der damaligen Bundesrepublik zu übernehmen und so zu tun, als sei das Dritte Reich durch nichts anderes belastet als durch den verlorenen Zweiten Weltkrieg. Und die Liste der alten Nazis, die in hohe Funktionen in Bonn berufen wurden, ist lang. Was den damaligen Kanzler Dr. Konrad Adenauer, der in der Nazizeit in jeder Hinsicht integer gewesen war, bewogen hat, sich auf diese Diener des Unrechtsstaates zu stützen, vermag ich nicht zu sagen.

Es ist auch kein Zufall, daß Adenauer die Schuld des deutschen Volkes am Mord an den Juden jahrelang zu erwähnen unterließ. Dr. Herbert Blankenhorn, ein enger Vertrauter Adenauers, erklärte mir, daß dazu erst die psychologische Basis im deutschen Volk hätte vorbereitet werden müssen, damit das deutsche Volk den Bemühungen der Regierung zur Versöhnung mit den Juden zustimmte. Es wäre Deutschlands Ansehen in der Welt abträglich gewesen, hätte die deutsche Bevölkerung diesen Bemühungen Widerstand geleistet. Anzeichen dafür hätte es wohl gegeben, so Dr. Blankenhorn. Von einer Pflicht, das deutsche Volk entsprechend aufzuklären, war nicht die Rede.

Der Staat Israel existierte bereits, als das erste deutsche Nachkriegsparlament und die erste Nachkriegsregierung konstituiert wurden. Obwohl die Gründung dieses Staates in gewisser Hinsicht in ursächlichem Zusammenhang mit dem Mord an den europäischen Juden stand, erwähnte Dr. Adenauer in seiner ersten Regierungserklärung vom 20. September 1949 mit keinem Wort eine Verantwortung der Deutschen gegenüber den Juden und dem Staat Israel. In den folgenden Jahren führten die Vereinigten Staaten von Amerika geheime Verhandlungen mit der Bundesrepublik über Forderungen des Staates Israel an Bonn, da der jüdische Staat noch nicht zu direkten Kontakten mit Deutschen bereit war. Es handelte sich um Entschädigungszahlungen für Israels Aufnahme von 500.000 Flüchtlingen aus Deutschland und den von den Nazis besetzten Gebieten, um Wiedergutmachung an Überlebenden aus Konzentrationslagern und eine Rückerstattung enteigneten jüdischen Eigentums. Im Endstadium dieser Verhandlungen forderte Amerika Israel zu direkten Gesprächen auf, da nur so die betroffenen Parteien zu einem Ergebnis gelangen könnten. Israel erklärte seine Bereitschaft unter der Bedingung, daß Bonn in einer Regierungserklärung dazu Stellung nähme. Dies geschah im September 1951, also sechs Jahre nach Kriegsende. Darin heißt es im dritten Teil: „Das deutsche Volk hat in seiner überwiegenden Mehrheit die an den Juden begangenen Verbrechen verabscheut und sich nicht an ihnen beteiligt." Als Beweis für diese erstaunliche Behauptung heißt es weiter: „Es hat in der Zeit des Nationalsozialismus im deutschen Volk viele gegeben, die mit eigener Gefährdung, aus religiösen Gründen, aus Gewissensnot, aus Scham über die Schändung des deutschen Namens ihren jüdischen Mitbürgern Hilfsbereitschaft gezeigt haben." Es erhebt sich die Frage, wie die Morde an sechs Millionen Menschen möglich wurden, wenn diese Aussage den Tatsachen entsprochen hätte. Die Rettung von nur 1.700 Juden, die von Bürgern der Stadt Berlin versteckt wurden, in der bei Beginn der Deportationen noch etwa 70.000 Juden lebten, spricht eine deutliche Sprache.

In ähnlicher Weise drückte sich Bonn jahrelang um die diplomatischen Beziehungen zu Israel. Bonn fürchtete, so gab man vor, daß im Falle einer offiziellen Anerkennung Jerusalems die arabischen Staaten den zweiten deutschen Staat, die DDR, diplomatisch anerkennen würden. Als Konsequenz hätte Bonn die Hallstein-Doktrin anwenden müssen, nach der sie ihre Beziehungen zu jenen Staaten abzubrechen hatte, die sich offiziell der DDR zuwandten. Als Kanzler Erhard 1965 die diplomatischen Beziehungen zu Israel schließlich doch aufnahm, brachen neun der zwölf arabischen Staaten ihre Beziehungen zu Bonn ab. Nur vier erkannten die DDR offiziell an. Der wirtschaftspolitische Schaden – und um den ging es Bonn wohl in erster Linie – war für Bonn relativ gering. Die Schuld der Deutschen am jüdischen Volk hätte es ihnen jedoch zur Pflicht machen müssen, auch Nachteile in Kauf zu nehmen, wenn es ihnen wirklich um die Versöhnung mit dem jüdischen Volk ging.

Es regte sich auch kein Protest in Deutschland dagegen, daß die Verfolgung der Naziverbrechen vor deutschen Gerichten nur sehr schleppend vor sich ging. Überdies war die Urteilsfindung für derartige Verbrechen häufig sehr unterschiedlich im Vergleich zu Prozessen von in der Nachkriegszeit begangenen Morden. Für Tausende von erwiesenen Morden erhielten Naziverbrecher meist nur zeitbegrenzte Gefängnisstrafen. Hingegen pflegen deutsche Gerichte einen für einen Mord verantwortlichen Verbrecher lebenslänglich ins Gefängnis zu schicken.

Man hat mir oft vorgeworfen, ich versagte den Deutschen die Anerkennung für die Zahlungen, die der Staat an Juden nach dem Krieg geleistet hätte. Bei dieser „Wiedergutmachung“ – das Wort könnte unpassender nicht sein – handelte es sich um finanzielle Hilfen für im KZ erlittene Schäden an Leben und Gesundheit sowie um Rückgabe von gestohlenem Gut. Wie viel von den Juden wirklich gestohlen wurde, wird erst heute, 50 Jahre danach, deutlich, da auch deutsche Banken und Versicherungen den Raub jüdischen Vermögens nun nicht mehr leugnen können.

Natürlich hat es unter den Deutschen Menschen gegeben, die ähnlich wie ich sich gegen die unwürdige Politik der Bundesregierungen in den ersten 20 Jahren nach der Staatsgründung wandten. Es handelte sich dabei meist um Menschen, die unter dem Hitler-Regime ihrer politischen Haltung wegen gelitten hatten. Sie waren viel zu müde nach den schrecklichen Jahren und zu enttäuscht, um den Kampf gegen diesen die Bundesrepublik beherrschenden Trend aufzunehmen.

Nein, diese Bundesrepublik konnte nicht mehr mein Land sein. Im Jahr 1972 wanderte ich nach Israel aus. Ich glaubte, damit den Schlußstrich gezogen zu haben zu dem Land, in dem ich geboren wurde, meine Familie ausgerottet worden war und es nur wenige Anzeichen dafür gegeben hat, daß man ehrlich gewillt war, sich mit der schrecklichen Vergangenheit auseinanderzusetzen und dafür die volle Verantwortung zu übernehmen.

Dennoch, nachdem das Berliner „Grips Theater" 1989 das Stück „Ab heute heißt du Sara", das auf meiner Autobiographie beruht, auf seine Bühne brachte, ließ ich mich dazu überreden, vor Berliner Schülern über meine Erfahrungen unter dem Naziregime zu reden. Ich fand im allgemeinen junge Menschen vor, die sehr interessiert zuhörten und frei und offen mit mir diskutierten. Ich tue diese Arbeit noch immer im Glauben, auf meine Weise mitzuhelfen, daß eine ähnliche Entwicklung wie in den dreißiger Jahren verhindert werden kann. Meine Haltung zu Deutschland hat dies nicht verändert. Zu tief sitzt die Enttäuschung über die in den ersten Nachkriegsjahren übliche Mißachtung der schrecklichen Leiden, die Deutsche Menschen wegen deren Hautfarbe, Religion oder politischer Gesinnung angetan haben. Überdies kann ich Zweifel an der Zukunft dieses Landes nicht verhehlen, in dem es wieder eine Bewegung junger Menschen gibt, die auf brutalste Weise gegen andere, ihnen nicht genehme Menschen vorgeht, und Regierungen, die ihnen nicht durch Verbote Einhalt gebieten.

Die Kistenparty

Natürlich enthielten sie Träume, verbargen sie Hoffnungen, nahmen sie Tränen mit sich – diese Holzkisten, auf denen meine Gäste aus Mangel an anderen Sitzgelegenheiten Platz genommen hatten. Große und kleine Kisten aus rohem, ungeschminktem Holz standen lässig in meinem einstigen Wohnzimmer in der Parterrewohnung des Hochhauses Oppelner Str. 31 in

Bonn-Tannenbusch herum. In den formativen Jahren der provisorischen Hauptstadt ihr erster oder letzter Wohnbezirk, je nachdem, ob man aus Köln kam oder aus Bad Godesberg. Seine Bewohner, meist kleine Angestellte beim Bund, die, eingewiesen von Amts wegen, dankbar waren für diese Unterbringung in phantasielosen Hochhäusern in der noch an Wohnungen armen Stadt. Es gab dort nichts Spektakuläres, nichts Erfreuliches, nichts, was wenigstens dem Auge Frieden schenkte und, meiner Erinnerung nach, nicht eine einzige Tanne.

In den frühen Morgenstunden hasteten Menschen wie graue Mäuse durch den Wind zu ihren Schreibtischen im Regierungsviertel. Danach kehrte wieder Stille ein in Tannenbusch, vollkommene Stille. Am Abend kehrten sie zurück, zielstrebig ihren Behausungen zu und schlossen die Türen fest hinter sich. Das triste Leben in Tannenbusch, dessen Name nicht unpassender hätte sein können, war wieder zur Stille verdammt. Nur einmal störte ein Schreck sie auf. Sie sprachen miteinander, teilten ihre Vermutungen dem anderen mit, lauschten begierig seiner Version des Geschehens. Das war, als die Inhaber eines kleinen Schreibwarengeschäftes in ihrer Mitte als Spione des Ostens enttarnt worden waren. Kleine Leute, ähnlich den Bewohnern dieses Bezirks, die offenbar den Auftrag gehabt hatten, aus ihresgleichen politischen Honig zu saugen.

Die Holzkisten verrieten nichts, nichts, was von mir in ihnen Platz gefunden hatte, noch, wohin ich mit ihnen zu fahren gedachte. Sie trugen fortlaufende Nummern. Das war alles. Sie machten den Eindruck, als ergäben sie sich in ihr Schicksal, das sie mit mir zu teilen gewillt sein mußten. Und da sie so herumstanden, boten sie sich als Sitzgelegenheiten an. Der Anlaß verbot den Wunsch nach bequemerer Sitzart.

Und die, die auf den Kisten saßen, wußten nicht so recht, ob sie mich bewundern sollten für das, was sie meinen Mut nannten, nun im Alter von fünfzig Jahren mein Glück in Israel zu versuchen, oder ob Mitleid nicht mehr am Platze war, da ich mich dazu gezwungen fühlte, Deutschland wieder zu verlassen und einer unvorhersehbaren Zukunft entgegenzusehen.

Ich aber lachte, freute mich, bot das Bild einer Glücklichen, die endlich ein Ziel vor sich sah. Der Start lag lange zurück. Als ich in Bonn – 1956 war es wohl – schwungvoll antrat, um, wie ich so naiv meinte, am Aufbau der Demokratie teilzuhaben, wollte mich eigentlich niemand haben. Aus Versprechungen, wenn ich denn wirklich nach Deutschland zurückkäme ..., wurden Einladungen zum Essen und beiläufig ausgesprochene gute Wünsche.

Doch ich schaffte es auch so, unglaublich enttäuscht zwar, ob dieser ersten Lehrstunde menschlicher Unzulänglichkeit. Eine abenteuerliche Reise nach Indien, Burma und Nepal im Jahr 1954 wurde Ersatz für die fehlende Bildung, die berufliche Ausbildung und führte mich zum Beruf. Ich schilderte einer Leserschaft in Deutschland Eindrücke von fernen Ländern, die ihnen wie mir zwölf Jahre lang verschlossen geblieben waren. Journalismus erwies sich als Talent, politische Erfahrung als unersetzliche Grundlage. Es gab Fehlstarts. Alte Nazikamellen, unbedachter und bedachter Antisemitismus. Einem Teil des deutschen Volkes war ja die Vergangenheit verlustig gegangen. Warnzeichen wurden mit der Zeit deutlicher. Ich ignorierte sie zunächst. So wollte ich es. Mein Entschluß, wieder in Deutschland zu leben, sollte noch unverrückbar bleiben.

Es war Anfang des Jahres 1972, als ich zu dieser „Kistenparty", wie ich es nannte, einlud. Ich erinnere mich, daß es zu meiner Verwunderung keine Absagen gab. Alle kamen, Freunde natürlich, ausländische Kollegen meist, auch Deutsche, denen ich vertraute. Andere, die gern Freunde geworden wären, so schien es mir im nachhinein, sich aber nicht trauten, mir, der vom Naziregime Verfolgten, nahezukommen aus Sorge, als Deutsche mit oder ohne Vergangenheit nicht willkommen zu sein. Wobei ich offen zugebe, daß ich es ihnen nicht leicht machte, erst wissen mußte, wo standest du damals, bevor ich meinem Gegenüber mehr als meine Hand aus Höflichkeit hinstreckte. Die Schläge, die meine Jugend begleiteten, hatten Wunden gerissen, die wohl niemals vernarben. Einige Regierungsbeamte waren unter den Gästen, die sicher meinten, so eine letzte Pflicht mir, der Journalistin einer israelischen Zeitung, gegenüber zu erfüllen, da ich sie des öfteren konsultieren mußte.

Einige trugen Dinnerkleidung. Eine weitere Verpflichtung, wie sie verlegen erklärten. Andere waren betont leger gekleidet, einer Kistenparty angemessen. Ich hatte eingeladen, um auf diese Wiese Adieu zu Bonn zu sagen. Nein, nicht auf Wiedersehen, adieu nach 14 Jahren – ein Gastspiel, das zu lang geraten war. Wollte ich es witzig ausdrücken, sagte ich: „Verstehen Sie doch, eine Berlinerin in Bonn“, und überließ es den anderen, darüber nachzudenken, ob dies die ganze Wahrheit war. Wieviele Nächte hatte ich mich mit den Blessuren geplagt, die mir deutsche Politiker und die deutsche Politik in jenen fünfziger und sechziger Jahren beigebracht hatten. Dazu gehörte das jahrelange Versteckspiel, um mit Israel diplomatische Beziehungen zu vermeiden. Die DDR eignete sich dazu als Vorwand, die mit der BRD um die Länder der Dritten Welt buhlte und, aus Feindschaft zu Israel, von der Sowjetunion gefordert, die besseren Karten hatte. Als Kanzler Erhard es schließlich wagen mußte, um den

Handel mit den USA nicht zu gefährden, ging alles ganz leicht ab. Die Naziverbrecher-Prozesse, die nun zustandekamen, wenn auch die Urteile meist lächerlich niedrig waren, im Vergleich zu denen für normale Kriminelle mit einer geringeren Zahl von Opfern. Und schließlich verletzten mich zutiefst radikale Jugendliche der sechziger und siebziger Jahre, die sich „Linke“ nannten, doch keine waren, und nicht selten Antisemitisches und Faschistisches gegen den Staat Israel auf ihre Fahnen schmierten.

Man trank aus Plastikbechern auf mein Wohl, Reste aus Flaschen und Fläschchen, die meinen Cocktail- und Dinnerparties gegolten hatten. Es war zweifellos gut gemeint. Ich erwiderte die Toasts und strahlte Zuversicht aus. Und als ich das tat, schien es mir, als stünde ich neben mir, als verabschiedeten nicht sie mich, sondern ich sie, die zurückbleiben im dumpfen Bonn, dieser Hauptstadt ohne Charakter, dieser Schimäre einer Macht im weltweiten Mensch-ärgere-dich-nicht.

Sie würden so weiterleben, in ihrem Wohlstandsstaat mit den vielen Fehlern, die auszubessern die meisten nicht für wichtig hielten, so schien es mir. Es traf nicht sie, wenn jemand Juden beleidigte oder alte Nazis ihre Rückkehr an die Macht anmahnten. Gewiß, es störte viele, daß Hehler der Naziverbrecher wieder in Amt und Würden waren. Doch deswegen kämpfen, den gerade wieder errungenen Wohlstand aufs Spiel setzen? Wo doch ihr Leben, ihr Staat nicht in Gefahr war? So oder ähnlich dachten sie wohl, so oder ähnlich lebten sie.

Ich aber hatte nie geschwiegen, hatte angeprangert, hatte erinnert. Bilder wiederaufleben lassen, Bilder des Grauens, Bilder des Schreckens, Bilder der Todesnot. Sie lebten in mir, quasi auf Abruf. Sie auszuwischen gelang mir nie. Das unterschied mich von ihnen.

„Israel, das ist doch ein Traum!“ Die Augen der Damen leuchteten auf. „Ein so schönes Land, ein so gutes Klima!“ Die Damen nickten in Übereinstimmung. Die meisten hatten Israel schon einmal bereist, oft mit dem Gatten, der aus beruflichen Gründen dorthin entsandt worden war. Oder sie machten Besuch bei ihren Kindern, von denen so einige seinerzeit der Traum von einem Leben in der Gemeinschaft eines Kibbuzes dorthin gelockt hatte. So versuchten die Damen mir ihr Verständnis für meine Entscheidung zu beweisen. Und überdies sei ich doch dort „unter meinen Leuten“, fügte eine der Damen liebenswürdig hinzu. Was sie wohl damit meinte? Ich fragte nicht danach. Die anderen Damen versenkten ihren Blick in ihre Becher, die ich schnell füllte, um die Peinlichkeit zu überbrücken.

Psychogramm eines Volkes

Denn ihrer war die Hölle. Kinder in Ghettos und Lagern

Viele Monate der Jahre 1964/65 war ich, als Vertreterin der israelischen Zeitung „Maariv“, bei den Verhandlungen des Frankfurter Schwurgerichtes zugegen, das eine gerichtliche Sühne für die im Vernichtungslager Auschwitz begangenen Verbrechen zu suchen hatte. Während die 20 Angeklagten, ehemalige Mitglieder der Auschwitzer Mordmaschinerie, mit allen erdenklichen Ausflüchten die meisten der ihnen zur Last gelegten Verbrechen bestritten, schilderten über 300 Zeugen vor Gericht die alltäglichen Vorkommnisse in diesem Vernichtungslager.

Keiner von uns Journalisten, der über einen längeren Zeitraum hinweg im Gerichtssaal von Frankfurt zugegen war, dürfte am Ende dieses Prozesses der gleiche Mensch geblieben, dürfte mit den gleichen Empfindungen, die ein mehr oder weniger normales Leben geprägt haben, in den Alltag zurückgekehrt sein. Wer miterlebte, wie immer wieder ein Zeuge oder eine Zeugin unter der Last der Erinnerung zusammenbrach – der Erinnerung an Geschehnisse, die ein menschliches Gehirn kaum auszudenken vermag und die in Worte zu kleiden nur unzulänglich möglich ist –, der hat vielleicht zum erstenmal erkannt, wie über alle Maßen schwer die Bürde des Erlebten und der Erinnerung sein kann, die mancher mit sich durchs Leben zu tragen hat. Ich weiß, wie viele meiner Kollegen auf der Pressetribüne unter dem Eindruck des Gehörten litten, wie unzulänglich ihnen ihr Wortschatz und ihre Gestaltungskraft erschienen, das wiederzugeben, was sich vor ihnen in diesem Gerichtssaal zutrug. Manche mögen sich – eben aus diesem Gefühl der Unzulänglichkeit heraus – einer Sprache bedient haben, wie sie vielfach zur Schilderung grausamer Einzelverbrechen unserer Tage gebraucht wird, und sie mögen damit der Sache keinen guten Dienst erwiesen haben. Denn dadurch konnte der Eindruck entstehen, als ob es sich bei jenen Menschen, die hier unter Anklage standen, um krankhafte, triebhafte Mörder, um Außenseiter der Gesellschaft handele, die ihrem enthemmten Sadismus freien Lauf gelassen haben; um Einzelfälle also, viele zwar und unvorstellbar schreckliche dazu, aber eben doch um Einzelfälle. Während es gerade das Ungeheuerliche von Auschwitz war, daß dort eine perfekte Mordmaschinerie funktionierte, der nach Aussage des berüchtigten und von den Polen hingerichteten Lagerkommandanten Rudolf Höss zweieinhalb bis vier Millionen Menschen zum Opfer fielen. Eine Maschinerie, die von durchaus normalen, intelligenten und organisatorisch geschulten Menschen erdacht worden war. Die Verbrechen, für die sich die 20 Angeklagten in Frankfurt zu verantworten hatten, stellten vor diesem Hintergrund nur „Beiwerk“ dar, eine vom Ergebnis her betrachtet geringfügige Steigerung der staatlich befohlenen und gelenkten Untaten.

Wenn bei der Berichterstattung über den Prozeßverlauf dieser Aspekt manchmal in den Hintergrund getreten ist, wenn vor dem Einzelfall das System in Vergessenheit zu geraten drohte, dann sicher nur deshalb, weil jeder Berichterstatter aus dem Frankfurter Gerichtssaal auf irgendeine Weise das Herz und das Gemüt seiner Leser und Hörer erreichen wollte – nicht weil es ihm sein Beruf so aufgab, nicht weil es sein täglich Brot ist, sondern weil es ihn drängte hinauszuschreien, zu welchen Ungeheuerlichkeiten sich ein Regime des Terrors versteigen und zu welchen entsetzlichen Grausamkeiten es den Menschen erniedrigen kann. Und jeder Berichterstatter wußte nur zu gut, daß er eine Barriere überwinden mußte – einen Schutzwall, den viele Deutsche um sich errichtet haben, weil sie der Ansicht sind, an diesen Untaten nicht unmittelbar beteiligt gewesen und darum auch nicht für sie verantwortlich zu sein, und weil sie meinen, die Vergangenheit bewältigt zu haben, wenn „endlich der Schlußstrich gezogen" wird.

Die Geschehnisse von Auschwitz einer israelischen Leserschaft zu schildern, wie es meine Aufgabe war, ist in einer Hinsicht leichter gewesen – zahllose meiner Leser hatten sie selbst durchleben müssen. Andererseits mußte ich versuchen, sie einer jungen Generation vor Augen zu führen, so zu vergegenwärtigen, daß sie begreifen konnte, warum ihre Vorfahren und Angehörigen auf europäischem Boden sich nicht auflehnten, warum sie starben, einfach starben, wie das Gesetz jener Tage es befahl. Ich bin mir nicht darüber im klaren, ob mir das gelang, ob ich dazu beitragen konnte, daß Scham und auch Verachtung, wie sie vielfach unter jungen Israelis anzutreffen sind, wenn man auf jenes furchtbare Schicksal ihrer Väter zu sprechen kommt, sich in Verständnis und Mitfühlen wandeln. Ist es doch fast aussichtslos, Situationen zu begreifen und zu schildern, für die der Wortschatz eigentlich in keiner Sprache ausreicht.

Wenn ich heute meine Prozeßberichte nachlese, dann sehe ich einige der Zeugen wieder vor mir: Gebildete und Ungebildete, Männer und Frauen – manche, die ihre Erlebnisse all die Jahre über verdrängt hatten und nun bei ihrer Wiedergabe am meisten litten, andere, die tagaus, tagein mit ihren Erinnerungen leben, aber dennoch die Notwendigkeit, sie mitzuteilen, nicht als Erlösung empfanden, einige wenige, denen es mit eiserner Selbstdisziplin gelungen war, das Erlebte als ein abgeschlossenes Kapitel in ihr Leben einzuordnen. Niemand, weder Zeugen noch Mitglieder des Gerichtes, war trotz größter Selbstbeherrschung in der Lage, bei diesen Berichten immer die Fassung zu bewahren. Ganz besonders dann nicht, wenn es galt, ein Kinderschicksal zu schildern oder mitanzuhören. Sich vorstellen zu müssen, was an diesen hilflosesten und unschuldigsten aller menschlichen Wesen begangen worden ist, dem war die mühsam hervorgekehrte Kaltschnäuzigkeit nicht gewachsen, in die wir uns im Frankfurter Gerichtssaal oft flüchteten, um diesen Prozeß physisch und psychisch durchstehen zu können.

Es gab Augenblicke, da man in diesem Saal, in dem meist ungefähr 200 Personen einschließlich der Prozeßbeteiligten anwesend waren, keinen Laut vernahm. Die Menschen saßen wie erstarrt, wie gelähmt, nur die unpersönliche Technik des Mikrophons übertrug die schweren Atemzüge der Richter und das mühsam unterdrückte Aufschluchzen der weiblichen Geschworenen. (Es mag zu der Paradoxie des Lebens gehören, daß wir manchmal gerade in solchen Momenten auf dem benachbarten Schulhof das Jauchzen spielender Kinder vernehmen konnten.) Und niemals werde ich diejenigen vergessen können, die diese Erlebnisse schilderten: die Frau, die meinte, heute auf eigene Kinder verzichten zu müssen, weil ihr das Bild des vor ihren Augen von einem SS-Mann zerschmetterten Knaben nie aus dem Gedächtnis schwindet, oder der alte polnische Major, der sich noch auf der Zeugenbank nicht verzeihen konnte, daß er tatenlos hinter einem Gebüsch versteckt ausgeharrt hatte, als SS-Männer kleine Kinder, die sich vor ihrem Zugriff versteckt hatten, aufspürten und töteten. Von den 20 des Mordes Angeklagten erhielten sechs eine lebenslange Haftstrafe, zehn Zuchthausstrafen zwischen vier bis 12 Jahren, einer erhielt zehn Jahre Jugendstrafe und drei wurden freigesprochen.

Ich erfuhr in diesem Prozeß, daß das Schicksal eines Kindes auch den durch Wohlstand oder eigenes Leid verhärteten Menschen noch rühren kann. So beschloß ich denn, Schicksale von Kindern in der Verfolgung zusammenzutragen, so wie sie in Aussagen von Zeugen vor den Gerichten von Jerusalem oder Frankfurt dargestellt wurden. Ich tat dies nicht, um die deutschen Bibliotheken noch um ein weiteres Buch über menschliches Leid in den Jahren der Hitlerdiktatur zu bereichern. Ich tat es, um ein Dokument zu schaffen, das den Menschen – und nicht nur den Deutschen, auch der Jugend in Israel und in anderen Ländern der Welt, denen sich der Nationalsozialismus meist nur als unfaßbare geschichtliche Hinterlassenschaft darbietet – begreiflich macht, was damals geschah, und daß es für Verbrecher, wenn sie die Macht errungen haben, weder Recht noch Gesetz gibt.

Das Leiden unschuldiger Kinder zu schildern, erschien mir als hoffnungsvollste Möglichkeit, die Barriere des Nicht-wissen-Wollens zu durchstoßen. Das Buch sollte die Erkenntnis fördern, daß man alles über den Hitler-Staat wissen muß – auch das Schrecklichste –, um das ganze Ausmaß seiner Unmenschlichkeit zu begreifen. Nur so kann jeder für sich selbst die Entscheidung treffen, ob er frei von Verantwortung zu sprechen ist oder nicht.

So ist eine Dokumentation von Zeugenaussagen über Kinderschicksale entstanden – beileibe keine vollständige –, denen nichts hinzugefügt und von denen nichts abgestrichen wurde. Natürlich konnten die Aussagen nur selten im Original wiedergegeben werden, da sie in verschiedenen Sprachen gemacht wurden. Ihre Übersetzung bedurfte einer gewissen Redaktion. Aber das geschah mit der größten Sorgfalt, in Kenntnis der Materie und unter Berücksichtigung der Persönlichkeit des Zeugen. Dabei stand ich vor dem Problem, nicht nur Schilderungen schrecklicher Mordtaten an Kindern wiederzugeben, wenngleich diese den überwiegenden Teil des gebotenen Materials ausmachten. Ich erfuhr bei dem Sammeln des Materials auch, daß Kinder in Vernichtungslagern „gelebt" haben – manche länger, manche kürzer. Und diese Schilderungen sagen meiner Meinung nach über die Mentalität der Henker und die Empfindungen von Kindern in ihrer Not fast noch mehr aus als die Schilderungen ihrer Vernichtung.

In dieser Dokumentation sind auch einige Berichte über den SS-Lagerarzt von Auschwitz, Dr. Josef Mengele, enthalten, der für seine medizinischen Experimente an Zwillingen berüchtigt war. Mengele konnte sich bisher der Justiz entziehen; die Berichte entstammen verschiedenen, auf ihren Wahrheitsgehalt geprüften Quellen.

Schließlich habe ich es unterlassen, festzustellen, wie viele Kinder den Tod fanden oder wie viele überlebten. Der Versuch, das Martyrium von Kindern in zuverlässigen Zahlen zu erfassen, wäre sicher unmöglich gewesen – für die Absicht dieses Buches schien es mir überdies belanglos zu sein. Wenn bei einigen Kritikern, die gern durch Zahlen überzeugt sein wollen, dadurch der Eindruck entstehen sollte, daß es sich hier nur um eine gefühlsbeladene Zusammenstellung handeln kann, muß ich das in Kauf nehmen.

Die Versuchung lag nahe, die Zeugenaussagen durch Dokumente zu belegen. Tatsächlich haben ja die Nationalsozialisten nicht davor zurückgescheut, die „Behandlung“ von Kindern der von ihnen als minderwertig deklarierten Völker in Schriftstücken und Erlassen niederzulegen. Mir aber schienen diese Dokumente viel weniger „glaubhaft“, viel weniger überzeugend, zuwenig unmittelbar, als daß sie als anschauliche Bestätigung der Geschehnisse dienen könnten. Die Berichte von Augenzeugen schienen mir eine eindringlichere Sprache zu sprechen.

Ich habe dieser Dokumentation einige Gedichte und Zeichnungen hinzugefügt, die Kinder im Konzentrationslager oder unmittelbar nach ihrer Befreiung anfertigten und die meist durch Zufall erhalten blieben. Nicht alle dieser jungen Künstler überlebten diese Zeit.

Ich muß in diesem Zusammenhang besonders den Verantwortlichen des Auschwitz-Museums dafür danken, daß sie mir einige solcher Zeichnungen überlassen haben. Zwei der Kinder, deren Zeichnungen hier wiedergegeben wurden, sind heute in Israel bekannte Maler – Avigdor Arikha und Jehuda Bacon. Ich bin ihnen zu Dank verpflichtet, daß sie mir einige ihrer Zeichnungen zur Veröffentlichung überließen.

Arikha, der 1929 in der Bukowina geboren wurde, ist von 1941 bis 1944 durch verschiedene Lager in der Ukraine geschleppt worden. 1944 rettete ihn das Internationale Rote Kreuz und brachte ihn ins damalige Palästina, wo er sofort nach seiner Ankunft die Eindrücke seiner Erlebnisse zu Papier brachte. Arikha starb kürzlich in Paris.

Jehuda Bacon wurde ebenfalls im Jahre 1929 geboren. Er stammt aus Mährisch-Ostrau und kam über

Theresienstadt nach Auschwitz. Ein Auszug seiner Erfahrungen in Auschwitz ist in diesem Buch enthalten. Er hat ein Atelier in Jerusalem, und seine Arbeiten zeigen auch heute noch Spuren der durchlittenen Qual.

Aber auch die in diesem Band enthaltenen primitiven Zeichnungen, dem durchschnittlichen Ausdrucksvermögen eines Kindes entsprechend, schienen mir genauso wert, gezeigt zu werden. Denn auch sie legen – vielleicht unmittelbarer als die der beiden Künstler, bei denen das Talent subtilere Ausdrucksformen fand – Zeugnis ab von den Empfindungen des Kindes in dieser Welt des Völkermordes, wie sie die mündlichen Aussagen vor Gericht doch nur andeuten können. Selbst die Berichte derjenigen, die einst als Kinder im Lager waren, können nach 20 Jahren nicht mehr eine getreue Wiedergabe ihrer damaligen Empfindungen sein. Ich habe in diesem Buch auch Beispiele aufgeführt, die zeigen, daß selbst die schlimmsten Peiniger noch menschlicher Regungen fähig waren und daß es ein verbrecherisches System war, das sie zu Unmenschen erniedrigen konnte. Wenn ein SS-Mann einem Kind zärtlich über das Haar strich, bevor er es erschoß, wie es ihm nach Ideologie und Befehl geboten schien, dann war dies in der Umgebung des Konzentrationslagers und der rationalisierten Mordmaschinerie von Birkenau geradezu abstrus. Tatsächlich aber sagt es mehr aus über die Menschen, ihre Unzulänglichkeit und das Verbrechen, das man an ihnen beging, indem man sie zu Mördern degradierte.

Es sind nur einige derartige Beweise von Menschlichkeit, derer ich habhaft werden konnte, in diesem Buch aufgezeichnet.

Es war nicht leicht, sie zusammenzutragen.

Sie sind natürlich vor Gericht, wo es darum ging, Verbrechen abzuurteilen, und wo menschliche Handlungen keine Rolle spielten, kaum erfaßt worden. Denn die Hand, die über den Kopf des kleinen Mädchens strich, bevor sie den Mord verübte, macht das Verbrechen nicht weniger strafwürdig. Ich habe darum Bücher und Dokumente durchgesehen und dabei festgestellt, daß selbst Himmler solcher Gefühle und Reaktionen fähig war. Ich habe auch in Gesprächen mit ehemaligen Häftlingen der Konzentrationslager versucht, solche „guten" Taten zu erfahren. Das war keineswegs leicht, weil die wenigsten sich daran erinnern konnten. Das meiste erfuhr ich von solchen, die es irgendwie fertiggebracht hatten, das Erlebte als historisches Geschehen zu begreifen. Aber sie sind selten. Zu ihnen gehört die Wiener Ärztin Dr. Ella Lingens-Reiner. Sie kam nach Auschwitz, weil sie allen Gefahren zum Trotz versucht hatte, Juden über die Grenzen in die Freiheit zu schmuggeln, und noch im Lager hat sie das Helfen zu ihrer ersten Pflicht gemacht. Von ihr stammen die meisten, die anschaulichsten Berichte von solchen menschlichen Regungen. Ihre Beobachtungsgabe war durch die Gefahr geschärft worden. Weit häufiger aber waren die Fälle, in denen man es ablehnte, sich mehr als nötig erinnern zu müssen. Die Erinnerung an das Grauen hatte ohnehin in den meisten alle anderen Erlebnisse aus jener Zeit zurückgedrängt. Und jedes nochmalige Rückblenden verursachte Qualen, gegen die sie sich bewußt oder unbewußt natürlich wehrten. Ein mir befreundetes polnisches Ehepaar hat mir das so recht zum Bewußtsein gebracht. Beide waren Häftlinge in Auschwitz gewesen. Beide hatten nicht mehr als nötig miteinander von den Schrecken gesprochen, die sie durchgestanden hatten. Als ich der Frau sagen ließ, ich würde gern etwas über ihre Erinnerungen im Kinderblock von Birkenau hören, konnte sie eine Nacht lang nicht schlafen. Die Frage hatte so schreckliche Erinnerungen aufgewühlt. Sie und ihr Mann begannen nun erst, ihre Erlebnisse einander mitzuteilen.

Viele blieben mir eine Antwort schuldig, obwohl sie selbst oder ihre Kinder derartigen Handlungen der Menschlichkeit ihr Leben verdanken. Ich habe dafür Verständnis, obwohl ich es bedaure, weil es mir um der historischen Wahrheit willen notwendig erscheint, auch diese Seite zu zeigen. Nicht verstanden habe ich indes, wenn mir der Vorwurf gemacht wurde, ich beabsichtige damit, die SS-Verbrecher als Menschen zu zeigen und nicht als die Bestien, die sie waren. So schrieb mir ein Kollege, daß ihm das „Einstreuen von guten Taten ... dem Thema nicht völlig angemessen erschiene". Diese Einstellung mag darauf zurückzuführen sein, daß der Schreiber Grauen und Leid nicht am eigenen Leibe erfahren hat. Diejenigen, die durch die Hölle gingen, begriffen meine Absicht ohne Erklärung, auch wenn sie mir aus eigenem Unvermögen die Antwort versagen mußten.

Es ist kein Zufall, daß gerade ich bei der Zusammenstellung dieses Buches auch diese Spuren menschlichen Verhaltens erwähnen wollte: In den schrecklichen Jahren des Naziterrors haben Menschen in Berlin den Mut und die Kraft besessen, meine Mutter und mich mehrere Jahre hindurch unter Einsatz ihres eigenen Lebens vor dem Zugriff der Nazis zu schützen. Für sie war auch damals das Gesetz der Menschlichkeit oberste Maxime ihres Handelns.

Zum Schluß möchte ich all denen danken, die mir bei dieser Arbeit geholfen haben. Es sind ihrer zu viele, um sie alle einzeln nennen zu können. Mein Dank gilt auch dem Institut für Zeitgeschichte in München, der Wiener Library in London, dem Institut Yad Vashem in Jerusalem, die mir durch die Einsichtnahme in ihre Akten und die Überlassung von Dokumenten und Material die Arbeit erleichtert haben. Besonders aber danke ich meinem Verleger, daß er das Wagnis unternahm, dieses Buch, das keine angenehme Lektüre sein wird, herauszugeben.

Durch die vorliegende Erklärung der Rechte des Kindes, die sogenannte „Genfer Deklaration", anerkennen Männer und Frauen aller Völker, daß die Menschheit dem Kinde ihr Bestes schuldet und bekräftigen diese ihre Pflichten ohne Rücksicht auf Rasse, Nationalität und Bekenntnis:

1) Dem Kinde muß die normale körperliche und geistige Entwicklung ermöglicht werden.

2) Das Kind, das hungert, muß gespeist, das kranke Kind muß gepflegt, das zurückgebliebene gefördert, das verirrte auf den rechten Weg geführt, das verwaiste und verlassene aufgenommen und versorgt werden.

3) Dem Kinde muß in Zeiten der Not zunächst geholfen werden.

4) Das Kind muß zur Selbsterhaltung befähigt und vor jeder Ausbeutung geschützt werden.

*5) Das Kind muß in dem Bewußtsein erzogen werden, daß es seinen Mitmenschen nach bestem Wissen und Können zu dienen habe.**

Legalität vor Moral

Der Durchschnittsdeutsche hat sich stets dadurch ausgezeichnet, daß er sich strikt an Vorschriften und Regeln hält. Für ihn gibt es keine Deutungen, keine

---

* Im Februar 1923 von der Kinderschutzkommission des Völkerbundes proklamiert und von der 5. Versammlung des Völkerbundes am 26.9.1924 einstimmig angenommen. Am 20. November 1989 wurden die UN-Konventionen über die Rechte des Kindes verabschiedet. Sie enthalten wesentliche Bestimmungen zum Überleben, Entwicklung und Schutz des Kindes.

Auslegungen, sondern nur eine Anlehnung an die Vorschrift. Gesetze sind heilig, werden ohne Murren befolgt, Menschen, die dagegen verstoßen, können von diesem Volk keine Gnade erwarten. Bei dem Abgeordneten, der vom Bonner Krankenhausbett aus alle falsch parkenden Autos notierte und die Nummern der Polizei zu Strafverfolgung übergab, konnte es sich wohl nur um einen Deutschen handeln. Herbert Schneider (CDU) kam übrigens ins Gerede, als ein Bundeswehrgeneral in ihm seinen Denunzianten aus der Nazizeit erkannte. Diese obrigkeitstreue Haltung hat es den Nazis auch möglich gemacht, so uneingeschränkt und ohne nennenswerten Widerstand zu regieren. Und dies mittels einer Gesetzgebung, die in viel Hinsicht kriminell zu nennen war. Die Menschen, eine Minderzahl, die Bedenken gegen das nazistische Recht hatten, endeten entweder im KZ oder litten zumindest Gewissenqualen. Als die Alliierten in Nürnberg die Führer des Dritten Reichs vor Gericht stellten und aburteilten, lehnten sich viele Deutsche gegen diese Art der Rechtsprechung auf mit der Begründung, sie sei nirgends kodifiziert und damit nicht rechtmäßig. Da zeigte sich abermals des Deutschen Hang zur Gesetzestreue, unabhängig von der Tatsache, daß jedem rechtlich Denkenden die Unmenschlichkeit, mit der diese Naziführer ganze Völker auszurotten suchten und auch ausgerottet haben, bewußt gewesen sein muß. Natürlich haben bei der Ablehnung der Nürnberger Prozesse auch andere Faktoren mitgespielt. Über die mangelnde Rechtmäßigkeit klagten übrigens besonders führende Kirchenmänner, deren Aufgabe doch wohl mehr moralischer als gesetzlicher Art sein durfte. In der Tat haben auch die Nürnberger Prozesse im Endeffekt recht wenig dazu beigetragen, das deutsche Volk von Nazismus zu heilen.

Die Deutschen glauben indes heute, gute Demokraten geworden zu sein. Es wird fair gewählt, es wird im Parlament ebenso fair gestritten, es wird in den Parteien hart um Meinungen gerungen – alles Faktoren, die diese Annahme rechtfertigen. Und doch scheint es so, daß man zwar die Regeln der Demokratie fein memoriert hat, sie treu befolgt, sie auch hier und da mit Leben erfüllt, daß sie dennoch leere Floskeln bleiben in Fällen, wo Menschlichkeit gefordert wird. Der Birnbaum, der in einer Bonner Vorstadt auf Anordnung gefällt wurde, weil er niemandem gehörte und seine reifen Früchte „nur" Kindern Freude machte, scheint mir ein treffendes Beispiel. Daß man den Kindern diesen niemanden gehörenden Baum hätte lassen können, kam den zuständigen Behörden nicht in den Sinn. Dem Gesetz nach war dieser Baum niemandes Besitz, also durfte seine Frucht auch niemandem gehören, auch spielenden Kindern nicht.

Die Regeln der Demokratie, und nur die Regeln, sind es, denen man heute in Deutschland hörig ist. Die Moral, die diese Regeln in anderen Ländern mit Leben erfüllt, gehört in Deutschland nicht wie selbstverständlich dazu. Die nachfolgenden Berichte mögen dies deutlich machen.

Drohbrief an Inge Deutschkron von 1973

Liebe schiefschnäuzige, lispelnde Judenschickse!

Es war zum Übelwerden, Sie im Fernsehen (Frühschoppen) ertragen zu müssen.

Sie soll der Teufel holen.

Sie und den Verbrecher und Mörder Dajan!!

Was sich der jiddische Staat und sein Einwohnergesindel an Frechheit leistet, schreit zum Himmel und fordert Rache. Ihr verdammte Saubande werdet eines Tages die Welt nicht mehr in Unruhe versetzen.

Nur die Völker zersetzen, das könnt Ihr.

Überall seid Ihr Schmarotzer. Die Brüder wie Merseburger, Cassdorf, Rohlinger, Löwenthal, Rosenthal* und wie die Gauner alle heißen kommen nach Deutschland, um Geld zu raffen. Pfui Deubel!

Sie sollten in Ihrem Namen die erste Silbe Deutsch ruhig streichen. Wir fühlen uns beleidigt, daß Sie sich so nennen.

Wo haben Sie den Namen ergaunert?

Sie werden nicht mehr viel im deutschen Fernsehen quasseln – mit Ihrer impertinenten Stimme, die einem auf die Nerven geht.

Lispeln Sie in Israel!

Schwarzer September

Kampfgruppe Hessen

Ausgeschlagene Erbschaft – eine Deutschstunde

Da waren sie wieder, die Augen, die mir in den vergangenen vierzig Jahren so oft im Traum erschienen sind. Dieses Mal sah ich sie auf dem Bildschirm. Den Ausdruck dieser Augen vergaß ich nie. Er gehörte zu denen, die uns „Judenpack“ nachriefen und vor Freude gackerten, wenn sie uns gezeichnet oder geprügelt sahen. Hörte ich die Alte nicht wieder „Judenpack“ schreien? Ach nein, es gab ja auch dank ihr kaum Juden in ihrem Umfeld. Sie hatte nun andere Opfer, die ihren Begriffen von deutschem Recht und deutscher Ordnung entgegenstanden. Über die hängenden Züge

* Fernsehmoderatoren

des Alters huschte ein Lächeln, ein zufriedenes, ein triumphierendes, als sie die Schläge verfolgte, die „deutsche" Jungen den „Fidschis" verabreichten. Mir aber schien die Fratze der kaltblütigen Mörderin, die in folgendem authentischen Bericht dargestellt wird, nur eine kleine Bewegung entfernt.

„Jetzt zieht euch schön aus und faltet eure Kleider ordentlich zusammen, damit jeder seine Sachen nachher wiederfindet! Und dann gehen wir gleich unter die Dusche." Die Kinder fingen an, sich auszuziehen. Da warf ein fünfjähriges Mädchen plötzlich einen großen roten Ball. Die anderen liefen ihm nach, fingen ihn auf, warfen ihn in die Luft und spielten so eine Weile in der warmen Septembersonne. „Genug gespielt, laßt den Ball liegen! Jetzt beeilen wir uns, ins Bad zu kommen." Die Kinder gehorchten und stürmten die Treppe zur Gaskammer hinunter. Ein Zweijähriger kroch ihnen auf seinen unbeholfenen Beinen nach. Die KZ-Aufseherin sah das, übergab ihren Hund einem SS-Wächter und nahm das Kind auf den Arm. Die Stufen zur Gaskammer waren zu hoch für die kleinen Beinchen gewesen. Der kleine Mann spielte mit ihrem blonden Haar und streichelte das Zeichen an der Mütze. Er fühlte sich sichtlich wohl auf dem Arm der gutaussehenden Frau und lachte vor Vergnügen. Nach einem Augenblick waren die Feldmütze, das blonde Haar der KZ-Aufseherin und das kleine Köpfchen daneben unseren Blicken entzogen. Noch einmal sahen wir die Frau, als sie aus dem Krematorium herauskam, den Hund abholte und ruhig mit ihm ins Lager zurückging. Vor dem Krematorium lagen die Höschen, die schleifengeschmückten Kleidchen – ja, auch der rote Ball.

Bedauernde Gesten

Das Bild auf dem Fernsehschirm wechselte. Da standen deutsche Politiker. Wie sie redeten, so beflissen und so eloquent über die Rechte oder die Rechtlosigkeit von Menschen in Deutschland, denen der Zufall geschlitzte Augen oder eine dunkle Haut beschert hat, da erinnerte ich mich, daß ihresgleichen auch in meinem Leben eine Rolle gespielt hatten. Damals, als wir in Deutschland der Verfolgung preisgegeben waren. Leider, hatten sie gesagt, leider seien die Quoten, die zur Einwanderung in ihr Land berechtigten, in diesem Jahr schon überschritten. Es sei mir unbenommen, meinen Namen in die Warteliste einzutragen. Wie lange ich auf ein Visum warten müßte? Die Schultern bewegten die Arme zu einer Art bedauernder Geste. Eingeübt, täglich Hunderte von Malen ausgeübt. Kalt, doch wenigstens freundlich nach außen hin. Die Tränen des anderen, die sichtbaren und die unsichtbaren, die wollten sie nicht sehen. Vielleicht um ihrer selbst willen. Sie konnten ja nicht helfen. Andere hatten die menschenfeindlichen Gesetze gemacht. Politiker, die die Angst ihrer Wähler vor dem Fremden und seiner möglichen Konkurrenz in kalte Ablehnung ummünzten. Ihrer Stimmen wegen. Was scherten sie die anderen, die Menschen in Not? Nichts scheint sich geändert zu haben. Nichts, gar nichts. Die Vergangenheit, die schreckliche, wurde kein Lehrstück.

Sie blieben, was sie waren

Es mag komisch klingen, aber erst in Bonn, Jahre nach dem Ende des Dritten Reiches, lernte ich in der Wolle gefärbte Nazis kennen. Ich konnte sie als Deutschland-

Korrespondentin einer israelischen Zeitung auch nicht meiden. Denn sie saßen überall – in den Parteien, in den Verwaltungen, in den Ämtern. Daß sie ihre politischen Werte aus dem Nationalsozialismus bezogen hatten und nicht aus der Demokratie der Weimarer Republik, ist sicher unbestritten. Da der eine des anderen Hehler war, konnten sie auch bleiben, was sie waren, hatten keine Veranlassung, sich entscheidend zu ändern. Sie und die, die sie einstellten, fanden es offenbar völlig in Ordnung, daß sie nun am Aufbau einer von den Siegermächten verordneten Demokratie mitwirkten. Dabei kann nicht geleugnet werden, daß sie die demokratischen Spielregeln aufs genaueste befolgten. Sie hielten sich an Vorschriften und Regeln.

Da gab es keine Deutungen, keine Auslegungen, es galt nur die Vorschrift. Etwa so wie der Bundestagsabgeordnete S., der sich im Krankenhaus die Zeit damit vertrieb, die Nummern der vor dem Haus falsch geparkten Autos zu notieren, um sie später der Polizei anzuzeigen. Gesetze waren eben heilig und wurden ohne Murren befolgt.

An uns, die Überlebenden, die wir den Mördern nur durch Zufall entkommen waren, richtete man immer wieder das Wort: „Vergeßt, so vergeßt das, vergeßt das doch!" Der Satz schien ein Echo zu haben. Und es war mir, als ob höhnisches Gelächter ihn untermalte. Während ich erstarrte, den Gedanken Einhalt gebietend, die Maske fester ziehend. Nein, nein, ich will auch hier nicht davon sprechen, nicht von den Qualen, nicht von den Grausamkeiten, nicht davon, warum es in meinem Hause nie einen Gaskocher oder einen Gasofen geben wird. Aber vergessen kann ich die Schuld nicht. Meine Schuld. Da saß ich an jenem 27. Februar 1943 in einem mehr oder weniger sichtbaren Versteck in Berlin-Halensee und sah zu. Sah zu, wie man sie holte, die letzten Juden von Berlin, sie herauszerrte aus ihrem letzten warmen Bett, sie in die Wagen stieß zu ihrer letzten Reise, sie verhöhnte als letzten Gruß ihrer einstigen Mitbürger. Kein Aufschrei war hörbar, kein Aufbegehren, nur die Augen waren weit aufgerissen vor Entsetzen. In ihrem tiefsten Innern wußten sie wohl, daß dies das Ende einleitete, ihr Ende, unweigerlich. Und ich, ich sah tatenlos zu, weil ich versuchte, ihrem/meinem Schicksal zu entrinnen.

Und die Deutschen?

Der Ost-West-Konflikt wurde eine der Ursachen dafür, daß dieses neue, wenig gewandelte Deutschland viel zu früh rehabilitiert und in die westliche Völkergemeinschaft aufgenommen wurde. So interpretierte Heinrich Böll die Entwicklung. Anfangs hatte die Masse der Deutschen noch nachdenklich zugeschaut, wie die Alliierten bemüht waren, jeder auf seine Weise, eine neue Ordnung in Deutschland zu errichten. Dann suchten sie sich zu arrangieren. Als der Kalte Krieg die Allianz der Sieger mehr und mehr auseinanderriß, glaubten die westlichen Staaten, daß Deutschland in diesem Konflikt eine Rolle zu übernehmen habe. Auf ihrer Seite natürlich. Sie entließen sogar die von ihnen als Kriegsverbrecher vor den Nürnberger Gerichten Verurteilten vorzeitig aus den Gefängnissen, weil sie meinten, den Deutschen damit gefällig zu sein. Und die Deutschen? „Mit einer gewissen Schadenfreude, mit Triumph, denn es schien uns ganz amüsant, nun die Alliierten in Schwierigkeiten zu sehen“, so beschrieb der Schriftsteller Heinrich Böll in einer Rede im Jahre 1956 die deutsche Reaktion. „Später, später begriffen wir, daß Schadenfreude nicht das angebrachte Gefühl war. In diesem

Konflikt lag eine Chance.“ Und diese Chance ergriffen die Deutschen, und es machte sie reich und selbstzufrieden, da alle Welt bei ihnen vorsprach. Der Satz „Wehe dem Besiegten“ galt nicht mehr. „Wehe dem Sieger“ hätte es nun heißen müssen. Und Böll klagte: „Stück um Stück haben wir uns unsere Nachdenklichkeit abkaufen lassen.“ Der Völkermord, den Deutsche an Juden sowie Sinti und Roma verübten, hat die meisten Deutschen noch nicht einmal im nachhinein verstört.

Für ein offizielles Schuldbekenntnis, so ein Vertrauter des damaligen Kanzlers Adenauer, hätte erst die psychologische Basis im deutschen Volk vorbereitet werden müssen, damit es den Bemühungen der Regierung um eine Versöhnung mit den Juden zustimmte. Der Staat Israel war zu Verhandlungen mit der Bundesrepublik über die Frage der Rückgabe gestohlenen Gutes – ich vermeide bewußt das unglückselige Wort der Wiedergutmachung – nur nach einer offiziellen Stellungnahme zum Mord an den Juden bereit. Kanzler Adenauer unterbreitete im September 1951 dem Bundestag eine entsprechende Erklärung. Sie enthält die erstaunliche Behauptung, daß das deutsche Volk in seiner überwiegenden Mehrheit die an den Juden begangenen Verbrechen verabscheut und sich nicht an ihnen beteiligt habe. Die Wahrheit aber ist, daß ohne die Mithilfe unzähliger deutscher Handlanger und Organisatoren, die darüber nachsannen, wie man schneller, sauberer und rationeller mordet, die Verbrechen nicht möglich gewesen wären.* Die aber, die ihren Kopf für unser Überleben riskierten, sie, die stillen Zeugen der Menschlichkeit in einer unmenschlichen Zeit, die wahren Helden ihres Landes, blieben Unbekannte.

---

* Für den entsprechenden Text der Erklärung siehe Seite 61 unten.

Man setzte kein Denkmal, nannte keine Straße nach ihnen, pflanzte keinen Baum zur Erinnerung an ihren Mut, wie das in Israel geschieht. Natürlich wurde in dieser ersten Erklärung auch etwas über eine tolerante und verständnisvolle Haltung der Deutschen gegenüber dem Staat Israel und dem jüdischen Volk gesagt. Nur so war es wohl für Israel möglich, diese Erklärung anzunehmen und Gespräche mit der deutschen Regierung zu führen. Die Not zwang Israel dazu, eine Not, die ihre Ursache in dem Bemühen hatte, die etwa 500.000 gebrochenen Menschen, die zwischen 1933 und 1951 als Flüchtlinge oder KZ-Insassen in das Land Palästina, das spätere Israel, geströmt waren, zu integrieren.

Der Mord an den Millionen Juden, Polen, Sinti und Roma, Russen wurde nicht gesühnt. Natürlich – werden mir deutsche Juristen vorhalten – so war es nun einmal mit dem deutschen Strafrecht zu Zeiten des Auschwitz-Prozesses. Es sah vor, daß dem Angeklagten die Schuld lückenlos nachzuweisen ist. Die Todeslager aber waren so konstruiert, daß Gefangene nur durch Zufall überlebten. Die Zahl der Zeugen war entsprechend gering, viel zu gering, um den Regeln des deutschen Strafrechts zu genügen. Ein präzises Bild vom Ablauf auch nur eines Mordes war selten nachzuzeichnen. Nach quälenden Prozessen, die viele Jahre nach dem Geschehen mehr zufällig als von der deutschen Justiz gewollt oder gefördert abliefen, blieben viele Gehilfen ohne Verantwortung, nur wenige Schuldige, noch weniger, die verurteilt wurden. In diesen Todeslagern aber, die zu nichts anderem als zur Vernichtung von Menschen bestimmt waren, mußte jeder schuldig werden, der dort Dienst tat. Das damals gültige Strafrecht war für diese Art von Verbrechen ungeeignet. Nur ein Strafrecht, nach dem jene, die in Massenvernichtungslagern dienten, ihre Unschuld nachzuweisen hatten, hätte die Schuldigen einer gerechten Strafe zuführen können.

Deutsche Politiker mimten Entsetzen: „Sondergesetze haben die Nazis erlassen. Unrecht kann nicht durch neues Unrecht getilgt werden." So reagierte die Mehrheit der Bonner Volksvertreter, als man 1965 von ihnen nur die Aufhebung der Verjährung von Naziverbrechen verlangte, um so die Fortführung dieser, wenn auch unzulänglichen, Prozesse gegen die Mörder von Auschwitz, Treblinka und Sobibor zu gewährleisten. Nur zu gut wußten sie, daß diese Prozesse unpopulär waren. „Es muß doch endlich Schluß sein", meinten stets über sechzig Prozent der deutschen Bevölkerung, mehr oder weniger in Schuld verstrickt. Sei es nur über ihr schlechtes Gewissen, daß sie damals schweigend zusahen, nicht handelten, nicht aufbegehrten gegen das Verbrechen am Nächsten, am Unterlegenen, am Andersartigen. Einigen beherzten deutschen Politikern, die sich nicht von Zweckmäßigkeiten leiten ließen, und dem Druck des Auslands, das die Herausgabe weiteren belastenden Materials ankündigte, ist es wohl zu verdanken, daß die Verantwortlichen von Bonn sich doch noch zur Aufhebung der Verjährung entschlossen.

1958 wurde die „Zentralstelle für die Verfolgung von Naziverbrechen" in Ludwigsburg geschaffen. Sie verdankt ihre Existenz einem eifrigen Staatsanwalt, der den Justizorganen bewies, daß sie ohne genauere Kenntnis der schrecklichen Materie zu keinem Urteil in der Lage seien. Da saßen nun einige Staatsanwälte und mühten sich redlich, die Tausende von Naziverbrechen aufzuklären. Leiteten sie diese zur weiteren Ermittlung an Polizeidienststellen weiter, konnten sie nie sicher sein, ob die Bearbeitung jemals oder nur lax erfolgte.

Und da gab es auch noch deutsche Richter. Unter dem Vorwand, die Beweiskraft von Zeugen sei nach so vielen Jahren an der „obersten“ Grenze angelangt, verhinderten sie nicht selten, daß diese Verbrechen gemäß dem Grad ihrer Schrecklichkeit gesühnt wurden. Viele Urteile – ein Tag Zuchthaus für Hunderte von Morden – trugen höchstens zur Verharmlosung der Verbrechen der Nazis bei. Ja, weniger als ein Zehntel aller derer, gegen die ermittelt worden war, wurde überhaupt verurteilt. „Ein dunkles Kapitel in der Nachkriegsgeschichte der Bundesrepublik“, nannte es Eberhard Jäckel. Die Verfolgung von Naziverbrechen sei voll von Verhängnissen und Versäumnissen, sagte er und fügte hinzu: „Damit bleibt das Verbrechen weiter ungesühnt.“ Im Frankfurter Auschwitz-Prozeß wurden von den 20 des Mordes Angeklagten nur sechs zu lebenslanger Haft verurteilt.

Der zu Zeiten des Auschwitz-Prozesses amtierende Bundesjustizminister Ewald Bucher meinte, man müsse sich damit abfinden. Es sei nun mal das Schicksal der deutschen Nation, „mit Mördern zu leben“.

Mit Mördern leben? Als einige hundert junge Mitglieder der Rote-Armee-Fraktion irrigerweise meinten, mit Gewalt diesen in vieler Hinsicht reaktionären Staat verändern zu können, da schrien sie auf, die Leute von Bonn: „Der Staat ist in Gefahr!“ Zur Abwehr dieser gewalttätigen Truppe fiel ihnen ein Sondergesetz nach dem anderen ein. Man merke auf, als es sich um Naziverbrecher handelte, wiesen sie eine solche Möglichkeit brüsk von sich. Als wären die Träger des politischen Gifts des braunen Verbrecherstaates, die nicht oder nur selten zur Verantwortung gezogen wurden, keine Gefahr für kommende Generationen. In Deutschland gilt eben der feine Unterschied zwischen Mördern und Mördern, der politischen Motivation gemäß.

Mir wird jetzt oft weh ums Herz. Vielleicht sollte ich es sogar ehrlich zugeben: Mit einer gewissen Bitterkeit verfolge ich, mit welchem Eifer, ja mit welcher übertriebenen Geschäftigkeit die Westdeutschen nun in der Vergangenheit ihrer ostdeutschen Brüder bohren, um die Schuldigen, die Komplizen, die Handlanger jenes schändlichen Regimes der ehemaligen DDR auszusondern. Natürlich bin ich der Ansicht, wo Unrecht geschah, muß es aufgedeckt und verurteilt werden. Der Eifer indes beleidigt mich, beleidigt die Gemordeten. Man sagt mir, er sei psychologisch erklärbar. Eben weil die Westdeutschen es unterließen, sich mit den Naziverbrechen auseinanderzusetzen, entwickeln sie nun diese besondere, diese hektische Aktivität beim Aufspüren jener ostdeutschen Verräter am Menschen. Ich will das nicht werten. Ich sage nur, ein wenig von diesem Eifer bei der Verfolgung von Naziverbrechern hätte es mir leichter gemacht, Deutschen wiederzubegegnen. Und die Augen der Alten wären mir vielleicht nicht wieder in meinen Träumen erschienen. Oder ich hätte sie nicht wahrgenommen, vielleicht über sie gelächelt, wie jemand, der weiß, daß die Alte als Symbol der schrecklichen Vergangenheit der Gegenwart nicht mehr angehört.

In deutschem Namen

Deutsche Politiker haben schon lange aufgehört, sich bei diesem Thema der braunen Vergangenheit zu winden. Sie sprechen, wenn geschichtliche Daten oder die Zweckmäßigkeit sie dazu herausfordern, von Verbrechen, die „im deutschen Namen“ geschahen. Im deutschen Namen! So stoßen sie es von sich, dieses Thema! Die Verbrechen, von Deutschen erdacht und von Deutschen verübt, sollen anonymisiert werden, zu Ereignissen ohne Täter, zu nebulösen Zwischenfällen ohne Konturen. In Berlin, wo die Bereitschaft, die Vergangenheit nicht zu übergehen, immer größer war als in der alten Bundesrepublik, errichtete man mit vierzigjähriger Verspätung ein Denkmal an dem Ort, von dem die menschliche Fracht in den Tod abgefertigt wurde. Auf einer steinernen Tafel daneben, die nur mit Hilfe einer Taschenlampe oder bei starkem Sonneneinfall lesbar ist, heißt es: „Zum Gedenken an die mehr als 50.000 Juden Berlins, die zwischen Oktober 1941 und Februar 1945 vorwiegend vom Güterbahnhof Grunewald aus durch den nationalsozialistischen Staat in seine Vernichtungslager deportiert und ermordet wurden". Welch sprachgewandte Undeutlichkeit! Aber der Form ist Genüge getan. Die Aussage ist unangreifbar.

Mit noch geringerem Engagement vermied man im Einigungsvertrag zwischen der Bundesrepublik und der DDR über die Herstellung der Einheit Deutschlands darauf zu verweisen, daß die Teilung und die damit verbundenen Leiden des deutschen Volkes eine unbestreitbare Ursache haben. Ein Regime, dem die Mehrheit des deutschen Volkes Vertrauen und Glaube schenkte, zwang vielen Völkern und auch dem deutschen Volk ein furchtbares Schicksal auf. Die freie Welt befreite, unter großen eigenen Opfern, Deutschland von seinem verbrecherischen Regime. Die Teilung Deutschlands war ein Preis dafür. Elegant in der Diktion sind die Worte, die in diesem Vertrag von historischer Bedeutung den Schleier darüber breiten sollen: „Im Bewußtsein der Kontinuität deutscher Geschichte und eingedenk der sich aus unserer Vergangenheit ergebenden besonderen Verantwortung für eine demokratische Entwicklung in Deutschland, die der Achtung der Menschenrechte und dem Frieden verpflichtet bleibt ...", heißt es da. Doch die Realität holt sie immer wieder ein, diese Schönfärber deutscher Geschichte. Nein, das ist wahrhaftig kein Trost.

Die müssen hier weg

„Sie besuchen uns in einer Zeit, in der auf Hauswänden unserer Stadt längst überwunden geglaubtes Gedankengut sichtbar wird." Der Bürgermeister meiner Geburtsstadt Finsterwalde entschuldigte sich im Mai 1991 für das „Sieg Heil" und die SS-Runen. In der ehemaligen DDR, wo die Einheit den Menschen die Richtschnur nahm, wagen sie es wieder, ihren Gedanken Ausdruck zu verleihen. In den alten Bundesländern sind sie wohl noch zu satt dazu, haben noch zuwenig Veranlassung, Sündenböcke zu suchen, obgleich auch dort mancher seine Abneigung gegen Ausländer zum Ausdruck brachte. „Die müssen hier weg!", sagte die Alte und wies auf die Fremden, die verstört auf den von deutschen Händen demolierten Hort ihrer Zuflucht blickten. So präsentierte sich die Frau nun auf dem Bildschirm. „Die haben hier nichts zu suchen", fügte sie noch entschieden hinzu, und die ondulierten, fahlen grauen Haare wippten im Wind den Takt dazu. „Sie nehmen uns Wohnungen und Arbeitsplätze weg." Jüngere pflichteten ihr bei. „Sollen sie doch gehen, dorthin, wo sie hergekommen sind." Und sie sprachen laut und vernehmlich von „Anzünden" und von „Verbrennen". So, als ob Wohnungsnot und Arbeitslosigkeit zu Mord berechtigten. Sie warfen schließlich den Brandsatz. So, wie man einen Ball wirft, den der andere nicht auffangen soll.

Auch Kinder brannten wieder einmal in Deutschland. „Als im Frühjahr 1944 die vielen Massentransporte ungarischer Juden in Birkenau eintrafen, wurden Kinder lebendig auf den Scheiterhaufen geworfen." Ein Zitat aus einer Zeugenaussage vor einem deutschen Gericht Anfang der sechziger Jahre. Die Nachbarn von heute schlossen die Fenster, wollten nicht belästigt werden vom Brandgeruch und den Schreien von Menschen in Not. Wie sich die Bilder gleichen! Als sie am 27. Februar 1943 die letzten noch in Berlin lebenden Juden holten, da waren die Straßen wie leergefegt. Wer etwas zu besorgen hatte, tat es in fliegender Hast, warf einen kurzen, unauffälligen Blick auf die Transporter mit den Gezeichneten unter Polizeiaufsicht und eilte zurück in das schützende Haus. Hinter den Fenstervorhängen sah man sie verstohlen auf die Straße blicken. Gewiß, Weggucken ist nicht strafbar. Im Jahr 1991 kamen die Polizisten merkwürdigerweise zu spät, um in Hoyerswerda, Hünxe und anderswo Schlimmeres – Schlimmeres? – zu verhüten. Als am 9. November 1938 in Deutschland die Synagogen brannten, jüdische Geschäfte geplündert und Juden geschlagen wurden, da standen deutsche Polizisten im Namen des Gesetzes tatenlos herum. Damals kamen sie rechtzeitig. Heute verspäteten sie sich. Man lernt eben doch etwas aus der Vergangenheit.

Man müsse der Einwanderung von Ausländern unbedingt Einhalt gebieten, sagen viele, die in Deutschland Verantwortung tragen. In Wahrheit meinen sie: Und führ uns nicht vor aller Welt in Versuchung! Wer wollte schon im Wohlstandsstaat Deutschland das Elend der Welt vor Augen haben und gar auf einen Mercedes verzichten müssen?

Sieg der Schläger

Bayerns Ministerpräsident Max Streibl sprach kürzlich von „Wirtschaftsschmarotzern“ aus aller Welt, die Deutschland nicht brauchen könne. Wen meinte der deutsche Politiker eigentlich? Etwa die Menschen, die ich in Moskau in langen Schlangen viele Stunden vor den Geschäften nach etwas Eßbarem anstehen sah? Oder die Millionen von Menschen in den Entwicklungsländern Asiens, Afrikas und Südamerikas, die keine Hoffnung haben, je einen Arbeitsplatz zu finden und deren schreckliche Armut in unmittelbarem Zusammenhang mit dem Wohlstand der westlichen Welt steht? Die Bezeichnung „Asylanten“ ist außerhalb Bayerns gebräuchlicher geworden. Aber man mache sich nichts vor: Auch sie ist inzwischen ein Synonym für Abschaum. Asylanten – Menschen, die in Not sind, irgendeiner Not, aber doch in Not – müßten nach Ansicht deutscher Politiker schon an der Grenze abgewiesen werden. Schärfere Gesetze müßten her. Und jene deutschen Politiker, die ihrem Wortschatz die Worte „Scheinasylanten“ und „Asylmißbrauch“ hinzufügten, wurden ungewollt zu Erfüllungsgehilfen der Brandstifter und ihrer Sympathisanten. Denn wo immer sie leichtfertig verschärftem Asylrecht das Wort redeten, folgten Anschläge auf Menschen, die irrigerweise angenommen hatten, dieses neue, der Demokratie und den Menschenrechten verpflichtete Deutschland verstünde ihre Not. Wo es gar zu arg wurde, ließen sie die Armen an einen anderen Ort bringen. So hatten die Schläger ihren Sieg und auch sie, die Politiker. Sie hatten dem Volk mal wieder aufs Maul geschaut.

Ob jene deutschen Politiker wohl wissen, was es heißt, die Heimat zu verlassen? Alles zurückzulassen – Familie, Freunde, ein Heim – und sich ins Ungewisse zu begeben, wo alles fremd ist – selbst die Sprache und die Gebräuche, wo sich keine Hand zum Gruß ausstreckt? Ich weiß es, und mit mir wissen es die vielen, die von Deutschen vertrieben wurden. Niemand geht leichtfertig aus der Heimat weg. Die wenigen Ausnahmen bestätigen keine Regel. Warum blieben wohl so viele Juden in Deutschland, damals, als sie schon gedemütigt, erniedrigt und verfolgt wurden und eine Auswanderung noch möglich war?

Kein Ruf aus Berlin

Ich war dabei, als mein Vater nach Jahren im Exil, einer Heimat wider Willen, seine Naturalisierungsurkunde als britischer Staatsbürger erhielt. Er hatte diese Staatsbürgerschaft nach dem Zweiten Weltkrieg beantragen dürfen. Und er tat dies, weil er ohne Staatsbürgerschaft – die Nazis hatten die Juden ausgebürgert – noch größere Schwierigkeiten gehabt hätte, in England einen Arbeitsplatz zu finden. Aus Berlin kam ja kein Ruf, mit dem Emigranten gebeten wurden, zurückzukehren, um zum Aufbau eines demokratischen Staatswesens beizutragen. Eine Tatsache, die mir bis heute unverständlich geblieben ist. Ich sehe meinen Vater noch heute vor mir an jenem Morgen im Jahre 1947, mit dem Dokument in der Hand, das ihm die Post ganz informell gebracht hatte. Er ging damit zum Fenster seines kleinen Büros, hielt das Papier dicht an seine Augen, als wolle er den Inhalt genauestens prüfen. Dann legte er es auf den Tisch, stand davor, den Kopf gesenkt, und schwieg, schwieg lange. Er empfand so offensichtlich keine Freude über diese Legalisierung, eher eine tiefe Niedergeschlagenheit, ja Trauer. Es war für ihn wohl, als ob die Nabelschnur zu Deutschland erst jetzt und nun endgültig durchschnitten war. „Ich habe manchmal Heimweh, ich weiß nur nicht, wonach", dichtete die ehemalige Berlinerin Mascha Kaleko.

Stets werde Deutschland für solche Menschen offen sein, die eine politische Verfolgung nachweisen können, verheißt ein Artikel des Grundgesetzes, der, zwar abgeschwächt, so doch erhalten bleiben solle. Das beteuern die Leute aus Bonn. „Man muß also erst ins KZ rein und dann wieder rauskommen, um Asyl zu bekommen", hörte ich meinen Vater sagen, damals 1938, als sich England nach der Pogromnacht bereit fand, Menschen, die das KZ überstanden, aufzunehmen. Er fiel nicht darunter. Nichtjüdische Freunde hatten ihn vor den Nazihäschern versteckt. Und er nahm die Jagd wieder auf von Konsulat zu Konsulat nach einem Visum irgendwohin. Mit ihm Tausende in gleicher Not.

In Kürze werden also deutsche Richter darüber urteilen, ob beispielsweise ein Jude aus der Sowjetunion, der dem Schwelbrand des Antisemitismus in seinem Lande zu entkommen sucht, als politisch Verfolgter die Gnade der Aufnahme in der Bundesrepublik finden kann. Oder ein türkischer Kurde, der einer folternden Diktatur entflieht. Ist nicht die Türkei ein geachtetes Mitglied der NATO, assoziiert dem Gemeinsamen Markt, aufrechter Kumpel im Golfkrieg? Gute zwischenstaatliche Beziehungen stehen auf dem Spiel. Man beschuldigt mich oft, Deutschland gegenüber zu mißtrauisch zu sein. Wie könnte es anders sein? Auschwitz, Synonym für die Verbrechen zwischen 1933 und 1945, ist zu einem Stück Geschichte geworden, das ohne Beziehung ist zum Leben des einzelnen Deutschen. Und so scheint es ihnen auch recht zu sein. Gewiß, die Erbschaft ist schwer. Wer wollte es leugnen. Darum schlugen sie sie aus. So einfach ist das. Bewußt, ohne Nachdenken und mit einer gewissen Selbstgefälligkeit. Ich aber kann die Augen der Alten nicht vergessen. Wohl nie mehr in meinem Leben.

Der Eichmann-Prozeß

Der Mann, der die Vernichtungsmaschinerie, die schließlich sechs Millionen Menschen tötete, erfand, sechs Millionen Juden, die in Nazi-Deutschland als lästige Insekten bezeichnet wurden, ist von den Israelis verhaftet worden und soll vor Gericht gestellt werden. Die Nachricht von seiner Verhaftung überraschte die ganze Welt. Die Deutschen waren sprachlos. Einen Tag lang traten alle anderen Ereignisse der Welt in den Hintergrund.

In Berlin, der Stadt, die am meisten von internationalen Konflikten betroffen war, berichteten die Zeitungen in großen Schlagzeilen über Eichmanns Gefangennahme. Kein Wunder, schließlich lebten noch eine ganze Reihe von Berlinern, die sich sehr genau an Eichmanns „Tätigkeit“ erinnerten. Seine Mitarbeiter griffen seine Opfer auf, wo sie sie fanden – auf der Straße, in ihren Wohnungen, an ihren Arbeitsplätzen. Die Methoden, die sich Eichmann für die Deportation der Juden in polnische oder deutsche Lager und für deren endgültige Vernichtung ausdachte, müssen aus einem teuflischen Hirn geboren worden sein.

Doch betrachtet man den Menschen Eichmann genauer, stellt man fest, daß er in einer normalen bürgerlichen Familie aufwuchs, eine gute Erziehung genoß und nach seiner „Arbeit“ ebenfalls ein glückliches Familienleben lebte. Als er mit der Aufgabe betraut wurde, Juden zu „liquidieren“ – wie es im Nazijargon hieß, war er gerade dreiunddreißig Jahre alt.

Wie viele junge Leute, denen die Schwäche der neuen deutschen Republik ein Dorn im Auge war, folgte auch Eichmann mit Begeisterung dem Aufruf Hitlers, am Aufbau Deutschlands mitzuarbeiten. Auf diese Weise opponierte die Nachkriegsgeneration gegen ihre oft kleinbürgerlichen Familien und wandte sich gegen das der „neuen Ordnung“ passiv gegenüberstehende Volk. Dabei waren sie überzeugt, daß Hitler ihr Land zur einstigen Größe zurückführen würde. Ihre Rolle dabei schien ihnen wie selbstverständlich. Alles, was sie taten, geschah ihrer Meinung nach im Dienste des Vaterlandes. Viele der Mörder – so wurde später festgestellt – waren sich ihrer Verbrechen nicht bewußt. Blind folgten sie den Anweisungen, gleich welcher Art.

Zunächst erfüllte die Menschen ein Gefühl der Genugtuung, als sie von der Verhaftung des Massenmörders erfuhren. Adolf Eichmann, einer der Hauptverantwortlichen für die sogenannte „Endlösung“ der Judenfrage, auf der Anklagebank würde auch ihrer aller Schuld abtragen. Als bekannt wurde, er sei in Argentinien, wo er unter falschem Namen lebte, vom israelischen Geheimdienst gekidnappt worden, ließ die Begeisterung der Deutschen nach, auch wenn dies keiner laut aussprach. Eichmanns Entführung erinnerte sie an ähnliche Methoden, für die die Israelis in der Sinai-Kampagne verantwortlich waren. Hier zeigt sich wieder einmal, daß die Deutschen ein sehr korrektes Volk sind, selbst wenn es sich um Verbrecher handelt. Lenin sagte einmal über die Deutschen, sie würden erst eine Bahnsteigkarte kaufen, bevor sie einen Bahnhof stürmten. Und so scheint man in Deutschland auch im Fall Eichmann zu denken: Der Paragraph des Gesetzes steht immer über den Prinzipien. Das beweisen die vielen Fälle, nach denen heute ehemalige Nazis ihre Pensionen erhalten – nur nach legalen und formalen Erwägungen!

Nach und nach wurde den Deutschen klar, daß der Eichmann-Prozeß mit großer Wahrscheinlichkeit und wieder einmal in aller Deutlichkeit die brutalen Einzelheiten der Geschichte der vergangenen Jahre aufdecken könnte. Monatelang würde die Welt den Aufzeichnungen der Verbrechen zuhören, die von Deutschen verübt wurden. Die Gegner Deutschlands würden gierig jedes kleine Verbrechen vermerken, um es gegen Deutschland auszuspielen, und die heutige Generation ebenfalls schuldig sprechen, von denen letztlich nur wenige Verantwortung tragen. Deutschlands Freunde hingegen würden es nicht leicht haben, das Land gegen eine neue Welle von Haß und Anfeindungen zu verteidigen, die der Eichmann-Prozeß mit sich bringen würde.

Und zuletzt könnte der Eichmann-Prozeß Fakten über gewisse führende deutsche Politiker, die mit der Nazibewegung verbunden gewesen sind, zutage fördern. Eichmann hat der Regierung in Bonn bereits zu verstehen gegeben, daß er sich nicht scheuen würde, auch hochrangige Politiker der Bundesrepublik zu belasten. Offensichtlich war dies seine Reaktion auf den Beschluß der Bonner Regierung, ihm keinerlei Rechtshilfe zu gewähren und auf eine Auslieferung des in Israel Angeklagten zu verzichten, zumal es keinen entsprechenden Vertrag zwischen den beiden Ländern gibt.

Viele Deutsche sind jedoch der Ansicht, daß Eichmann als deutscher Staatsbürger von einem deutschen Gericht verurteilt werden müsse. Die deutsche Regierung sieht die Situation etwas anders: Stimmte Israel einer Auslieferung Eichmanns nach Deutschland zu, würde er erst nach seiner Verurteilung in Israel vor einem deutschen Gericht stehen. Da ihm in Israel mit großer Wahrscheinlichkeit die Todesstrafe droht, müßte er nach den Gerichtsverhandlungen in Deutschland nach Israel zur Vollstreckung zurückkehren. Mittlerweile ist die Todesstrafe in Deutschland abgeschafft worden, daher käme die Rückkehr Eichmanns nach Israel zur Vollstreckung des Urteils einem Bruch der deutschen Verfassung gleich.

Egal, wo der Prozeß gegen Eichmann stattfinden wird, stets wird er eine Vielzahl von noch ungeklärten Naziverbrechen ans Licht bringen. Es hielt sich in Bonn das Gerücht, Bundeskanzler Adenauer habe Ministerpräsidenten Ben-Gurion gebeten, seinen Einfluß geltend zu machen, daß Eichmann nicht durch das israelische Gericht genötigt würde, irgendetwas über die Rolle von Dr. Adenauers Staatssekretär Dr. Hans Globke auszusagen, der in seiner Eigenschaft als Ministerialrat in Hitlers Innenministerium Verfasser eines der Kommentare zu den Nürnberger Rassegesetzen von 1935 war. Der Eichmann-Prozeß wird als Mahnung dienen, daß die Deutschen besser daran getan hätten, die diversen schuldig gewordenen Naziverbrecher schon in den frühen Nachkriegsjahren zu bestrafen, anstatt ihnen Gelegenheit zu geben, Positionen in hohen Regierungsämtern einzunehmen. Doch der Wohlstand der Nachkriegszeit trug wohl mit dazu bei, daß man vergaß, vergab und unangenehme Tatsachen verdrängte.

Das sind die Gründe für das plötzliche Schweigen der Mehrheit der Deutschen im Fall Eichmann. Indes, die Tageszeitungen erlauben den Lesern nicht, über die Eichmann-Geschichte so einfach hinwegzugehen. In einer täglichen Kolumne erinnern und warnen sie, daß der Prozess in Jerusalem ihnen keine Chance geben wird, sich vor den Tatsachen zu verstecken. Die deutsche Nation wird in Jerusalem unsichtbar mit auf der Anklagebank sitzen.

Überleben – eine Herausforderung

Die ewige Muttersprache

Im Alter vermindert sich oft die Fähigkeit, die zweite Sprache fließend zu sprechen, auch wenn das vorher der Fall gewesen war. So wie im Alter die Erinnerung an die Jugendjahre stärker wird, bekommt auch die Muttersprache wieder Vorrang. Daraus wird ersichtlich, daß die Bindung eines Menschen an die ehemalige Heimat nicht einfach abgebrochen werden kann, auch wenn manche das herbeisehnten in der Hoffnung, das neue Land werde nun zur Heimat werden.

Und so nahm der Emigrant seine Muttersprache mit sich bis an sein Lebensende und natürlich auch die Gründe, die ihn aus seinem Heimatland vertrieben hatten. Das Deutsch, das die Emigranten sprachen, war natürlich das Deutsch, das sie sprachen, als sie Deutschland verließen.

Ein Emigrantenpaar ging in London einkaufen: „We would like some bloody oranges“, erklärten sie der Verkäuferin, die ihre Überraschung kaum verbergen konnte. „Bloody“ drückt im Englischen „verdammt“ oder auch Schlimmeres aus – auf keinen Fall aber hat es etwas mit Blutorangen zu tun, die die beiden kaufen wollten. Die Verkäuferin reagierte schließlich entsetzt über die Herabsetzung ihrer Ware: „But they are still good für juice!“, rief sie aus. Der Ehemann, für den das Wort wie „Jews“ [Juden] klang, wandte sich deprimiert seiner Ehefrau zu und sagte: „Siehst du, auch hier sind sie Antisemiten."

Deutschland blieb für viele Emigranten ihr Land, obwohl man sie dort verfolgte und sie zu fliehen gezwungen waren. Man kann eben seine Herkunft nicht einfach wegwerfen wie einen alten Hut, so der Ausspruch eines Emigranten. Aber selten ging ein Emigrant so weit wie Leo Blech, der Dirigent und Komponist, der trotz allem keine Zweifel an seiner weiteren Zugehörigkeit zu Deutschland zuließ. „Mein Begräbnisplatz ist Berlin. Ich habe mich nie ausgebürgert gefühlt." Werner Finkelstein, ehemaliger Herausgeber der jüdischen Zeitung in Argentinien, gab sehr ehrlich zu – eine Ehrlichkeit, die nicht viele aussprachen, obwohl sie ähnlich dachten: „Ich bin in den Jahrzehnten nicht Argentinier geworden. Zuhause habe ich mich in Buenos Aires nie gefühlt. Ich weiß, in Berlin wartet niemand auf mich. Dennoch ist es meine Heimatstadt."

Eine nicht seltene Erscheinung waren die Emigranten, die man scherzhaft „Beiunsniks" nannte, weil sie ständig die Bedingungen des neuen Landes mit denen ihrer ehemaligen Heimat verglichen. Immer fanden sie, daß dort alles besser gewesen war, und merkten gar nicht, daß sie sich mit dieser Attitüde das Einleben im neuen Lande nur noch erschwerten. Andere plagte das Heimweh, wenn sie Grünanlagen sahen, die mit denen in Berlin, Wien oder Frankfurt so gar nicht vergleichbar waren. Besonders extrem scheinen in dieser Hinsicht die Gefühle der Gertrude Kracauer, die, wie alle Juden in Shanghai unter japanischer Herrschaft, die Parks der Stadt nicht betreten durfte. „So saßen wir mit unseren Kleinkindern am Ende des Zaunes dem Park gegenüber, sahen die grünen Baumspitzen in der Ferne und hatten die Illusion, wie früher bessere Luft zu atmen ..."

Es wäre vielleicht gewagt zu behaupten, daß die Schwierigkeiten der aus Deutschland stammenden Emigranten beim Erlernen der neuen Sprache allein in der starken Bindung an ihr ehemaliges Heimatland begründet lagen. Und damit auch zur deutschen Sprache. Schließlich ist Sprache Ausdruck des Gefühls, des Denkens, womit der Mensch aufwächst, was ihn formt. Fast möchte man sagen, daß sich viele Emigranten unbewußt an ihre Sprache klammerten, als das einzige, was ihnen aus ihrem früheren Leben geblieben war. „Ich liebe Amerika mehr mit jedem Sonnenaufgang. Aber ich kann das erste Wort nicht vergessen, das ich lernte, die erste Landschaft, die ich sah, die erste Freundlichkeit, den ersten Schmerz, die erste Begeisterung – sie waren deutsch – unübersetzbar, unvergleichbar, und sie blieben immer ein Teil meines Wesens", schrieb der Arzt und Dichter Martin Gumpert.

Anders Erich Maria Remarque: „Ich bin kein Deutscher mehr", sagte der Schriftsteller am Ende des Krieges. „Denn weder denke ich noch fühle ich deutsch. Ich spreche auch nicht deutsch." Selbst wenn er träume, sei es von Amerika, und wenn er fluche, sei es amerikanisch. Widerlegt ihn nicht die Tatsache, daß er seine Bücher weiterhin in deutscher Sprache schrieb? War's Einbildung oder nur ein dringender Wunsch, „dazuzugehören"?

Viele Emigranten nahmen beim Erlernen der neuen Sprache häufig Deutsch als Grundlage. Wenn englische Wörter einem deutschen ähnelten, bedienten sie sich des Wortes in seiner deutschen Bedeutung. Diese hatten, meist im Eifer des Gefechtes, eine fast magische Anziehungskraft und waren doch die Quelle vieler Fehler: „How long is the fare to Birmingham?" Der Fragesteller deutete mit dem Gebrauch der ersten beiden Wörter seiner Frage an, daß er etwas über die

Fahrzeit wissen wollte. Nicht aber über den Fahrpreis, was „fare" bedeutet. – „She is a fast typewriter." Dies war als Kompliment für die Schreiberin gedacht – the typist – und nicht für die Schreibmaschine. – „I sleep on a coach", offenbarte ein Emigrant seinem Gesprächspartner, der ihn im Geiste auf einem Reisebus liegen sah. Sein Freund wollte ihm eigentlich nur erklären, daß er nicht in einem Bett, sondern auf einer Couch schliefe. – „This is going too wide", empörte sich eine Emigrantin. Worüber? Wir wissen es nicht. „Too far" hätte sie in jedem Falle sagen müssen. Denn „wide" hat etwas mit dem Umfang zu tun, und das paßte nun wirklich nicht in den Kontext.

Häufiger geschah es, daß Emigranten auf der Suche nach der richtigen Vokabel – unbewußt natürlich – aus ihrer Muttersprache übersetzten. „The Lord is above", entgegnete eine Emigrantin dem Londoner Autobusschaffner, der von ihr das Fahrgeld forderte. Dabei zeigte sie mit dem Finger nach oben. Der Schaffner meinte daraufhin, auch er wisse das. Aber er zweifle daran, daß der „Lord" für sie auch das Fahrgeld entrichten würde. Sie hingegen insistierte, denn sie wollte klarmachen, daß der „Herr", ihr Ehemann, für sie bereits gezahlt habe, sich aber die Stadt vom oberen Deck des Busses ansehen wollte.

„I make myself thin" – Emigranto für „sich dünnmachen". Während „sich dünnmachen" im Deutschen unterschiedlich interpretiert werden kann – „ich hau ab", „ich mach Platz" oder „ich mach mich rar" –, ist diese Emigranto-Vokabel für den Engländer mit Sicherheit völlig unverständlich. Um Vergleichbares zum Deutschen auszudrücken, müßte man im Englischen sagen: „I buzz off" oder „I make myself scarce." –

Aufgeregt stürmte eine junge Emigrantin ins Büro und berichtete von einem Verkehrsunfall, dessen Zeugin sie gerade geworden war. „Lots of headless people were running around“, rief sie nach Atem ringend. Die Beschreibung ergriff alle, die ihr zuhörten, denn im Geiste sahen sie Menschen ohne Kopf herumlaufen. Aber in Wirklichkeit hatte die junge Dame von Menschen erzählen wollen, die „kopflos“, das heißt in Panik, auf den Unfall reagiert hatten. –

„You have to frighten the spaghetti.“ Diese Anweisung gab eine aus Deutschland stammende Köchin ihrem Hilfspersonal. Es soll daraufhin in der Großküche einige Minuten sehr still geworden sein. Man dachte wohl darüber nach, wie man den Spaghetti einen Schrecken einjagen sollte und überhaupt, wozu eigentlich? Das Wort und damit wohl auch die Methode, etwas abzuschrecken, gibt es im Englischen nicht. Wollte man dennoch auch in England das „Abschrecken“ einführen, müßte man sich auf den simplen Ausdruck „to rinse with cold water“ einigen. –

„Are you a keyman?“, fragte der Londoner Polizist, der irgendwann im Jahre 1940 morgens um fünf Uhr an meines Vaters Tür klopfte, um ihn zur Internierung abzuholen. Nach der Flucht der britischen Armee vom europäischen Festland fürchtete die britische Regierung, daß sich unter den Flüchtlingen aus Deutschland auch Spione der Nazis befanden, und fand es daher ratsam, sie alle hinter Gitter und Stacheldraht zu internieren. Mein Vater zeigte dem Polizisten eine Bescheinigung, die bestätigte, daß er im Bloomsbury House, einer Einrichtung zur Unterstützung von Emigranten, tätig war. Mein Vater bejahte treuherzig, daß er sich durchaus als „key-man“ bezeichnen könne. Der Polizist setzte daraufhin sein Revier davon in Kenntnis und wurde von dort angewiesen, meinen Vater von der Internierung auszunehmen. Seinen Kollegen, die ihn erstaunt fragten, wie er, der ehrenamtliche Mitarbeiter, sich als „keyman“ – als in einer Schlüsselposition tätig – bezeichnen konnte, erklärte er, daß dies wohl rechtens sei. Schließlich hätte man ihm, dem Frühaufsteher, die Schlüssel des Hauses anvertraut mit der Auflage, das Büro pünktlich aufzuschließen. –

Verzweifelt nahm ein junger Wissenschaftler zur Kenntnis, daß die Universität seinen Vertrag nicht verlängern wollte. Im Kreis seiner Kollegen rief er aus: „This is a hit at the office!“ Niemand konnte sich erklären, aus welchem Grunde seine Entlassung ein Schlag gegen das Büro der Universität sein sollte. Für phantasievolle Leute mit guten Deutschkenntnissen brachte es die Übersetzung ans Licht: Seine Entlassung war für ihn ein „Schlag ins Kontor“. –

[...]

Die meisten Emigranten wiesen trotz aller Schwierigkeiten im Exil nach dem Krieg eine Rückkehr nach Deutschland, wo ihnen und den Ihren so Furchtbares angetan worden war, weit von sich. Wenn sie nicht staatenlos bleiben wollten, mußten sie sich jetzt allerdings um die Staatsangehörigkeit ihres neuen Landes bemühen. Der Schritt fiel den meisten nicht leicht. In den seltensten Fällen waren sie im Land ihres Asyls heimisch geworden. Sie standen dann häufig vor Richtern oder Beamten, die über die Vergabe der Staatsangehörigkeit entschieden, und hatten Gewissenskonflikte.

Wie konnte es auch anders sein, wenn die an sie gerichteten Fragen so oder ähnlich lauteten: „Ihre Nationalität?“ Die Antwort: „Deutsch.“ „Sind Sie Jude?“ „Ja, obwohl ich 1926 aus der Jüdischen Gemeinde ausgetreten bin, weil ich mich selbst nicht als Jude betrachtete.“ Darauf die Frage eines amerikanischen Richters: „Sie sind also deutsch und jüdisch?“ „Jawohl“, die fast verzweifelte Antwort auf so viel Verständnislosigkeit. „Sie sind also ein Mischling?“ „Nein,

Euer Ehren." Dies geschah Erich Duncker in New York.

Englische Beamte wollten da schon eher Genaueres über die Gründe des Emigranten wissen, weshalb er die Einbürgerung beantragt habe. Der Emigrant wußte wohl, daß er dafür überzeugende Gründe angeben mußte. Es war schließlich nach Ende des Krieges und des Hitler-Regimes, und viele Engländer meinten, die Emigranten könnten nun wieder in ihre alte Heimat zurückkehren.

Daß Emigranten jüdischer Religion das Vertrauen zu Deutschen und Deutschland verloren hatten, begriffen nur die Wenigsten. Die Emigranten suchten also und fanden auch Argumente, die den Beamten bewiesen, wie wohl sie sich in England fühlten: „Ich bewundere die herrlichen Grünanlagen", sagte der eine. Ein anderer: „Mit tut das Klima hier so gut." England ist für seinen vielen Regen und den Nebel berüchtigt, der das Land tagelang einhüllt. Während die zwei mit ihrer Verlegenheit zu kämpfen hatten, strahlte der Dritte den Beamten an und sagte im Brustton der Überzeugung: „Your language! It is your language, it is unbeatable!" [Es ist Ihre Sprache, sie ist unschlagbar!] So geht die Sage, deren Wahrheitsgehalt sehr hoch ist.

Das verlorene Glück des Leo H.

„Tante, wann sind vier Wochen um?" Das Kind fragte es wieder und wieder. Die Tante, die es in Paris in Obhut genommen hatte, murmelte schon unwirsch: „Bald, bald". Seine Eltern, die in Berlin zurückgeblieben waren, hatten ihm doch versprochen, in vier Wochen nach Paris nachzukommen. Was es jedoch nicht wissen konnte, war, daß seine Mama plötzlich gestorben und sein Papa als ehemaliger polnischer Bürger ins KZ Sachsenhausen eingewiesen worden war. Das alles geschah in den ersten Kriegstagen im September 1939.

„Ich muß am Leben bleiben für unser Kind“, schwor sich Leo, nun, da seine Mutter tot ist, muß er alle Grausamkeiten überstehen, denen er in einem KZ ausgesetzt war. Und während er so dachte, waren die Tante und sein Kind auf der Landstraße auf der Flucht vor den deutschen Truppen Richtung Süden ins unbesetzte Frankreich. Dort gab es Franzosen, die Flüchtlingen halfen zu entkommen. Sie halfen vor allem Kindern zur Flucht in die benachbarte Schweiz. Als Riwka dort ankam, fragte sie sogleich, ob die vier Wochen um seien und ob sie hier Papa und Mama treffen würde. Sie bekam auch hier keine Antwort.

Sie bekam sie erst nach Kriegsende. Der Vater meldete sich bei den Schweizer Pflegeeltern. Er wollte sein Kind wieder haben. Er hatte das KZ überlebt und war nun frei, allein in Polen, da die Freunde aus dem KZ in ihre Heimatorte zurückgekehrt waren. Die meisten Polen mißtrauten Leo. Er konnte nicht polnisch, obwohl er in Polen geboren worden war, und überdies war er Jude, eine dort seit Jahrhunderten ungeliebte Minderheit. Endlich blieb ihm keine Wahl, er mußte nach Berlin zurückkehren, wo es ihm sicher auch leichter fallen würde, Kontakt zu seinem Kind herzustellen.

„Nationalität: deutsch“, es machte Leo keine Mühe, dies auf das auszufüllende Formular zu schreiben. Er sei in Majdan (Polen) geboren, fügte er hinzu. Keiner würde wissen, wo Majdan liegt, dachte er im stillen. Die Wirren des Krieges, die Zerstörungen und der beginnende Kalte Krieg würden dafür sorgen, daß es keine Nachforschungen über seine Person geben werde. Dessen war Leo gewiß. Niemand würde wissen, daß er Pole und Jude war. Mit einem Federstrich war er Deutscher geworden. Die Eltern würden ihm verzeihen, daß er auch sie zu Deutschen gemacht hatte, als er sie als Max und Erna eingetragen hatte. Moses und Esther, wie sie eigentlich hießen, waren längst tot.

Es mag an der Rückkehr zum Ort seiner Kindheit gelegen haben. Plötzlich wich die Unbeschwertheit, die ihn bei der Änderung seiner Lebensdaten erfüllt hatte. „Du hast deine moralische Überlegenheit verkauft“, haderte er mit sich. Dann wieder dachte er an sein Kind, dem er das Leben erleichtern mußte.

Im Frühjahr 1947 bekam er ein Einreisevisum in die Schweiz. Im Haus der Pflegeeltern sah er sie dann, seine Riwka, für die er um sein Überleben gekämpft hatte. Die 12jährige wich zurück, als der Vater sie umarmen wollte. Sie war wie gelähmt, zeigte keine Freude, kein Gefühl der Nähe zu diesem Mann. Er hat mich doch allein gelassen all die Jahre, ging es dem Kind durch den Kopf, und es sagte: „Warum bist du nicht nach Paris gekommen, wie du mir versprochen hast, nach vier Wochen nur?“ Leo blieb nur eine Nacht in Winterthur. Auf seine Frage, ob Riwka nicht mit ihm nach Berlin kommen wollte, schüttelte sie nur den Kopf. Das Bild von dem einem Engel gleichenden Papa, den das Kind mit drei Jahren so geliebt hatte, war zerstört.

Die Kameraden aus dem KZ, die Leo in Ost-Berlin wiedertraf, verhalfen ihm zu einem Studienplatz an der Humboldt-Universität. Trotz seiner 39 Jahre wollte er noch Arzt werden. Doch das Leben in Ost-Berlin behagte ihm nicht.

Nein, so hatte er sich das Leben in dem ersten sozialistischen Staat auf deutschem Boden nicht vorgestellt. Die Mauer, die Menschen einsperrte, ganze Familien trennte, ihnen ihr Leben vorschrieb. Ach, es gab viel

Unrecht. Doch er sprach es nicht aus. Er hätte auch nichts ändern können, auch für sich selbst nicht. Trotz Drängen wurde er kein Mitglied der SED. Sein Judentum verschwieg er, ließ sich die Nummer vom Arm, die er im KZ bekommen hatte, wegoperieren. Antisemitische Äußerungen überhörte er nicht. Die täglichen Erfahrungen an der Grenze, die er wegen seiner Arbeit im Krankenhaus mit einem besonderen Paß überqueren durfte, ließen es nicht zu, daß er wie viele seiner Freunde diese Eindrücke verdrängte.

„Das Ei ist zu hart", schrie er eines Tages seine Frau an und fegte es vom Tisch. Hannelore schaute ihn fassungslos an. Das war doch nicht ihr Mann, den sie als stillen und sanften Menschen kannte. Zwar war es nicht das erste Mal, daß Leo derartige Wutausbrüche hatte. Grundlos meist, wie Hannelore fand, und gerade deshalb so erschreckend. Eine Kaffeekanne hatte bereits daran glauben müssen und auch ein Milchtopf. Nach einem solchen Ausbruch stand Leo abrupt auf und verschwand in sein Zimmer. Stunden später kam er wieder heraus, schweigsam, aber freundlich, als wäre nichts geschehen. Es liegt nahe, daß diese plötzlichen Ausbrüche eine Folge der Konflikte waren, mit denen Leo nicht fertig werden konnte. Er mußte sich irgendwie Luft verschaffen, meinte die Ärztin.

Er kam mit seiner Geschichte nicht zurecht, die ihn in privater und politischer Hinsicht zu einem lügenhaften Leben zwang.

Deutschland und Israel

Die politischen Beziehungen zwischen der Bundesrepublik Deutschland und Israel – eine Bilanz

Die Beziehungen zwischen der Bundesrepublik Deutschland und Israel waren von Anfang an ein Spiegelbild des gestörten Verhältnisses von Deutschen und Juden. Israelis fanden es schwer, Deutsche und Deutschland in ihr Denken mit einzubeziehen. Von jenen Deutschen, die an dem Geschehen im Dritten Reich gänzlich unschuldig gewesen waren, gab es zu wenige, und sie hatten zunächst auch zu wenig Einfluß in der neu geschaffenen Bundesrepublik, um als Brükke dienen zu können.

Die ersten Bundesregierungen schoben die politischen Beziehungen zum neuen jüdischen Staat viele Jahre unter dem Vorwand vor sich her, nur so die diplomatische Anerkennung der DDR durch die arabischen Staaten und auch international verhindern zu können. Es fehle noch die „psychologische Basis“ oder die Bereitschaft der Deutschen, Verantwortung für die Verbrechen an den Juden auf sich zu nehmen. So erklärte man in Bonn. Als die Bundesregierung schließlich am 7. März 1965 bekanntgab, sie strebe diplomatische Beziehungen zu Israel an, da stolperte sie quasi in diese neue Beziehung hinein. Der Schritt war nicht wirklich vorbereitet, sondern war eher als Trotzreaktion zu werten. Die Beziehungen zwischen Israel und der Bundesrepublik blieben dann auch in den folgenden Jahren komplex, wesentlich beeinflußt von politischen und wirtschaftlichen Interessen der Bundesrepublik, und waren daher nie frei von Mißverständnissen, Krisen und Konflikten.

Beide Staaten entstanden ungefähr um die gleiche Zeit: Israel 1948, die Bundesrepublik 1949. Die Bundesregierung erwähnte in ihrer ersten Regierungserklärung die Existenz des jüdischen Staates, dessen Gründung weitgehend in ursächlichem Zusammenhang mit dem Schicksal seiner Bewohner stand, mit keinem Wort. Das blieb so bis 1951. Erste Kontakte zwischen Vertretern beider Staaten fanden zu jener Zeit mehr oder weniger heimlich statt, ausgelöst durch Israels Begehren nach Rückgabe oder finanziellem Ersatz des von Deutschen geraubten jüdischen Besitzes in Deutschland sowie in Osteuropa und wo immer sonst deutsche Truppen mit der SS im Gefolge gehaust hatten. Endlich – im September 1951 – legte Bundeskanzler Dr. Adenauer im Namen seiner Regierung eine erste Erklärung zum Thema Juden vor. Diese Erklärung war eine Vorbedingung, die die Juden stellten, um nach dem schrecklichen Geschehen offiziell erste Kontakte zu den Deutschen aufnehmen zu können.

In den ersten zwei Absätzen dieser Erklärung wird viel über die Verpflichtung des neuen Deutschlands gesagt, menschliche und religiöse Toleranz zu üben. Erst im dritten Teil steht etwas über die von Deutschen verübten Verbrechen am jüdischen Volk. Die Formulierungen dieser Erklärung muten angesichts der Tatsachen recht merkwürdig an. So heißt es da u.a.: „Das deutsche Volk hat in seiner überwiegenden Mehrheit die an den Juden begangenen Verbrechen verabscheut und sich an ihnen nicht beteiligt. Es hat in der Zeit des

Nationalsozialismus im deutschen Volk viele gegeben, die mit eigener Gefährdung, aus Gewissensnot, aus Scham über die Schändung des deutschen Namens ihren jüdischen Mitbürgern Hilfsbereitschaft gezeigt haben." Wäre dies tatsächlich in solchem Ausmaß geschehen, wie diese Erklärung behauptet, dann wären sicher mehr Juden gerettet worden. Daß man jüdischerseits auf diese Formulierungen einging, ist nur erklärbar durch die entsetzliche Notlage des Staates Israel, der 500.000 heimatloser und mittelloser Flüchtlinge hatte aufnehmen müssen, unter ihnen natürlich auch geschwächte und kranke Überlebende der Konzentrationslager. In dieser Erklärung ist schließlich auch von einer materiellen Wiedergutmachung für den Staat Israel die Rede.

Es soll hier in keiner Weise an der Integrität von Bundeskanzler Adenauer gezweifelt werden. Die Frage ist dennoch berechtigt, aus welchem Grunde so spät und auf diese Weise diese erste Hinwendung der Bundesrepublik zu Israel erfolgte. Dr. Herbert Blankenhorn, Adenauers Intimus aus jener Zeit, berichtete, daß Adenauer ein Schuldbekenntnis des deutschen Volkes den Juden gegenüber in den ersten Jahren der Bundesrepublik nicht wagen konnte. Für eine solche Erklärung hätte das deutsche Volk erst vorbereitet werden müssen. Er sagte weiter, es wäre doch dem Ansehen der neu erstandenen Bundesrepublik in der Welt abträglich gewesen, wenn die deutsche Bevölkerung diesen Bemühungen um ein solches Schuldbekenntnis Widerstand geleistet hätte. Seinen Bestrebungen, das deutsche Volk für einen demokratischen Staat zu gewinnen, hätte dies ebenfalls geschadet.

Diese Politik, die eigentlich aus moralischen und psychologischen Gründen zu verurteilen ist, hat sicherlich nachfolgenden Generationen die Auseinandersetzung mit dem Nationalsozialismus erschwert. Zweifeln an dem Wahrheitsgehalt der Berichte über die Leiden der Juden und die Verbrechen gegen die Menschlichkeit im allgemeinen während des nationalsozialistischen Regimes in Deutschland wurde nichts entgegengesetzt.

Der Bonner Erklärung von 1951 folgten schließlich sehr langwierige Verhandlungen zur Wiedergutmachung, die zu einem ersten Vertrag zwischen Deutschen und Juden führten. Er sagte deutsche Warenlieferungen im Wert von 3,4 Milliarden Mark über einen Zeitraum von zwölf Jahren zu. Dieser Vertrag hatte allerdings in Bonn viele Hürden zu nehmen, bevor er rechtskräftig werden konnte. Drohungen arabischer Staaten, im Falle der Annahme des Wiedergutmachungsabkommens den gerade wiederbelebten Handel mit der Bundesrepublik wieder einzustellen, verfehlten ihre Wirkung auf die deutsche Wirtschaft und damit auch auf eine Reihe von Politikern nicht. Einige von ihnen argumentierten sogar, Israel habe kein Recht auf Reparationen, da es während des Krieges noch gar nicht existiert habe. Und so stimmten im März 1952 nur 239 Abgeordnete (von 402) für diesen ersten Vertrag zwischen Deutschen und Juden, 86 enthielten sich der Stimme, mit „Nein“ stimmten 35 Abgeordnete. 42 zogen es vor, bei dieser Abstimmung nicht anwesend zu sein. Von den 214 Abgeordneten der drei Regierungsparteien – CDU/CSU, DP und FDP – stimmte noch nicht einmal die Hälfte, nur 106, für den Vertrag, den ihre eigene Regierung vorgelegt hatte. Ohne die Stimmen der Opposition, der SPD, wäre dieser Vertrag nicht angenommen worden. Die Bundesrepublik war zu jener Zeit auf gute Beziehungen zu den Vereinigten Staaten von Amerika angewiesen. Das Wiedergutmachungsabkommen zwischen der Bundesrepublik und

Israel war ganz im Sinne der USA, die den wenige Jahre zuvor von den Vereinten Nationen gegründeten Staat Israel unterstützte. Dr. Adenauer war sich dessen bewußt und versuchte alles, das Abkommen auch mit List und Tücke durchzubringen, indem er z. B. eine für den Vertrag entscheidende Kabinettssitzung ansetzte, als er Finanzminister Schäffer, der diesem Vertrag nicht wohlwollend gegenüberstand, im Ausland wähnte.

David Ben Gurion, Israels großer Staatsmann, kommentierte den Abschluß des Vertrages mit den Worten: „Die Deutschen werden niemals zahlen." Er war überzeugt davon, daß es mit diesem Vertrag am Ende so ausgehen würde wie mit dem Versailler Vertrag. Doch er fügte hinzu: „Ob sie zahlen oder nicht, ist nicht entscheidend. Daß sie die Entscheidung trafen, ist von Bedeutung, denn es ist eine politische Entscheidung; es ist die Anerkennung des Staates Israel."

Ben Gurion irrte sich: Die Deutschen erfüllten den Vertrag auf das Komma genau. Die Anerkennung, die Ben Gurion darin zu sehen glaubte, führte noch viele Jahre lang nicht zu einer politischen Anerkennung des jüdischen Staates. Wobei man hinzufügen muß, daß eine diplomatische Anerkennung Israels seitens der Bundesrepublik kurz nach diesem Vertragsabschluß wohl noch im Bereich des Möglichen gewesen wäre. Damals aber war Israel noch nicht bereit, Deutschen zu einem offiziellen Bekenntnis die Hand zu reichen, so wenige Jahre nach den ungeheuerlichen Verbrechen Deutscher an den Juden.

Das Jahr 1955 brachte einen deutlichen Wendepunkt in der offiziellen Politik beider Staaten. Israel wollte nun diplomatische Beziehungen zur Bundesrepublik. Es hatte inzwischen die starke Stellung erkannt, die die Bundesrepublik durch ihre Mitgliedschaft in der NATO und in verschiedenen europäischen Gremien einnahm.

Isoliert im Nahen Osten, suchte Israel dringend engere Beziehungen zu Europa und auch zu Asien und Afrika. Diplomatische Beziehungen zur Bundesrepublik hätten ihren Eindruck auf die blockfreien Staaten sicher nicht verfehlt, möglicherweise auch zur Normalisierung ihrer Beziehungen zu Israel geführt. Aber zu jener Zeit festigte sich in Bonn die Sorge, die Araber könnten sich von einer offiziellen Anerkennung Israels herausgefordert fühlen und die DDR anerkennen. Entsprechende Berichte deutscher Botschafter und Drohungen aus der arabischen Welt taten das Ihre dazu. Um vornehmlich die blockfreien Staaten von einer solchen Anerkennung der DDR abzuschrecken, legte Bonn 1955 in der „Hallstein-Doktrin" fest, daß sie ihre Beziehungen zu solchen Ländern lösen würde, die die DDR diplomatisch anerkannten. Damit begründete Bonn nun seine Ablehnung diplomatischer Beziehungen zu Israel. Bonn war lediglich zur Errichtung einer deutschen Dienststelle in Israel bereit, ähnlich der Israel-Mission in Köln, die zur Abwicklung der Wiedergutmachungsverträge geschaffen worden war. Aber dies schien Israel wie eine Ohrfeige auf seine Avancen. Die Beziehungen waren in eine Sackgasse geraten.

Das Treffen Ben Gurions und Adenauers am 14. März 1960 in New York war wohl der Versuch von beiden Seiten, aus diesem Engpaß herauszukommen. Für Adenauer war dieses Treffen von politischer Bedeutung. Wenige Monate zuvor hatten Hakenkreuzschmierereien, zunächst an der Kölner Synagoge und später in vielen Teilen Deutschlands, das ohnehin schwache Vertrauen der freien Welt in die Bundesrepublik schwer erschüttert. Auf dem Weg zu einem Gespräch mit der amerikanischen Regierung, deren politische und militärische Unterstützung die Bundesregierung dringend nötig hatte, konnte ein Gespräch mit dem israelischen Premierminister nur von Nutzen sein. Ben Gurion verfolgte einen anderen Zweck mit diesem Treffen. Nicht die diplomatischen Beziehungen wollte er fordern. Das schien ihm unrealistisch. Er wollte eine Anleihe erbitten, die für die Erschließung der Wüste Negev gedacht sein und das Interesse, besonders der deutschen Jugend, an Israels Entwicklung wecken sollte. Er war sich der Tatsache bewußt, daß sich die Deutschen, eben weil sie die diplomatischen Beziehungen zu Israel ablehnten, in einer gewissen Schuld Israel gegenüber befanden. Er leitete damit ungewollt eine Politik ein, die es den Deutschen ermöglichte, die Aufnahme diplomatischer Beziehungen immer wieder hinauszuzögern.

Die beiden alten Herren verstanden einander von Anfang an. Als Ben Gurion seinen Vorschlag vorbrachte, die Bundesrepublik möge sich an der Entwicklung seines Landes zehn Jahre lang mit einer Anleihe von jährlich 50 Millionen Dollar beteiligen, erwiderte Adenauer ohne Zögern, daß Deutschland das tun wolle: „Wir werden Ihnen aus moralischen und aus Gründen der politischen Logik helfen.“ So lauteten seine Worte. Aber auf Einzelheiten über die Höhe der von Ben Gurion genannten Anleihe ging er nicht ein. Er widersprach aber auch nicht. „Ich verstehe, daß Sie prinzipiell mit meinen Vorschlägen einverstanden sind“, sagte Ben Gurion. „Ich bin völlig einverstanden“, war Adenauers Antwort. Noch einmal fragte Ben Gurion: „Wenn ich nach Hause zurückkehre, darf ich sagen: Der Grund ist bereitet?“ Wieder gab Adenauer zur Antwort: „Ja, das stimmt.“

Aber schon die Abfassung des Kommuniqués bereitete den Mitarbeitern der beiden Regierungschefs Schwierigkeiten. Die Deutschen wollten sich auf keinen Fall festlegen lassen, und der vereinbarte Text war dann auch in jeder Richtung auslegbar. Die Israelis wußten nicht mehr, woran sie waren. Als sie eine Art Versuchsballon starteten, indem sie in London durchsickern ließen, daß die Deutschen ihnen eine 500-Millionen-Dollar-Anleihe zugesagt hätten, kam aus Tokio, wohin der Bundeskanzler gereist war, sofort ein Dementi seines Sprechers. Nach langem Hin und Her gewährten die Deutschen schließlich eine geheime Anleihe. Sie wurde absichtlich in ungeraden, stets veränderten Ratenzahlungen als an einen „Geschäftsfreund" in den Büchern eingetragen. Sie führte schließlich nach der Herstellung diplomatischer Beziehungen zu der offiziellen Anleihe von jährlich 140 Millionen Mark, die noch heute gegeben wird.

So ähnlich ist es auch dann bei den geheimen Waffenlieferungen an Israel zugegangen, die durch nichts außer durch mündliche Absprachen zwischen dem damaligen Bonner Verteidigungsminister Franz-Josef Strauß und dem Staatssekretär im israelischen Verteidigungsministerium, Schimon Peres, festgelegt waren. Auch sie waren eine Art Ersatz für die vorenthaltenen diplomatischen Beziehungen. Und auch diese führten zu den kuriosesten Zwischenfällen. So blieben z.B. zwanzig voll ausgerüstete Panzer, die zur Lieferung an Israel gehörten, mit ihrem zu hohen Aufbau für jedermann sichtbar in einem Tunnel in Italien stecken. Oder Kisten mit Munition wurden versehentlich an einem falschen Kai in Genua ausgeladen, von den Italienern geöffnet und als Geschenk für sie gefeiert.

Aber derart war eben der Charakter der israelisch-deutschen Beziehungen in jenen Jahren. Biblisch ausgedrückt: „Und grüß' mich nicht unter Palmen." Adenauer, der zum Architekten dieser wahrhaft zwielichtigen und im Zwielicht sich abspielenden Beziehungen geworden war, hat das sicher nicht gewollt.

Doch er stand ständig unter dem Druck seiner Minister, im besonderen seines Außenministers Gerhard Schröder, der ihn bis zuletzt gegen eine Aufnahme diplomatischer Beziehungen zu Israel beeinflußte, immer mit dem gleichen Argument, die arabischen Staaten könnten sich in einem solchen Falle mit der Aufnahme offizieller Beziehungen zur DDR rächen. Adenauer, der als Kanzler die Richtlinien der Politik hätte bestimmen können, hat von seinem Privileg in dieser Frage keinen Gebrauch gemacht. Jedoch mußte diese Politik der Heimlichkeiten eines Tages scheitern.

Viele Menschen in der Bundesrepublik, denen die geheimen Abmachungen zwischen der Bundesrepublik und Israel natürlich unbekannt waren, fanden die Art der Behandlung Israels höchst unwürdig, unmoralisch und unerträglich. Sie gaben dem auch in immer stärker werdenden Maße Ausdruck. Erklärungen, Resolutionen, Aufrufe für die Herstellung von Beziehungen mit Israel waren an der Tagesordnung. Schon 1951 hatten Erich Lüth und Rudolf Küstermeier die „Frieden-mit-Israel-Bewegung“ gegründet, weil es sie erregte, daß von offizieller Seite zu diesem Punkt nichts gesagt wurde. Die Zahl der Reisenden nach Israel nahm stetig zu, ebenso wie die Zusammenarbeit von Wissenschaftlern beider Länder, die als erste den Kontakt zueinander aufgenommen hatten. Deutsche kauften israelische Staatsanleihen, Städte begannen Partnerschaften. Ereignisse wie die Enthüllung, daß deutsche Wissenschaftler in Ägypten mithalfen, Waffen gegen Israel zu schmieden (1962), oder die fragwürdigen Diskussionen in Bonn um die Verjährung der Naziverbrechen (1965), vergrößerten die Zahl der Deutschen aus allen politischen Lagern, die sich – gegen ihre Regierung – für die Belange Israels und für die Herstellung diplomatischer Beziehungen einsetzten.

Angesichts der langjährigen Hinhaltetaktik war die Bekanntmachung der Bundesregierung am 7. März 1965, sie habe beschlossen, diplomatische Beziehungen zu Israel aufzunehmen, für viele überraschend und verwirrend. Zwar war Bonn damals über Wochen und Monate in zwei Nah-Ost-Konflikte verwickelt, die zu lösen der Regierung offensichtlich sehr schwer fiel. Der eine mit Israel: Bonn wollte die heimliche und von den Arabern 1964 plötzlich aufgedeckte Waffenhilfe für Israel unter allen Umständen beenden. Israel dagegen wollte Bonn auf keinen Fall aus dieser Verantwortung entlassen. Die Drohungen der Araber, sie würden im Falle der Nichtbefolgung ihrer Forderungen die DDR anerkennen, verfehlten ihre Wirkung auf Bonn nicht; Israel ließen sie natürlich kalt. Der zweite Konflikt bestand zwischen Bonn und Kairo. Nasser hatte den Staatsratsvorsitzenden der DDR, Walter Ulbricht, zu einem offiziellen Besuch eingeladen. Er tat dies unter dem Vorwand, dies sei ein Protest gegen die geheimen Bonner Waffenlieferungen an Israel. Aber in Wirklichkeit stand Nasser unter dem Druck Moskaus, das nichts unversucht ließ, um seine Theorie von der Existenz zweier deutscher Staaten in der Welt durchzusetzen. Bonns Sorge war darum, daß dieser Besuch Ulbrichts die gefürchteten diplomatischen Beziehungen zwischen Kairo und der DDR näherbringen würde und daß Bonn dann seinerseits, aufgrund seiner schon erwähnten Hallstein-Doktrin, die Beziehungen zu Ägypten hätte abbrechen müssen. Trotz aller Warnungen aus Bonn empfing Kairo den Staatsratsvorsitzenden der DDR mit viel Pomp wie einen hohen Staatsgast.

Beide Konflikte schienen unlösbar. Was sich in jenen Wochen und Monaten in Bonn abspielte, unter einem zögernden Kanzler Erhard, mit einem in beiden Fragen in der Mitte gespaltenen Kabinett, ging manchmal fast ins Groteske. Als Illustration sei darauf verwiesen, daß Bonn sich zeitweise eines Vermittlers in Kairo bediente, des Staatssekretärs im spanischen Außenministerium, Marques de Nerva, der so ungeschickt taktierte, daß ihn seine Auftraggeber in Bonn schließlich nicht einmal mehr empfangen wollten. Tagelang rang die Regierung um eine Lösung. Hunderte von in- und ausländischen Journalisten warteten mehrere Tage stundenlang vor dem Kanzleramt auf eine angekündigte, dann mehrmals verschobene Entscheidung, die dann unter fadenscheinigen Vorwänden nicht kam.

Bundeskanzler Erhard machte den endlosen Diskussionen, was bloß zu tun sei, um dieser Konflikte Herr zu werden, schließlich ein Ende. Wie es dazu kam, schilderte er so: „Ich sagte mir, jetzt frage ich überhaupt niemanden mehr, jetzt nehme ich diplomatische Beziehungen zu Israel auf." Und zu seinen Ministern sagte er stolz, kurz und bündig: „Meine Herren, ich brauche Sie jetzt nicht mehr." Auch dieser letzte Akt ist ein Beweis für die Richtungslosigkeit der Bonner Nahostpolitik in den vorangegangenen Jahren.

Und so begann auch noch die Mission des Bundestagsabgeordneten Kurt Birrenbach mit einem Kuriosum. Kanzler Erhard hatte Tage zuvor beschlossen, Birrenbach nach Israel zu entsenden, um den Israelis klar zu verstehen zu geben, daß die versprochenen Waffenlieferungen in Geld umgewandelt werden müßten. Zugleich hoffte er, mit der Aussicht auf die Eröffnung eines deutschen Konsulats in Israel die Israelis zufriedenstellen zu können. Während Birrenbach aber im Flugzeug nach Israel saß, entschied sich der Kanzler für die Aufnahme diplomatischer Beziehungen zu Israel. Als sein Unterhändler nun in Lod eintraf, wurde er über Lautsprecher ausgerufen, zur Information zu kommen. Er aber beschloß, dieser Aufforderung nicht Folge zu leisten, da er in geheimer Mission nach Israel geflogen war. Und so kam es, daß Birrenbach von der neuen Entscheidung in Bonn keine Kenntnis hatte, als er den israelischen Verhandlungspartnern gegenübertrat, die sehr erstaunt waren, als sie längst überholte Vorschläge zu hören bekamen.

Bundeskanzler Erhard kommt das Verdienst zu, den scheinbar unlösbaren Gordischen Knoten zerschlagen zu haben. Zehn arabische Staaten haben damals tatsächlich die diplomatischen Beziehungen zu Bonn abgebrochen, aber nicht die Beziehungen zur DDR angeknüpft, wie es so oft befürchtet worden war. Sie waren wohl realistisch genug einzusehen, daß die DDR der Entwicklungshilfe der Bundesrepublik nichts Vergleichbares entgegenzusetzen hatte. In Israel gab es Kreise, die diese Art der Aufnahme der Beziehungen mit der Bundesrepublik nicht zu akzeptieren bereit waren. Aber sie konnten sich nicht durchsetzen gegenüber denen, die jahrelang diese diplomatischen Beziehungen als eine praktische Notwendigkeit angestrebt hatten.

Als die diplomatischen Beziehungen nun am 12. Mai 1965 nach dreimonatigen Verhandlungen über viele in Jahren angehäufte Konflikte tatsächlich aufgenommen wurden, hatte Kanzler Erhard die beste Presse seiner Amtszeit. Er konnte sich in dieser Sache voll auf die Unterstützung des deutschen Volkes verlassen. Diese positive Haltung Israel gegenüber hielt noch über die Herstellung der Beziehungen hinaus an. Als Israel in den Sechs-Tage-Krieg gezwungen wurde und Tausende und Abertausende in der Bundesrepublik ihre Sympathie für den jüdischen Staat zum Ausdruck brachten, waren Regierung und Volk der Bundesrepublik eins in der Unterstützung Israels. Der damalige Außenminister Willy Brandt prägte den Ausdruck, daß es keine

„Neutralität des Herzens“ sei, wenn sich die Bundesrepublik in keinen kriegerischen Konflikt verwickele. Mit aufrichtigem Stolz verfolgte man in Israel die nicht zu überhörenden Sympathiekundgebungen in der Bundesrepublik.

Dies aber hielt nicht lange an. Besonders die deutsche Jugend, die zuvor so überschwenglich für Israel eingetreten war, stellte sich Ende der sechziger Jahre zunehmend auf die Seite der Verlierer, gegen die israelische Besetzung des Westjordanlandes, die Israel damals vollzog, weil es glaubte, nur so seine Feinde an den Verhandlungstisch bringen zu können.

Es war eine schwere Zeit für Israel in seinen Beziehungen zur Bundesrepublik. Vor allem, weil man in Israel nicht begriff, wogegen die jungen Deutschen sich auflehnten. Israel hatte sich gegen die arabischen Angreifer verteidigt und hoffte, endlich mit ihnen Frieden machen zu können. Dazu hielt es die Gebiete besetzt. Die Beziehungen zur Bundesrepublik wurden noch problematischer, als die Bundesregierung, die es offensichtlich leid war, an die Vergangenheit erinnert zu werden und sich bei Verhandlungen mit Israel moralisch bedrängt zu fühlen, eine „Normalisierung“ der Beziehungen zwischen beiden Ländern herbeiführen wollte. Danach sollte der Charakter der Beziehungen denen ähnlich werden, die Bonn mit Nigeria oder Indonesien unterhielt. Die besonderen Beziehungen sollten der Vergangenheit angehören. Der damalige Außenminister Walter Scheel drückte das – nur vier Jahre nach der Herstellung der Beziehungen – so aus: „Unser Verhältnis zu Israel ist wie mit anderen Ländern. Die Normalisierung besteht darin, daß wir die früheren vertraglichen Abmachungen als Bereinigung bestimmter Tatbestände der Vergangenheit abgelöst haben durch eine ganz normale Zusammenarbeit.“

Für diese Haltung hatte man in Israel, wo auch heute noch viele der Opfer leben und an den Folgen ihrer Qualen leiden, kein Verständnis. Der damalige Bundeskanzler Brandt hat darum bei seinem ersten Besuch in Israel im Juni 1973 versucht, die Beziehungen auf eine neue Stufe zu stellen, die einerseits den Forderungen der Deutschen, besonders der deutschen Jugend, nach einer Normalisierung des Verhältnisses nachkam, und andererseits die israelische Ansicht nicht außer acht ließ, daß eine solche Normalisierung der Beziehungen noch lange nicht denkbar ist. Er prägte die Devise von den „normalen Beziehungen mit besonderem Charakter", eine Formel, die offiziell heute noch Gültigkeit hat und die gewissermaßen die bis dahin geltenden „besonderen Beziehungen" herunterstufte.

Diese Formel verlor indes ihre Bedeutung zu einer Zeit, als die allgemein angenommene Abhängigkeit vom Öl und vom Einfluß der arabischen Welt nicht nur die Bundesrepublik zur Erfüllungsgehilfin unmoralischer Forderungen machte. Die erste Krise in den Beziehungen, die zu einem Zeitpunkt sogar zur Rückberufung des israelischen Botschafters aus Bonn führte, setzte ein nach der Ermordung von elf israelischen Sportlern durch arabische Terroristen bei den Olympischen Spielen von München im September 1972. Als eine Gruppe arabischer Terroristen wenige Wochen später eine Lufthansa-Maschine auf ihrem Flug von Damaskus nach München entführte, kam die Bundesregierung der Forderung der Terroristen nach Herausgabe der überlebenden drei Mörder von München unverzüglich nach. In Israel reagierte man voller Empörung auf die deutsche Entscheidung, die drei Mörder so einfach in die Freiheit zu entlassen. Aber das interessierte in Bonn nicht. Als Beweis dafür, wie man zu jener Zeit um die Araber warb, mag folgendes gelten:

Präsident Heinemann hatte anläßlich der Trauerfeier für die ermordeten Sportler unter tosendem Beifall erklärt: „Alle jene Staaten tragen die Verantwortung für das Verbrechen, die die Terroristen nicht an ihrem Tun hinderten." Es gab im Olympiastadion niemanden, der diese Anspielung auf die arabischen Regierungen, die Terroristen Asyl gewährten und sie wirken ließen, nicht verstand. Regierungssprecher von Wechmar beeilte sich jedoch, in einer Pressekonferenz zu erläutern, daß das kein Hinweis auf die arabischen Staaten gewesen sei. „Sie werden nicht eine einzige Erwähnung des Wortes arabisch in seiner Rede finden."

Aber das war nur der Beginn einer deutschen Politik, in der Israel keinen Platz hatte und seine Forderungen, ja seine Existenz die Bundesrepublik nur störten. Denn die arabische Welt schien nun den Schlüssel zum Wohlstand Europas in ihrer Hand zu halten. Als Mitglied der Europäischen Gemeinschaft folgte Bonn ohne Widerstand den Staaten, im besonderen Frankreich, deren Nahost-Politik den Forderungen der Araber durchgängig entgegenkam. Der Gipfel dieser unterwürfigen Politik war zur Zeit der Ölkrise erreicht, die von den arabischen Staaten nach dem Jom-Kippur-Krieg geschickt in die Wege geleitet worden war. In der Sucht, sich des flüssigen Goldes zu versichern, ging man wahrhaftig sehr weit. Eine erste Nahost-Erklärung der „Neun" gipfelte in der Forderung, Israel solle die Besetzung der Gebiete beenden und die legitimen Rechte der Palästinenser berücksichtigen. Noch nicht einmal die damals immer wieder zitierten UN-Resolutionen gingen so weit. Mit keinem Wort wurde Israels Recht auf Existenz sowie auf sichere Grenzen und Frieden für sein Volk erwähnt.

Zu guter Letzt erwies sich die Ölwaffe als stumpf; Versorgungsschwierigkeiten waren kaum eingetreten, und die Araber zogen sie langsam, aber sicher wieder zurück. Das Trauma aber, die Angst vor wirtschaftlichen Sanktionen und ihren Folgen für den Bestand der Bundesrepublik, beeinflußte die damaligen Beziehungen zwischen Bonn und Jerusalem. Denn in Bonn wollte man nie wieder in eine Situation geraten, in der die Räder der Produktion angehalten werden müßten und der deutsche Wohlstand sich in ein Nichts auflösen könnte.

Und in diesem Sinne ging es dann weiter. In den Vereinten Nationen enthielt sich die Bundesrepublik am 14. Oktober 1974 der Stimme – wählte also weder mit Nein noch mit Ja, als es um die Teilnahme Yassir Arafats in der Nahost-Debatte ging. Sie enthielt sich auch der Stimme, als am 21. November 1974 eine Resolution zur Abstimmung stand, die die PLO als „Vertreterin des Volkes von Palästina" bezeichnete und in der von den „unveräußerlichen Rechten auf Rückkehr in ihr Heimatland und sein Besitzrecht" gesprochen wurde. Immerhin stimmte sie gegen die Aufnahme der PLO in die UNO mit Beobachterstatus. Wenige Tage danach setzte der deutsche Vertreter in der UNO allem die Krone auf, als er als erster Politiker des Westens das Selbstbestimmungsrecht für das palästinensische Volk forderte. Als Konsequenz dieses Rechtes erkenne die Bundesrepublik das Recht des palästinensischen Volkes an, selbst zu entscheiden, ob es auf dem von Israel zu räumenden Gebiet eine „eigene Autorität" errichten oder eine andere Lösung wählen wolle. Nie zuvor hatten Deutsche eine solche Sprache gesprochen, die sie als „ausgewogene Nahost-Politik" bezeichneten – eine Politik, in der auf die Forderungen der Araber eingegangen wurde, ohne auch nur im geringsten auf die Belange der Israelis Rücksicht zu nehmen, ja, ohne sie zu konsultieren.

Israel hat immer wieder versucht, sich ins Spiel zu bringen, hat immer wieder mit viel Geduld und Zähigkeit seine Argumente vorgebracht. Israels Premierminister Yizchak Rabin nutzte auch seinen ersten Besuch in der Bundesrepublik im Juli 1975 in diesem Sinne. Das mag eine kluge Politik gewesen sein. Sie hat aber nicht verhindern können, daß die Bundesregierung die Argumente der Araber immer stärker zu den ihren machte. Floskeln wie die „legitimen Rechte der Palästinenser" und die „Errichtung einer staatlichen Autorität in den zu räumenden Gebieten" – ein Ausdruck, den selbst in Bonn niemand richtig zu interpretieren wußte – gehörten nun zum Standard-Vokabular der Deutschen.

So kann es nicht verwundern, daß man im Sommer 1979 von einem Tiefstand der Beziehungen sprach, der noch dazu durch den Regierungswechsel in Israel gefördert wurde. Der neue Regierungschef Menachem Begin war für seine kompromißlose antideutsche Haltung bekannt. Die Tatsache, daß der deutsche Bundeskanzler Schmidt einer Einladung zu einem Besuch Israels jahrelang nicht nachkam, tat ein übriges. Als dann noch im gleichen Jahr die Europäische Gemeinschaft ihre Erklärung von Venedig veröffentlichte, an der die Bundesregierung entscheidenden Anteil hatte, schien es keinerlei Gemeinsamkeiten zwischen Israel und der Bundesrepublik mehr zu geben. Forderungen wie die, die PLO solle an den Friedensbemühungen im Nahen Osten teilhaben, ließen den Regierungschef Israels überschäumen vor Wut. Eine häßliche Kontroverse, in der Premierminister Begin Bundeskanzler Schmidt mit ungewöhnlicher Schärfe angriff und Zweifel an dessen Vergangenheit äußerte, war die Folge. Schmidt hatte vor dem deutschen Fernsehen von einer deutschen Verpflichtung den Palästinensern gegenüber – „den Vertriebenen und Flüchtlingen von der Westbank und von der Ostbank" – gesprochen, aber mit keinem Wort eine Verpflichtung gegenüber den Juden erwähnt. Dies war ganz offensichtlich ein Ausdruck gegenseitiger Antipathien und des Unverständnisses des einen für die Politik des anderen. Der Einmarsch der Israelis im Libanon im Juni 1982 führte in der Bundesrepublik zu einer Flut von Protesten, die in Wellen von anti-israelischen Äußerungen gipfelten.

Kurz nach seiner Wahl zum Bundeskanzler versicherte Helmut Kohl, der in der Opposition die Nahost-Politik der Bundesregierung verurteilt hatte, daß er baldmöglichst Israel besuchen werde – offensichtlich ein Versuch, die Beziehungen zu Israel zu verbessern. Mit Staunen und Verwunderung verfolgten dann allerdings die Israelis diesen Mann, der da so einfach in Israel erklärte, die ganze Vergangenheit ginge ihn eigentlich nichts an, da er zu spät geboren sei, um von der Hitlerzeit belastet zu sein. Überdies schien es, als sei zwischen Premierminister Schamir und Bundeskanzler Kohl kein rechtes Gespräch zustandegekommen. Es wurden Monologe gehalten, in denen der eine immer wieder die Notwendigkeit hervorhob, Saudi-Arabien mit Waffen auszustatten, um es gegen eine kommunistische Infiltration abzusichern, während der andere die Gefahren betonte, die für Israel mit einer Waffenlieferung an Saudi-Arabien verbunden wären, das wie die übrigen arabischen Staaten nichts anderes im Sinn hätte, als Israel zu vernichten und zu diesem Zweck auch Waffen an die Israel aktiv bekämpfenden Terrororganisationen lieferte.

Es schien, als sei die gegenseitige Achtung und das Bemühen, den Standpunkt des anderen zu verstehen, die trotz aller Belastungen die Anfänge der Beziehungen zwischen Bonn und Jerusalem charakterisiert hatten, gänzlich verlorengegangen. Zwar hatte es die Bundesrepublik nie an politischem Kalkül in ihren Beziehungen zu Israel fehlen lassen, aber sie hatte doch den Versuch unternommen, durch Gesten des guten Willens und Verständnis für Israels schwere Situation Israel eine gewisse Hilfe angedeihen zu lassen. Davon war nun nicht mehr viel zu spüren.

Ohne Zweifel machte die Rede des deutschen Bundespräsidenten Richard von Weizsäcker anläßlich des 40. Jahrestages des Kriegsendes am 8. Mai 1985 einen großen Eindruck auf Israel. Er hatte als erster deutscher Staatsmann offen bekannt, daß, obgleich die Ausführung der Verbrechen gegen die Juden in den Händen weniger gelegen hatte und sie vor den Augen der Öffentlichkeit abgeschirmt gewesen waren, jeder Deutsche damals miterleben konnte, was jüdische Mitbürger erleiden mußten. „Wer seine Augen und Ohren aufmachte, wer sich informieren wollte, dem konnte nicht entgehen, daß Deportationszüge rollten." Aber diese Rede, die so deutlich mit der nazistischen Vergangenheit Deutschlands abrechnete, konnte die erkalteten Beziehungen zwischen beiden Staaten nicht wieder erwärmen. Israels Politik unter einer weit rechts stehenden Regierung, die sich für die Einverleibung der besetzten Gebiete stark machte, blieb in Deutschland unverständlich. Als Kanzler Kohl es für nötig hielt, sich anläßlich des 40. Jahrestages des Kriegsendes auf dem Friedhof von Bitburg gemeinsam mit dem amerikanischen Präsidenten Reagan auch vor den Gräbern von Waffen-SS-Männern zu verneigen, und Unverbesserliche ungeniert in Deutschland antisemitische Äußerungen machten, da hatten die meisten Menschen in Israel das Empfinden, daß dieses Deutschland trotz Bundespräsident von Weizsäcker immer noch nazistisch verseucht sei.

Der Golfkrieg tat dann ein Übriges: Er belastete die politischen Beziehungen und nun auch die zwischenmenschlichen Kontakte zwischen Israel und der Bundesrepublik aufs Schwerste. Als sich nämlich herausstellte, daß westdeutsche Firmen, die Giftgashersteller allen voran, den Kriegsverbrecher Saddam Hussein ohne die geringsten Skrupel aufgerüstet hatten, und dies auch der Bundesregierung nicht verborgen geblieben war, da schlug die Empörung in Israel hohe Wellen. Das konnten auch die plötzlichen finanziellen Zuwendungen Bonns für Israel zur Beseitigung der durch den Krieg entstandenen materiellen Schäden nicht ausgleichen. Es waren Schecks ohne moralische Deckung, die Außenminister Genscher noch während des Krieges nach Israel brachte. Hinzu kam noch, daß, während die Israelis Grund hatten, um ihr Leben und ihr Land zu bangen, Tausende, vornehmlich junge, Deutsche auf die Straßen gingen, um gegen den Krieg zu demonstrieren, den die Anti-Irak-Koalition führte. Nur eine verschwindende Minderheit protestierte gegen den Mann, der diesen Krieg verursacht hatte, als er ein anderes Land überfiel. Am kleinsten war wohl die Zahl derer, die ihre Solidarität mit Israel offen bekundeten, das nun Tag für Tag von den Raketen Saddam Husseins bedroht wurde. Protestkundgebungen vor deutschen Firmen, die den Irak mit Giftgas beliefert hatten, waren ebenfalls nicht sehr zahlreich.

In Israel begriff man diese Massendemonstration für Frieden und gegen den Krieg als eine Parteinahme für den irakischen Kriegsverbrecher. Man muß sich dabei einmal vergegenwärtigen, was es für einen Israeli bedeutete, bei Alarm in einem abgedichteten Zimmer zu sitzen, auf die Einschläge der Raketen zu warten und zugleich auf dem Fernsehschirm derartige Demonstrationen mitansehen zu müssen. Völliges Unverständnis war die Folge.

Der Zusammenschluß der beiden deutschen Staaten erweckte in Israel Erinnerungen an Groß-Deutschland. „Das jüdische Volk hat sechs Millionen Gründe, sich einer Wiedervereinigung zu widersetzen“, hieß es in einer israelischen Zeitung. Die Tatsache, daß in der Präambel des Einigungsvertrages ein ausdrückliches Bekenntnis zur nationalsozialistischen Vergangenheit Deutschlands und zur Massenvernichtung der Juden fehlt, verstärkte noch die Vorbehalte vieler Israelis und die Furcht vor diesem neuen Deutschland. Die kurz nach der Wiedervereinigung einsetzenden Ausschreitungen gegen Ausländer auf dem Gebiet der ehemaligen DDR und die Lässigkeit, mit der man in Bonn damit umging, gaben dem Argwohn der Israelis neue Nahrung. Später bewiesen Ergebnisse von Kommunal- und Landtagswahlen, daß sich der Rechtsradikalismus, verbunden mit Ausländerhaß, auch in der alten Bundesrepublik wieder breitmacht. Darum ist es wohl nicht verwunderlich, wenn die Israelis die Entwicklung in Deutschland mit wachsender Unruhe verfolgen und auch viele junge Bewohner des jüdischen Staates, die bereit waren, Deutschen ihren Alters ohne Vorbehalte zu begegnen, sich enttäuscht abwenden.

Tatsache ist also, daß die Beziehungen zwischen Israel und der Bundesrepublik mit dem Beginn der neunziger Jahre einen neuen Tiefpunkt erreicht haben. Gewiß, es hat seit 1965, dem Beginn offizieller Beziehungen, immer wieder Konflikte gegeben, die das Verhältnis der beiden Staaten belastet haben. Dennoch entstanden zahlreiche menschliche Kontakte zwischen Angehörigen der beiden Staaten, die schnell über eine erste Neugier hinausgegangen waren. Und diese zwischenmenschlichen Beziehungen, die auf natürliche

Weise gewachsen waren, schienen der Garant dafür zu sein, daß mit den Jahren eine Annäherung der beiden Völker Selbstverständlichkeit werden würde, unabhängig von staatlichen Belangen. Diese Entwicklung hat nun durch den Golfkrieg, die Teilnahme der deutschen Wirtschaft und Technik an der Aufrüstung des Irak und auch die deutsche Wiedervereinigung, verbunden mit dem Wiedererscheinen längst überwunden geglaubten Gedankengutes, wohl den bisher schwersten Rückschlag erlitten. Beide Seiten haben sich danach weniger zu sagen als vor Jahren, als man versuchte, über die unselige Vergangenheit hinwegzukommen.

Die deutsche Nachkriegsgeneration und Israel

Junge Deutsche, die sich zum Sozialismus bekannten, waren die ersten, die Anfang der sechziger Jahre Reisen nach Israel unternahmen. Dieses Land, in dem neue Werte geschaffen und neue Verhaltensweisen gefunden wurden, zog sie an. Jahrelang plädierten sie für die Herstellung diplomatischer Beziehungen, die die Bundesrepublik Deutschland dem 1948 gegründeten Staat Israel unter politischen Vorwänden bis 1965 vorenthielt. Aber dann wandten sich plötzlich viele von ihnen von Israel ab. Mit der gleichen Vehemenz, mit der sich diese jungen Deutschen für Israels Rechte eingesetzt hatten, bekämpften sie nach dem Sechs-Tage-Krieg von 1967 das Land, beschimpften die Israelis als Besetzer und Imperialisten und setzten sie mit den Weißen Südafrikas auf die gleiche Stufe. Damit verhielten sich diese Westdeutschen nun ähnlich wie die ehemalige DDR, die gewissenlos Terroristen gegen Israel ausbilden half und mit Waffenlieferungen den Kampf gegen den jüdischen Staat anheizte.

Im Jahre 1960 war eine erste Jugendgruppe aus München nach Israel gereist, lange bevor Tourismus aus Deutschland üblich wurde. Die Vergangenheit, in der Deutsche und Juden auf so schreckliche Weise miteinander verstrickt waren, hatte beide Völker zunächst davon abgehalten, sich unbefangen zu begegnen. Als die Jugendlichen von ihrer Reise nach München zurückkehrten, empfing sie der Oberbürgermeister persönlich, um sie als Pioniere zu feiern. Von da an wuchs die Zahl der Jugendlichen stetig, die als Gruppe oder einzeln nach Israel reisten. Unter ihnen überwogen die sozialistisch orientierten und gewerkschaftlich organisierten, die sich nicht von der zurückhaltenden Politik der damaligen Regierungskoalition aus CDU, CSU und FDP, die für die Annäherung von Deutschen und Israelis nur wenig tat, abhalten ließen.

Meist kehrten die Jugendlichen begeistert aus Israel zurück, denn sie hatten ein Land vorgefunden, das nach sozialistischen Prinzipien lebt und in dem neue Lebens- und Gesellschaftsformen entwickelt wurden, die möglicherweise auch international als Vorbild dienen konnten. Dieser Eindruck stand stark im Gegensatz zu den festgefahrenen Spielregeln der deutschen Gesellschaft mit ihren starren religiösen und sozialen Traditionen, die neue Lebensformen in den ersten zwanzig Jahren ihrer Existenz zumeist verhinderten. Die Grundsätze des Sozialismus, der im Ostblock zur Unkenntlichkeit entstellt worden war, leiteten wie selbstverständlich die in der Verantwortung stehenden israelischen Politiker und gaben zu neuen Hoffnungen Anlaß. Willy Brandt verwies in einer Rede am 19. März 1961 in New York auf die Anziehungskraft Israels auf junge Deutsche, als er sagte, die Jungen seines Landes seien eigentlich im allgemeinen kritisch, aber auch nüchtern, illusionslos und leider weitgehend materialistisch eingestellt. Es sei deshalb besonders bemerkenswert, daß gerade diese Generation dem israelischen Staat „mit tiefem Respekt und Interesse" gegenüberstehe. „Die Bewunderung für die Pionierarbeit, für die Entschlossenheit zur Selbstbehauptung, aber auch die Erkenntnis, daß Israel in der weltpolitischen Auseinandersetzung im gleichen Lager steht – wie wir –, alle diese Faktoren spielen bei der Sympathie für diesen jungen Staat mit", so Brandt.

Zwischen 1959 und 1965 reisten mehr als 40.000 junge Deutsche nach Israel. Diese Besuche wurden aber trotz offizieller Ermutigung in Israel noch nicht als selbstverständlich akzeptiert. Nur wenige Kibbuzim nahmen damals beispielsweise junge Deutsche auf, obwohl gerade diese Einrichtungen die jungen Menschen, meist Linke, besonders anzogen. Kibbuzim, die von Überlebenden der Konzentrationslager gegründet worden waren, taten sich schwer, selbst eine nach dem Massenmord geborene Generation Deutscher zu empfangen, auch wenn sie sich als ideologisch Gleichgesinnte zu erkennen gaben. Vielfach war allein die deutsche Sprache ein Hinderungsgrund, die ehemalige polnische oder russische Juden nur zu sehr an ihre KZ-Bewacher erinnerte.

Die israelische Jugend interessierte sich im allgemeinen nicht sonderlich für Begegnungen mit Deutschen. Ihr fehlte Verständnis für sie. Ein israelischer Jugendlicher ist stolz auf sein Land. Es bedeutet ihm alles, und er ist bereit, sein Leben dafür einzusetzen. Deutsche Jugendliche hingegen zeigten keinen Nationalstolz. Oft gaben sie sogar zu verstehen, daß sie sich im Israel mit seinen sozialistischen Tendenzen und Praktiken mehr zu Hause fühlten als in der konservativen Bundesrepublik. Junge Israelis konnten nicht begreifen, warum junge Deutsche nicht alles daransetzten, die

Mißstände in ihrem Lande zu beseitigen, damit sie ebenfalls stolz darauf sein könnten. Diese Motive verhinderten vielfach eine gemeinsame Sprache. So war es auch nicht verwunderlich, daß es nur selten zu den von den Deutschen ersehnten Gegenbesuchen israelischer Jugendlicher in der Bundesrepublik kam. Es fiel natürlich auch leichter, deutsche Jugendliche in begrenzter Zahl in Israel zu empfangen, als die eigenen Kinder in ein Land zu schicken, in dem die Angehörigen ermordet und einige ihrer Mörder zwanzig Jahre nach den Verbrechen noch nicht zur Rechenschaft gezogen worden waren. Trotzdem ließen deutsche linke Jugendliche zunächst nicht ab in ihren Bemühungen, den Kontakt mit Israel zu vertiefen.

Die Anfänge der Beziehungen zwischen den Studentenbewegungen beider Länder spiegeln diese Schwierigkeiten deutlich wieder. Inoffizielle Begegnungen zwischen deutschen und israelischen Studenten hatte es schon Mitte der fünfziger Jahre gegeben. Ihnen folgte die Gründung der Deutsch-Israelischen Studentengruppe (DIS) im Jahre 1957 an der Westberliner Universität. Die DIS erwies sich als eine kleine, aber sehr aktive Gruppe, meist junger Sozialisten, die an deutschen Universitäten um Verständnis für Israel warb. Und das war bitter nötig, denn die Mehrheit der deutschen Studenten kümmerte sich zu jener Zeit nicht viel um Politik und schon gar nicht um den Nahost-Konflikt. Sie waren auf ihre Studien und ihre Karriere fixiert, eine Tatsache, die in Deutschland verständlicherweise allgemein beklagt wurde, denn von den Studenten erhoffte man das Heranwachsen der späteren politischen Elite. Israelische Studenten engagierten sich in viel stärkerem Maße politisch oder interessierten sich zumindest mehr für die Politik ihres Landes als ihre deutschen Kollegen. Das brachte natürlich auch die Situation Israels im Kampf gegen seine Feinde ringsum so mit sich. Israelische Studenten übersahen auch nicht, daß die wenigen, die damals in deutschen Studentenverbänden organisiert waren, die Ziele der arabischen Studenten unterstützten, vor allem der Generalunion palästinensischer Studenten (GUPS), die mit der PLO liiert war. Der Verband deutscher Studentenschaften (VDS) hatte einige Zeit zu diesem Zweck sogar einen Kontaktmann in Kairo stationiert. Die Nationale Union israelischer Studenten (NUIS) lehnte im Februar 1963 auf ihrem Nationalkongreß zwar Kontakte zu „antifaschistischen proisraelischen Studentenorganisationen" in der Bundesrepublik nicht ausdrücklich ab, tat jedoch nichts, um sie zu fördern. Ein Jahr später drohte sie jedem Funktionär mit dem Entzug seines Mandats, falls er Kontakte zu einem deutschen Studentenvertreter aufnähme. Das schloß selbst die sich so eindeutig zu Israel bekennende DIS ein. Dabei spielte natürlich auch die unbefriedigende Entwicklung der allgemeinen deutsch-israelischen Beziehungen eine Rolle. Die israelische Studentenvereinigung revidierte ihre Haltung gegenüber ihren deutschen Kollegen erst nach der Herstellung diplomatischer Beziehungen zwischen der Bundesrepublik und Israel im Jahre 1965. Aber nun war es fast zu spät. Nur wenige Jahre danach reihten sich viele deutsche Studenten in die Masse derer ein, die Israel zum Feind erklärten. Selbst jene, die einst in der DIS aktiv für Israel eintraten, leugneten nun jeden Kontakt zu diesem Land und seinen Menschen. Die Fronten hatten sich verkehrt.

Als aber im Mai 1967 die arabischen Staaten deutlich machten, daß sie Israel vernichten wollten, kamen doch wieder aus allen Schichten der deutschen Bevölkerung Hilfsangebote, insbesondere von jungen Menschen, die der Linken angehörten. Als der Krieg am

5. Juni 1967 begann, benahmen sich viele Deutsche, als sei es „ihr" Krieg. In den ersten zwei Tagen registrierte die israelische Botschaft in Bonn 600 telefonische Anfragen, wie man Israel am besten helfen könne. Hunderte von Briefen, in denen Unterstützung zugesagt wurde, trafen ein. 1600 junge Deutsche baten um Aufnahme in die israelische Armee – eine Bitte, der nicht entsprochen werden konnte, da Israel keine Ausländer in den Reihen ihrer Streitmächte zuläßt. Deutsche Politiker aller Schattierungen folgten der Erklärung des Bonner Außenministers Willy Brandt, der sagte, das Prinzip der Nichteinmischung Deutschlands in einen Weltkonflikt und damit in den Krieg zwischen den Arabern und Israel bedeute keine „Neutralität des Herzens". Als der Sieg der Israelis feststand, jubelten die Deutschen.

Es gab aber bald Anzeichen dafür, daß diese allgemeine pro-israelische Stimmung des Juni 1967 nicht in derart enthusiastischer Form anhalten würde. Der erste Wandel betraf die Haltung der Deutschen gegenüber Jordanien, das am schwersten von diesem Krieg betroffen war. Die Not der aus dem Westjordanland geflohenen Jordanier erweckte Mitleid. Berichte und Filme über die schreckliche Lage in den Schlammhütten der Flüchtlingslager erinnerte viele Deutsche an das harte Los ihres eigenen Flüchtlingsdaseins nach dem Zweiten Weltkrieg. Die Jungen nannten die Israelis „Besatzer" und die in den von Israel besetzten Gebiet lebende Bevölkerung „Unterdrückte".

Der sogenannte „Anti-Zionismus" wurde nun fester Bestandteil des Gedankengutes der revolutionären Jugendbewegungen jener Tage. Schließlich kam es zu einer Annäherung zwischen den deutschen Linken und den arabischen Terrororganisationen, die ihre Angriffe auf Israel immer mehr verstärkten.

1968 war der Funke, von Amerika ausgehend, auch auf Frankreich und Deutschland übergesprungen, der junge Menschen zum Kampf gegen die bestehende Gesellschaftsordnung aufbrechen ließ. In den USA wandte sich diese Bewegung vor allem gegen den Vietnamkrieg, die Rassendiskriminierung und die kapitalistische Gesellschaftsordnung. Deutsche Studenten fügten deutsche Aspekte zu diesen Forderungen hinzu, die zweifellos auch in Deutschland Ausgangspunkt der Kritik waren. Amerika hatte jungen Deutschen in den fünfziger Jahren zunächst eine antifaschistische Erziehung angedeihen lassen und büßte nun durch diesen Krieg sein Image als fortschrittlicher Staat ein. Die Bundesrepublik konnte dieses Vakuum nicht füllen, weil der nahtlose Übergang vom Nazistaat zur von außen verordneten und befolgten Demokratie eine Restauration nicht verhindert hatte. Den Jungen begegnete diese besonders in den jahrhundertelangen nach feudalistischen Grundsätzen verwalteten Universitäten, wo es weder Gleichberechtigung noch modernes akademisches Lernen und Leben gab. Diejenigen, die von dieser antiquierten Ordnung profitierten, hatten Versprechungen auf Änderungen nie eingehalten. Die Bewegung der Jugendlichen wandte sich zunächst diesen Mißständen zu und entwickelte damit zugleich einen Protest gegen die Elterngeneration, die ihrer Meinung nach in der Nazizeit so kläglich versagt hatte. Auf Fragen, wie es zu jenem Verbrecherstaat gekommen war und wie sie, ihre Eltern, sich verhalten hatten, bekamen sie nur selten eine plausible Antwort. Es ging meist nicht über ausweichende Phrasen wie „Das verstehst du nicht“ oder „Ich wußte nichts von alledem“ hinaus. In manchen Familien müssen sich Tragödien abgespielt haben, denn die Kinder waren nach den Auseinandersetzungen oft nicht mehr bereit, die Autorität ihrer Eltern anzuerkennen. Die Kluft zwischen den Generationen ist wohl kaum jemals größer gewesen als damals. Unter jungen Deutschen, die sich Linke nannten, begann eine erste ernsthafte theoretische Auseinandersetzung mit der Nazizeit. Ihnen schien die pro-israelische Haltung ihrer Eltern nichts anderes als das Eingestehen einer Schuld den Juden gegenüber zu sein. Tatsächlich wandelten sich viele Deutsche, die mit ihrem Gewissen Juden gegenüber nicht zurechtkamen, zu Philosemiten, die alles guthießen, was Israel und Juden taten. Das schloß Israels Handlungen den Arabern gegenüber ein, auch wenn diese teilweise zumindestens Kritik an der Rechtmäßigkeit verdient hätten. Viele meinten, daß sie nun die Pflicht hätten, gegenüber Juden und Israel unbefangen aufzutreten, weil sie die Vergangenheit nichts anging. Sie erklärten jene, die Israels Sieg im Sechs-Tage-Krieg bejubelten, den Kräften vergleichbar, die den „Blitzkrieg" der Deutschen gegen Polen 1939 verherrlicht hatten.

Gleichzeitig begannen die Jungen, die Welt in Gut und Böse, in Unterdrücker und Unterdrückte, in Imperialisten und Antiimperialisten einzuteilen. Diese Simplifizierung war der Versuch, ihrer Bewegung eine ideologische Grundlage zu geben, ein philosophisches Weltbild zu erarbeiten, in das sich ihre Ideen wie Steine eines Mosaiks hübsch zusammenfügten. Sie erhoben Ho Chi-Minh, Che Guevara, Mao Tse-tung zu ihren Idolen. Sie übersahen geflissentlich – oder wußten sie es tatsächlich nicht besser? –, daß zu jener Zeit die „Kulturrevolution" in China wütete und Millionen von Opfern forderte. In „nichtsozialistischen" Ländern, vornehmlich in der Dritten Welt, standen nach ihrem Verständnis vielfach glorreich kämpfende Oppositionelle den sie aussaugenden Großmächten gegenüber. Auch hierbei beachteten sie nicht, daß ihre Vorbilder nicht selten ähnliche „imperialistische" Attitüden zeigten – Menschenrechte verletzten oder einen staatlich gelenkten Terror verfolgten – genauso wie die, die sie bekämpften. Ihre Kenntnisse bezogen sie völlig kritiklos aus ihnen ideologisch nahestehenden Publikationen. Es genügte offensichtlich, wenn die Inhalte ihrer Meinung nach logisch klangen.

Es kam zu Kundgebungen und Demonstrationen in den Universitätsstädten Deutschlands mit bösen Folgen auf der Seite der Protestierenden wie auch auf der der Gesetzeshüter, die vielfach durch eine Gummiknüppel-Politik der Situation Herr werden wollten. Eine nicht gerade faire Berichterstattung der Springer-Presse über diese in Deutschland ungewöhnliche Aufmüpfigkeit junger Menschen gegen die restaurativen Erscheinungen in ihrem Staat heizte die Situation noch an. Die „Law-and-order-Mentalität", die in Deutschland immer vorgeherrscht hat, brachte die öffentliche Meinung in ihrer Mehrheit gegen die Studentenbewegung auf, die schließlich mehr Feinde hatte, als daß sie Freunde für ihre Sache gewinnen konnte.

Nach der Logik ihrer neuen Lehre war Israel ein Ableger Amerikas, ein Vorposten des Imperialismus im Nahen Osten, dem keine Gnade gewährt werden durfte. Israel hatte fremden Boden besetzt und unterdrückte die dort lebende Bevölkerung. Israelis waren darum „Feinde des Volkes", welches – nach ihrer Interpretation – eigentlich die Palästinenser waren. Die jungen Linken erklärten diese zu Revolutionären, die ihrer Unterstützung gewiß sein durften, und waren gleichgültig gegenüber deren Drohungen, Israel den Todesstoß versetzen zu wollen. Israel erschien plötzlich nur noch als ein mit allen Mitteln zu bekämpfender Imperialist. Man ignorierte, daß dieses Land vielen Verfolgten des Naziregimes zur einzigen Zufluchtsstätte und damit zu einer Heimat geworden war, wie sie nie zuvor eine gekannt hatten, ein Staat, der damals noch sozialistischer war als alle jene Länder zusammen, die ihnen als Vorbilder dienten. Auf den Straßen deutscher Städte demonstrierten sie, Palästinensertücher um ihre Köpfe gewunden, ihre blinde Vorliebe für die arabische Welt und bewiesen in ihren Theorien ein Unwissen, eine Unkenntnis der Problematik des Nahen Ostens und eine Intoleranz, wie sie gedienten Sozialisten wohl nie in den Sinn gekommen wären. Allein die Tatsache, daß die Springer-Presse in Deutschland und der bei den Jungen unbeliebte Franz-Josef Strauß zu Israel hielten, kritiklos alles guthießen, was Israel tat, genügte ihnen als Beweis für die Richtigkeit ihrer Einschätzung des jüdischen Staates. Ohne die geringsten Bedenken nahmen sie die kleine Zahl arabischer Studenten an deutschen Universitäten in ihre Reihen auf, von denen sie ihre Argumente gegen Israel und den Zionismus bezogen. Es kam sogar zu häßlichen Zwischenfällen.

Ein Opfer war der erste israelische Botschafter in der Bundesrepublik, Asher Ben-Nathan. Er hatte mehrfach, von Studentenorganisationen dazu aufgefordert, an deutschen Universitäten Vorträge über Israel und den Nahen Osten gehalten und mit jungen Menschen darüber diskutiert. Im Juni 1969 wurde er das erste Mal während eines solchen Vortrages in Frankfurt von deutschen Studenten und Arabern niedergeschrien. In Nürnberg ging es ähnlich zu. An der Universität von Hamburg brach sogar eine Schlägerei zwischen linken Studenten und Palästinensern auf der einen Seite und jüdischen Studenten und israelischen Matrosen auf der anderen Seite aus. Zu dieser Zeit hatte das Bonner Auswärtige Amt bereits sein Mißfallen über diese Tätigkeit des Botschafters ausgedrückt, da man zu Recht um seine Sicherheit fürchten mußte. Aber Ben-Nathan schien eine Absage bereits vor Monaten festgesetzter Termine den Eindruck von Feigheit zu erwecken. Als er im Dezember 1969 das Auditorium Maximum der Universität München betrat, konnte er nicht übersehen, was über der Rednertribüne angeschrieben war. „In Israel wird erst Frieden herrschen, wenn noch weitere 50 Bomben in Supermärkten Israels hochgegangen sind." Bevor Asher Ben-Nathan seinen Vortrag beginnen konnte, polemisierte man gegen ihn. „Es ist eine Provokation, wenn dieser Botschafter vor uns spricht. Man kann das nur damit vergleichen, daß Adolf Hitler vom Himmel zu uns heruntergekommen ist, um mit uns über Konzentrationslager zu diskutieren." Diese Bemerkungen wurden mit donnerndem Applaus im vollbesetzten Saal aufgenommen. So wie an den übrigen Universitäten konnte sich Ben-Nathan auch mit einem Mikrophon kein Gehör verschaffen. Seine Worte gingen in dem Gebrüll der Studenten unter. Im Oktober 1968 war Ben-Nathan auf dem Weg zur Frankfurter Paulskirche, um an der Verleihung des Friedenspreises des deutschen Buchhandels an den senegalesischen Präsidenten Leopold Senghor teilzunehmen, als er in der Menge steckenblieb. Junge Demonstranten, die eigentlich gegen Senghors Anwesenheit protestierten, weil er ihren Informationen nach Studenten in seinem Land aus politischen Gründen in Haft hielt, drohten den Wagen des Botschafters umzustürzen. Man versuchte die israelische Fahne vom Auto zu reißen. Ben-Nathan rettete sich durch einen Sprung über eine Barriere und rief den Demonstranten zu: „Ihr benehmt euch wie die Nazis." Als er kurz darauf von jüdischen Studenten zu einem Vortrag an der Frankfurter Universität eingeladen wurde, gab es Proteste, weil er es gewagt hatte, deutsche Studenten mit Nazis zu vergleichen. Jüdische Studenten, Mitglieder

der jüdischen Gemeinde und Israelis – Polizei war auf dem Kampus nicht zugelassen – verhinderten mit ihren Körpern und ihren Fäusten, daß die Demonstranten die Bühne stürmten. Dem vor seiner Rückkehr nach Israel stehenden Botschafter wurde von diesen Linken der Name „Ben-Napalm“ angehängt, als Hinweis auf seinen Staat, der angeblich im Abwehrkampf gegen arabische Terroristen Napalm verwendete.

In Israel wurde über die Gründe diskutiert, die junge Deutsche so vehement gegen den jüdischen Staat antreten ließen. Auch wenn ihre Zahl klein war – sie wird auf wenige Tausend unter den 300.000 eingeschriebenen Studenten in Deutschland in jenen Jahren geschätzt –, sie verkündeten ihre Forderungen so lautstark, daß sie ihre Wirkung nicht verfehlten. Von den arabischen Terroristen übernahmen sie z.B. die Forderung, Israel müsse von der Landkarte verschwinden. Auf Spruchbändern, die die verschiedenen Gruppen unterschiedlicher Radikalität bei ihren Demonstrationen mit sich führten, stand u.a. zu lesen: „Zionismus gleich Faschismus“, „Zionisten raus aus Palästina“ oder „Sieg der palästinensischen Revolution“. Der Sozialistische Deutsche Studentenbund (SDS), dem im Kampf der Studenten eine führende Rolle zukam, benutzte Argumente, die den Eindruck erwecken konnten, es handle sich um einen neu aufkeimenden Antisemitismus unter der jungen deutschen Generation. So sprachen einige von ihnen z.B. vom „Internationalen Finanzjudentum“ – eine Vokabel, die auch im nazistischen Sprachgebrauch üblich war. Es ist anzunehmen, daß es nicht die Absicht der Studenten war, sich mit dem Nationalsozialismus zu identifizieren. Viel eher wollten sie den Staaten der Dritten Welt ihre Anlehnung an den Marxismus beweisen, in dem sie wie dieser den internationalen Kapitalismus als den Feind der arbeitenden Massen anprangerten. Ihr Kampf galt dem Staat Israel und war wohl im wesentlichen frei von antisemitischen Tendenzen. Und doch waren diese Argumente gefährlich, denn sie schufen eine Nähe zu den Rechtsradikalen, die sie mit Begeisterung aufnahmen. Es ist inzwischen erwiesen, daß einige der Gruppen, die zu den „68ern“ gehörten, mit diesen Feindseligkeiten gegenüber Israel nicht einverstanden waren. Doch weder taten sie, noch sagten sie etwas, um sich davon zu distanzieren.

Sehr ähnlich verhielten sich junge Deutsche – sogenannte Linke führend unter ihnen – während des Golfkrieges im Januar 1991. Als im Januar 1991 28 der UN angehörende Staaten den Irak mit militärischen Mitteln angriffen, um ihn zum Rückzug aus dem annektierten Kuwait zu zwingen, reagierte Saddam Hussein mit Vergeltungsschlägen gegen Israel. Seine Raketen, die ihm unter anderem deutsche Techniker entwickelt hatten, richteten in Tel Aviv und Umgebung viel Schaden an. Während die Israelis Grund hatten, um ihr Leben und ihr Land zu bangen, gingen Tausende junger Menschen in Deutschland auf die Straße, um gegen diesen Krieg zu demonstrieren. In Plakaten und Reden klagten sie Amerika an, es habe diesen Krieg gewollt, um seine Geschäftsinteressen auf dem Ölmarkt zu wahren. Eine Minderheit dieser meist sehr jungen Demonstranten protestierte auch gegen den Mann, der diesen Krieg verursacht hatte, als er ein anderes Land überfiel. Am kleinsten aber war wohl die Zahl derer, die ihre Solidarität mit Israel zur Schau trugen, das im Bereich der Raketen Saddam Husseins lag. In Israel begriff man diese Massendemonstrationen für den Frieden als eine klare Parteinahme für Saddam Hussein und war empört über die Skrupellosigkeit junger Deutscher.

Es versteht sich von selbst, daß die Rote-Armee-Fraktion (RAF) auf der Seite der radikalen Linken gegen Israel stand. Ihre Interpretation war eindeutig: Israel sichert die Interessen Amerikas im Nahen Osten und ist zu bekämpfen. Zur GUPS (Generalunion palästinensischer Studenten) und GUPA (Generalunion palästinensischer Arbeiter) unterhielten sie freundschaftliche Kontakte. Als die RAF 1970 in der Bundesrepublik ihrer Verbrechen wegen gejagt wurde, beschlossen ihre Mitglieder, eine Denk- und Ruhepause bei ihren palästinensischen Freunden in Amman einzulegen. Teilweise gelangten sie (unter ihnen Ulrike Meinhoff, Andreas Baader und Gudrun Ensslin) mit gefälschten Pässen über Ost-Berlin nach Beirut. Ihre Weiterreise gestaltete sich jedoch schwierig, denn im Libanon wie in Syrien und schließlich auch in Amman verwahrten sich die legalen Behörden gegen die Anwesenheit der in der Bundesrepublik gesuchten Terroristen. Aber der Einfluß ihrer palästinensischen Freunde im Nahen Osten war zu jener Zeit – Anfang 1970 – groß genug, um den Aufenthalt der führenden RAF-Mitglieder zu sichern. Beeindruckt von den Steckbriefen, in denen nach den deutschen „Freunden und Sympathisanten“ gefahndet wurde, boten die Palästinenser ihre ganze sprichwörtliche Gastfreundschaft auf. Aber die Leute von der RAF hatten weitreichendere Absichten. Sie wollten als Kämpfer von der PLO ausgebildet werden, um zu lernen, wie man als zukünftige „Stadtguerilla“ Bomben legt, wie man Sprengstoff herstellt und die verschiedenen Waffen handhabt. Die nun folgende Ausbildung in einem Militärlager nahe Amman entsprach nicht unbedingt diesen Zielen. Nachtmärsche, nächtliche Scheinalarme, stundenlange Läufe durch die Wüste schienen den Deutschen für ihre Aufgaben sinnlos zu sein. Ebenso problematisch gestalteten sich die ideologischen Diskussionen mit einigen Palästinensern. „Hitler gut!“ Solche und ähnliche Argumente fanden bei den Terroristen aus Deutschland wenig Gegenliebe. Als man sich schließlich trennte – es gelang der deutschen Gruppe noch vor dem Massaker der Palästinenser im September 1970 Jordanien zu verlassen –, versicherten sie einander trotzdem Solidarität nach dem Motto: „Euer Feind ist unser Feind“.

Die politischen Erklärungen der radikalen Linken in der Bundesrepublik gegen den israelischen Staat unterschieden sich in nichts von denen der DDR-Regierung, wobei sich diese Gemeinsamkeit allerdings nicht auf eine Zusammenarbeit gründete. Die Tatsache, daß die DDR sich nicht schämte, Israel und Juden zu diffamieren, wog um so schwerer, als es sich um einen deutschen Staat handelte, der aus dem verbrecherischen Naziregime hervorgegangen war und allen Grund gehabt hätte, zu den Überlebenden zu stehen. 1948 hatte die DDR die Gründung des Staates Israel noch begrüßt. Sie hatte dies in Übereinstimmung mit der Sowjetunion getan, die in den Vereinten Nationen für die Schaffung Israels votiert hatte. Eine der Ursachen dafür war, daß die Sowjetunion wie die meisten Völker der Dritten Welt den Deutschen die Ermordung des europäischen Judentums vorwarf und zu dieser Zeit keine judenfeindliche Politik betreiben konnte. Das änderte sich aber, als Moskau erkannte, daß die arabischen Staaten einen wichtigen Teil der Völker der Welt ausmachten. Sie im kommunistischen Sinne zu beeinflussen, wurde nun Ziel ihres weltpolitischen Wirkens. Die DDR übernahm die neue Linie ihres großen Bruders und befolgte sie skrupellos.

Beide – die DDR und die radikalen Jugendlichen in der Bundesrepublik – nannten sich Sozialisten. In Wirklichkeit war das Regime der DDR weit entfernt vom wahren Sozialismus mit seinen Grundsätzen zur Wahrung der Menschlichkeit, der Menschenrechte und der Gleichberechtigung. Seine feindliche Haltung gegenüber Israel und den Juden ist durch seine Bindung an die Sowjetunion zu erklären. Sie ist aber durch nichts zu entschuldigen. Das gleiche gilt natürlich auch für die jungen Deutschen in der Bundesrepublik. In ihrem Übereifer, die Welt zu verändern, erlaubten sie niemandem und nichts, an ihrem Glauben zu rütteln, daß eine Änderung der gesellschaftlichen Formen unweigerlich zum Sozialismus führen muß. Darüber vergaßen auch sie die Maxime des Sozialismus. Beide aber haben mehr getan, als nur Grundsätze zu mißachten. Die DDR half dabei, daß das Bild vom häßlichen Deutschen lebendig blieb, und dies nicht nur in Israel. Niemand unterschätzt ihre politische und wirtschaftliche Abhängigkeit von der Sowjetunion. Aber vielfach gingen die DDR-Vertreter in ihrer Ablehnung noch über die der UdSSR hinaus. Es störte sie nicht, daß es dabei um den Staat ging, der die Überlebenden des von den Deutschen verübten Holocausts aufgenommen hatte; vielleicht hatte diese maximale Pflichterfüllung gegenüber der Sowjetunion doch etwas mit einer allgemein gültigen deutschen Gesinnung zu tun.

Die jungen Deutschen, die einst auf dem Wege zur Annäherung zwischen Deutschen und Juden, die Vorhut bildeten, zeigten sich später, ungeachtet der schrecklichen Vergangenheit, rücksichtslos, mitleidlos und gnadenlos gegen den Staat Israel und seine Menschen sowie kritiklos auf der Seite derer, die ihnen nun als Unterdrückte erschienen. Um ihres Weltbildes willen, in dem für Abweichungen kein Platz war, setzten sie die eben zögernd angeknüpften Kontakte zwischen Deutschen und Juden aufs Spiel. Da sie sich nicht als Erben der schrecklichen Nazivergangenheit sahen, war ihnen das gleich. Sie mißachteten, daß andere Völker das anders sahen. Damit behinderten diese Jungen, die sich Linke nannten, die Bereitschaft einer Annäherung, zu der viele Menschen gegenüber der nach dem Massenmord geborenen Generation bereit waren. Darin liegt eine Schuld.

Hoffnung auf eine neue Generation

So entstand „Sara“

Ich lernte Volker Ludwig zufällig bei einem meiner Besuche in Berlin kennen. Es muß im Jahr 1987 gewesen sein. Ich lebte seit 1972 in Tel Aviv, und ich wußte nichts über das *GRIPS Theater* und seine Arbeit. Als Volker Ludwig bei dieser Gelegenheit von der Möglichkeit einer Dramatisierung meines Buches ICH TRUG DEN GELBEN STERN für sein Theater sprach, war ich skeptisch. Frühere Versuche, mein Leben in einem Film darzustellen, waren aus vielerlei Gründen gescheitert. Nicht zuletzt auch an von mir abgelehnten kitschigen Vorlagen. Noch skeptischer wurde ich, als ich erfuhr, daß das *GRIPS* gewissermaßen ein Produkt der 68er-Bewegung ist, jener Bewegung, die für meinen Entschluß, nach Israel auszuwandern, ausschlaggebend gewesen war.

Als ich in den fünfziger Jahren nach Deutschland zurückkehrte, hatte ich zu meinem Entsetzen feststellen müssen, daß der Geist der Bundesrepublik sehr stark von alten Nazis bestimmt wurde. Sie nahmen hohe Positionen in der Regierung ein, die sich nach der zwölfjährigen Nazidiktatur und dem verlorenen Krieg zum Aufbau einer Demokratie verpflichtet hatte. Niemand setzte ihnen wirksamen Widerstand entgegen. Um so begeisterter war ich, als junge Deutsche 1968 gegen die restaurative Entwicklung in ihrem Lande revoltierten. Sie waren die ersten, die Fragen an ihre Elterngeneration richteten, wie sie sich in der Nazizeit verhalten und weshalb sie zu den Verbrechen geschwiegen hatten. Zugleich unternahmen sie den Versuch, sich mit jener schrecklichen Vergangenheit ihres Landes auseinanderzusetzen. Soweit folgte ich den Jungen bedingungslos und mit viel Verständnis.

Doch dann wandten sie sich der Weltpolitik zu, urteilten und verurteilten, oft in völliger Unkenntnis der Fakten. So auch im Fall Israels. Seiner Abhängigkeit von den USA wegen sei Israel ein imperialistischer Staat, den es zu bekämpfen gelte. Und das taten sie dann auch in einer Art, die weit über die Grenzen der fairen politischen Auseinandersetzung hinausging. Ich stellte fest, daß niemand aus dieser Bewegung an dieser Haltung zu Israel, das damals noch sozialistischer war als alle jene Länder, die den 68ern als Vorbilder dienten, Kritik übte oder sie wenigstens zu relativieren suchte. Auf diese jungen Menschen hatte ich angesichts der reaktionären Tendenzen in der Bundesrepublik gebaut. Meine Entscheidung, nach Israel auszuwandern, ging sehr wesentlich auf diese Enttäuschung zurück.

Anfang 1988 besuchte mich Volker Ludwig in meiner Wohnung in Tel Aviv. Wir saßen einander gegenüber – ich, die israelische Journalistin, ganz auf die Vergangenheit Deutschlands und die Geschehnisse im Nahen Osten fixiert. Er, der deutsche Bühnenautor, der jungen Menschen realistisches Theater präsentiert, „in dem sie sich und ihre Umwelt wiedererkennen" (Zitat Ludwig). Unser Gespräch drehte sich natürlich um die Umsetzung meines Buches für die *GRIPS*-Bühne. Mir schien das damals alles noch sehr abstrakt zu sein, und ich nahm es eigentlich nicht ernst. Vermutlich würde dies wieder ein zwar lobenswerter, aber doch zum Scheitern verurteilter Versuch sein, das

Schicksal einer Verfolgten darzustellen als untrüglichen Beweis für die Verbrechen, die Deutsche verübt hatten. Wer wollte das in Deutschland schon wissen? Derartige Gedanken gingen mir während des Gesprächs durch den Kopf. Sicher war das auch eine Art von Selbstschutz nach den verschiedenen gescheiterten Versuchen. Ich wollte nicht noch einmal enttäuscht werden. Und so behielt ich auch noch meine Bedenken für mich, die sich aus Volkers Bindung an die 68er-Bewegung ergaben und die ich auf keinen Fall vergessen wollte. Zu tief hatten mich die damaligen Verlautbarungen und Aktionen dieser 68er, die sich wie ich Linke nannten, getroffen.

Dennoch – unser Gespräch ließ mich lange Zeit nicht los. Sehr ehrlich hatte Volker Ludwig zugegeben, daß er mit einer Realisierung meines Lebens für die Bühne des *GRIPS* vom Charakter des Theaters abweichen würde. Bisher hatte man im Einklang mit Sinn und Absichten des Theaters auf Stücke mit historischem Inhalt verzichtet. Für sein vornehmlich junges Publikum war Ende der achtziger Jahre die Nazizeit Historie, die sie ihrer Meinung nach nur sehr bedingt etwas anging. Ich kam in Zwiespalt. Die Nazizeit war doch nicht nur eine der vielen Perioden deutscher Geschichte. Sie wirkt bis heute, fünfzig Jahre danach, fort. Und würde das noch lange tun, wenn man es unterließ, sich mit ihr auseinanderzusetzen. Insofern war sie doch nicht Historie von etwas für immer Vergangenem. War es nicht Ludwigs Aufgabe, seinem Publikum dies begreiflich zu machen? Die Termini „Pflicht“ und „Verpflichtung“ kamen mir in den Sinn und schienen mir in diesem Zusammenhang angemessen. Andererseits begriff ich, daß der Sache nicht gedient wäre, würde das Publikum sein Theater nicht mehr verstehen. Schließlich würde es nur darauf ankommen.

Trotz aller Zweifel, was den Inhalt unserer Gespräche betraf, gab ich zu, daß mir Volker sympathisch war. Mir war aufgefallen, daß wir eine sehr ähnliche Art zu denken und zu sprechen hatten. Dabei spielte natürlich in erster Linie die uns gemeinsame politische Grundhaltung eine Rolle. Ich war als Folge meines Lebenslaufes dem Sozialismus nun noch enger verbunden als je in meiner Jugendzeit. Er war in der Verlogenheit des Adenauer-Staates aufgewachsen und hatte als Ausweg den Kontakt zu den Linken gefunden. Und so war es eigentlich ein sehr offenes Gespräch, das wir geführt hatten, ein Gespräch ohne Zwischentöne, wie es nur selten mit einem Deutschen zustande kommt, der nicht zur Generation der kompromißlosen Nazigegner gehört hatte.

Wenige Monate nach seinem ersten Besuch kam Volker Ludwig mit seinem Ensemble nach Jerusalem. LINIE 1 stand auf dem Spielplan des alljährlichen Jerusalemer Festivals. Nun schien es mir schon, als käme ein Freund aus Berlin. Es war wohl bei dieser Gelegenheit, daß ich meine Bedenken gegen die 68er-Bewegung äußerte. Die Veranlassung dazu boten einige Schauspieler, die nicht nach Israel hatten reisen wollen. Einerseits der Terrorangriffe wegen, andererseits weil ihre Sympathien auf seiten der Palästinenser waren, die sie als von Israel Unterdrückte bezeichneten und mit denen sie sich solidarisierten. Als ich Volker Ludwig die Bedeutung der Haltung der 68er zum Thema Israel für mich auseinandersetzte, drückte er Erstaunen aus. Niemals, so sagte er mit Bestimmtheit, hätte er sich mit dem Thema Israel in dem Sinne befaßt, in dem ich es erlebt hatte. Er hätte auch keine Erinnerung an Erklärungen, in denen die 68er-Bewegung Israel verdammt hatte. Tatsächlich hätte diese Bewegung aus so vielen Fraktionen bestanden, daß man fast in keinem

Falle von einer einheitlichen Linie hätte ausgehen können. Ich glaubte ihm, denn ich konnte mir vorstellen, daß er sich damals allein darauf konzentriert hatte, in seinem *Reichskabarett* den politischen Kampf gegen den reaktionären Bonner Staat zu unterstützen.

Dennoch bat ich ihn um eine Erklärung, um die ich schon so viele ehemalige 68er gebeten hatte, weshalb wohl niemand in dieser Bewegung den Anwürfen gegen Israel, die auch zuweilen von antisemitischen Untertönen durchsetzt waren, Einhalt geboten hatte. Schließlich ging es doch um den Staat, der vielen von Deutschen verfolgten Menschen zur Heimat geworden war. Die leichtfertigen, auf nichts basierenden Anschuldigungen gegen Israel waren um so verantwortungsloser. So wie die anderen wußte auch Volker keine Antwort darauf. Ich ließ es dabei bewenden. Meine Haltung den 68ern gegenüber war nun klar. Und ich akzeptierte die Tatsache, daß Volker in den vergangenen zwanzig Jahren mit seinen Stücken für junge Menschen bewiesen hatte, daß seine Maßstäbe über unhaltbare Slogans hinausgehen. Von da an war der Schritt zu einer Zusammenarbeit einfach und ganz natürlich.

Volker Ludwig begann schließlich mit der Realisierung des Projektes. Die Entscheidung dafür ist ihm wohl nicht leicht gefallen, zumal auch einige Schauspieler heftige Einwände gegen das „historische“ Stück äußerten, das ihnen geeignet schien, ihr Publikum dem Theater zu entfremden. Aber dann löste sich das Problem wie von selbst. Eine Parallele wurde offenbar zwischen der Verfolgung von Andersdenkenden und Minderheiten in der Nazizeit und der Ende der achtziger Jahre aufbrechenden feindseligen, häufig aggressiven Haltung Deutscher gegenüber Fremden in ihrem Lande. Gewissermaßen zu einer Bestätigung dieser

Parallele wurden die Wahlen zum Berliner Abgeordnetenhaus Ende Januar 1989, zehn Tage vor der Premiere von AB HEUTE HEISST DU SARA, bei denen die neonazistischen Republikaner mit ihren ausländerfeindlichen Parolen zum ersten Mal fast acht Prozent aller abgegebenen Stimmen erhielten. Volker Ludwig unterstrich diese Parallele noch mit „Zeitlosen Liedern", die er dem Stück hinzufügte. Er erinnerte darin an die Verfolgungen und Verbrechen unter dem Naziregime, die nun wie Kommentare wirken zu den Vergehen an Ausländern in heutiger Zeit. Von da an gab es im Theater keinen Widerstand mehr gegen das Stück. Im Gegenteil – nun wurde es zum Anliegen aller, die daran mitwirkten, das Stück zum Erfolg zu führen.

In Abständen schickte mir Volker Seiten des Manuskriptes nach Tel Aviv, die er und sein Koautor Detlef Michel erarbeitet hatten. Ich war überrascht. Es war das erste Mal, daß ich nicht als hilfloses, verfolgtes Opfer dargestellt wurde, das sein Überleben dem Zufall verdankte. Volker sah das anders. Er erkannte, daß ich mich mit den wenigen mir zur Verfügung stehenden Mitteln gegen die Verfolgung zur Wehr gesetzt hatte, so wie es meiner kämpferischen sozialistischen Erziehung entsprach. Es war sicher allein nicht genug, um das mir zugedachte Todesurteil abzuwenden. Aber es half bei der Suche nach Auswegen, bei Versuchen, die Nazis zu überlisten, und bei der Erhaltung der Moral zum Überstehen des Schlimmsten. Zweifellos stellte dies noch einen weiteren Aspekt dafür dar, daß ich das *GRIPS*, das in seinen Stücken für junge Menschen Wert auf eine positive Alternative legt, für meine Geschichte akzeptierte. Für mich war das nicht nur nachvollziehbar, es machte mich auch froh.

Und auch so manche kleine Episode fand ihren Platz im Text, die uns erheitert hatte. Ja, trotz unserer in vieler Hinsicht aussichtslosen Situation hatten wir jede Gelegenheit zum Lachen wahrgenommen. Vielfach hatte uns das alberne Gehabe der Nazis Grund dazu gegeben. Wir schöpften Kraft daraus. Es gab uns das Gefühl, daß wir über den Verbrechern standen, die ihre Macht an uns ausließen. Volker Ludwig nahm das auf, weil er begriff, daß uns der Humor geholfen hatte, mit den Schikanen und Demütigungen fertigzuwerden. Andere hatten sich dem Schmerz überlassen, der sie psychisch wie physisch schwächte. Damit verniedlichte er nicht die fürchterlichen Verbrechen. Im Gegenteil. Ihr Charakter des Absurden, des Unfaßbaren, des Unglaublichen wurde deutlicher, krasser. Daß es Kritiker geben würde, die meinten, Humor habe in einem Stück, das die schreckliche Vergangenheit zum Thema hat, nichts zu suchen, war ihm wohl bewußt. Auch in dieser Frage stand ich bedingungslos auf seiner Seite.

Die Autoren Ludwig und Michel folgten bei der Abfassung des Manuskriptes im wesentlichen meinem Buch. Sie übernahmen viele Dialoge, die tatsächlich geführt worden waren. Damit war die Authentizität des Stückes gewahrt. Wenngleich auch nicht alle Personen, die in meinem Leben von 1933 bis 1945 eine Rolle gespielt haben, ins Stück aufgenommen werden konnten. Einzelne Figuren wurden zusammengefügt. Handlungsabläufe verkürzt. Mich störte das nicht. Ich unterstützte voll und ganz Volkers These: „Es gibt eine höhere Wahrheit, die muß man klar ausdrücken können. Da sind kleine biographische Details nicht so wichtig." Und damit wich er ja auch in keiner Weise von der Aussage meines Buches ab.

Ich hatte auch nichts dagegen, daß die Autoren eine Szene hinzufügten, die nichts mit meinen unmittelbaren persönlichen Erlebnissen zu tun hatte. Der ehemalige stellvertretende Leiter des Judenreferats der Berliner Gestapo forderte bei Kriegsende vom Besitzer der Blindenwerkstatt Otto Weidt einen „Persilschein". Er sei nur ein kleines Rädchen im Getriebe gewesen, habe doch dem Weidt seine Hilfe für Juden bewiesen und Schlimmeres verhütet. Diese Szene entsprach dem Trend der Nachkriegszeit in der alten Bundesrepublik, in der man alles tat, um sein eigenes Engagement im Nazistaat aus der Erinnerung zu verdrängen. Es ist wahrlich kurios, daß diese Szene zu guter Letzt auch noch authentisch wurde. Irgendwann 1989 besuchte ich die Witwe eines jüdischen Arztes in einem Ostberliner Altersheim, die als Nichtjüdin Otto Weidt bei der Betreuung versteckter Juden unterstützt hatte. Bei dieser Gelegenheit erzählte sie, daß sie in den ersten Nachkriegstagen zugegen war, als Frau und Tochter dieses hochrangigen Gestapobeamten einen solchen „Persilschein" von Weidt forderten.

Zwei Monate vor der Premiere lud mich Volker Ludwig nach Berlin ein. Er hielt es für wichtig, daß ich bei den letzten Proben zugegen war und beurteilte, ob es gelungen war, die Realität des Nazistaates zu treffen. Außerdem warteten die Schauspieler mit Fragen auf mich. Schließlich ging es jetzt auch für sie nicht mehr um irgendeine Rolle. Das Stück durfte keine Frage offenlassen, wenn es überzeugen sollte. Das konnte nur geschehen, wenn, wie Professor Guy Stern von der Wayne University in Detroit (USA) feststellte, „kompromißlose Offenheit, Aufrichtigkeit und Realitätstreue" gewahrt blieben. Und das gelang den Autoren so gut, daß ich es fast nicht ertragen konnte.

Ich war gern nach Berlin gekommen. Das Manuskript schien mir vorzüglich geeignet, der deutschen Jugend die Wahrheit über die Nazizeit näherzubringen. Als ich dann im Theater zwischen den beiden Autoren saß und dem Spiel auf der Bühne folgte, erschrak ich.

Ich hörte Sätze, die meine Mutter, mein Vater oder ermordete liebe Freunde tatsächlich gesprochen hatten. Ich erinnerte mich, wie schwer es mir gefallen war, diese Sätze niederzuschreiben. Das war viele Jahre her, und ich hatte es vergessen. Das auf der Bühne gesprochene Wort brachte die Erinnerung an die Vergangenheit in einer Weise zurück, die realistischer nicht hätte sein können. Ich mußte meine ganze Kraft aufbieten, um meine Emotionen zu überwinden und kühl und sachlich zu sein, weil sonst eine Objektivität und eine Beurteilung des Stückes nicht möglich gewesen wäre. Ich hätte diesen Test wohl kaum bestanden, wäre da nicht das Vertrauen gewesen, das ich Volker nun schon uneingeschränkt entgegenbrachte. Ich hatte wenig zu beanstanden. Gewiß, es gab hier und da Mißverständnisse im Text, die Volker ohne Zögern abänderte. Es handelte sich meist um Situationen, die nur jemand erklären kann, der die Zeit miterlebt hatte.

Je länger ich in den Proben saß, desto sicherer wurde ich. Und das hatte auch etwas mit der besonderen Art zu tun, in der Theaterleiter und Schauspieler miteinander umgingen. Hier gab es nichts Patriarchalisches, keine Stufengesellschaft, sondern menschliches Miteinander. Es erinnerte mich an die Formen der Gesellschaft, die ich aus dem frühen Israel kannte und im Nachkriegsdeutschland, auch unter Sozialisten, so vermißt hatte. Ich nahm wahr, daß es ihnen um ein gemeinsames Ziel ging, das da heißen könnte, den Menschen menschlicher zu machen. Sehr bald bekam ich das Gefühl, dazuzugehören zu dieser *GRIPS*-Familie, denn ich teilte ihre Aspirationen. Nun schien mir auch Volkers Frage, ob ich mir vorstellen könnte, wieder in Berlin zu leben, die er mir zu Anfang unserer Bekanntschaft gestellt hatte, längst nicht mehr so absurd. Sicher spürte er damals, wie sehr ich von dieser Stadt geprägt worden war. Das Erlebnis mit dem Theater, mit den meist jungen Schauspielern und das Zusammentreffen mit jungen Berlinern, die das Theaterstück AB HEUTE HEISST DU SARA fasziniert aufnahmen, ermutigten mich. Ja, mehr noch, sie gaben mir eine lange nicht gekannte Sicherheit zurück, mich in Berlin, der Stadt, in der ich so viel gelitten hatte, wieder frei bewegen zu können. Die Zusammenarbeit mit Volker Ludwig hat das zuwege gebracht und wurde zur Grundlage einer Freundschaft, für die ich zutiefst dankbar bin.

Kinder schreiben Briefe an eine Achtzigjährige

Kinder schreiben Briefe, nicht irgendwelche Briefe, nicht an irgendjemanden. Sie schreiben Briefe mit Inhalt, Briefe, in denen sie ihre Gefühle ausdrücken, Briefe, in denen sie Fragen stellen, ihre Meinung sagen, auch Rat und Hilfe anbieten.

„Haben Sie Probleme, dann wenden Sie sich an uns!“ *Steffi, 13 Jahre*

Sie richten ihre Briefe an mich, eine Achtzigjährige, die versucht, ihnen ein abscheuliches Geschehen nahezubringen – ein Geschehen des letzten Jahrhunderts, in das nicht selten auch ihre Großeltern verstrickt gewesen waren. Häufig werden diese Briefe von Lehrern angeregt. Doch der Inhalt ist sehr persönlich und gelangt unzensiert an mich.

„Ich würde gern meine Großeltern oder meine Großtante befragen, wie es damals war (sie lebten damals auch in Berlin). Ich habe Angst davor. Ich weiß nicht, warum. Aber ich habe Angst.“ *Laura, 15 Jahre*

Alles begann im Jahre 1987. Volker Ludwig, der Leiter des Berliner Kinder- und Jugendtheaters „GRIPS“, besuchte mich in Tel Aviv und schlug mir vor, aus meiner Autobiographie „Ich trug den gelben Stern“ ein Theaterstück zu machen. Ich war zunächst skeptisch, ob es gelingen könnte, mein Leben als Kind sozialistischer Eltern, als verfolgte junge Jüdin zur Zeit des Naziregimes und schließlich, von Berlinern vor der Deportation in ein Vernichtungslager versteckt, auf die Bühne zu bringen. Volker Ludwig schickte mir jede Seite der Bühnenfassung zur Korrektur nach Tel Aviv. Ich war überrascht und auch begeistert, mit welch ungewöhnlicher Sensibilität für jemanden, der diese schreckliche Periode deutscher Geschichte nicht miterlebt hat, es ihm und seinem Koautor Detlef Michel gelungen war, die Zeit in ihrer ganzen Unmenschlichkeit, unsere alltägliche Not und unsere verzweifelten Versuche, uns gegen unsere Widersacher zur Wehr zu setzen, szenisch darzustellen.

Die jüngeren Schauspieler hatten zunächst einige Schwierigkeiten damit. Es war das erste historische Stück, das das Grips Theater auf die Bühne bringen wollte. Alle anderen waren Gegenwartsstücke. Und dann das Thema! Viele der Schauspieler waren in der Schule damit überfüttert worden. Sie waren besorgt, daß es ihrem jungen Publikum ebenso gehen würde wie ihnen und sie sie als Zuschauer verlieren könnten. Doch die Songs, die Volker Ludwig in das Stück einfügte, machten klar, daß es sich zwar um ein historisches Stück handelte, zugleich aber auch um sehr aktuelle Probleme. Die Premiere fand am 9. Februar 1989 statt, zehn Tage nach den Wahlen zum Berliner Abgeordnetenhaus, wo die Republikaner zum erstenmal mit 7,9 Prozent ins Abgeordnetenhaus einzogen. Damit wurde das Stück sehr aktuell und seine Wirkung unglaublich. Das junge Publikum verstand sofort, daß sich die Handlung auf die Gegenwart bezog. Noch heute wird das Stück mit gleicher Begeisterung aufgenommen.

Bei der Premiere war ich anwesend. Es fiel mir nicht leicht, dem Spiel auf der Bühne zu folgen. Schon während der Proben, an denen ich in den letzten Wochen vor der Premiere teilnahm, kämpfte ich gegen Tränen. Worte, Sätze, die meine Eltern oder Freunde gesprochen hatten, waren nun von der Bühne zu hören. Szenen, die Situationen aus jenen schlimmen Jahren wiedergaben, waren für mich nicht nur Erinnerungen. Alles in diesem Stück ist ja authentisch. Doch ungeachtet der emotionalen Belastung für mich, gehe ich immer wieder ins Theater, nur um die Reaktionen des jungen Publikums auf das Theaterstück zu beobachten. Es fasziniert mich, mitzuerleben, wie die Jugendlichen mit Spannung dem Geschehen auf der Bühne folgen, wie sie mitgehen und mitleiden, wie sie am Schluß begeistert applaudieren.

„Wenn wir zurückblicken auf die Geschehnisse früher, dann machen sich Anzeichen bemerkbar, daß alles wieder von vorne beginnt, und das können und wollen wir nicht dulden. Um dies zu vermeiden, müssen wir lautstark protestieren, damit die ‚noch' Minderheiten in Schranken gehalten werden." *Rheingau Oberschule, 8. Klasse*

Bis Mai 2003 ist das Stück „Ab heute heißt du Sara" 275mal im Grips Theater aufgeführt worden. Die meisten Vorstellungen sind, vierzehn Jahre nach der Premiere, noch immer ausverkauft. Der Statistik zufolge haben es im Grips Theater bislang über 32.000 junge Menschen, vom Theater der Schulen unterstützt, gesehen. Dazu kommen 18.000 aus dem Umland und aus Westdeutschland. Nicht erfaßt in dieser Statistik sind jene Jugendlichen, die mit ihren Eltern oder aus eigenem Antrieb ins Theater kamen. Außerdem haben 39 Bühnen in der Bundesrepublik das Stück im Laufe der Jahre in ihre Programme aufgenommen. In den ersten

Jahren hielten sich die Theater meist an die Empfehlung, nur Jugendliche ab sechzehn Jahren zu den Aufführungen zuzulassen. Inzwischen ist das Wissen über den Holocaust auch jüngeren Jugendlichen zugänglich, so daß diese, von den Autoren ursprünglich vorgeschlagene Empfehlung nicht mehr so strikt befolgt wird.

„Ich war sehr beeindruckt von dem Theaterstück ‚Ab heute heißt du Sara‘. Ich war von Ihrer Geschichte so fasziniert, daß ich den ganzen Abend lang davon erzählt habe. Da meine Eltern das Stück, also Ihre Lebensgeschichte, nicht kannten, war ich erst zufrieden, als ich Ihnen alles erzählt hatte.“ *Jessica, 9. Klasse*

Ich ahnte damals noch nicht, daß „Ab heute heißt du Sara“ mein Leben verändern und mir neue Aufgaben zuweisen würde. Der Premiere am 9. Februar 1989 folgten Einladungen von Lehrern, ihren Schülern in der Schule noch detaillierter, als ein Theaterstück es kann, über die Nazizeit, so wie ich sie erlebt und überlebt hatte, zu berichten. Häufig meldeten sich auch Schüler, die sich meiner Zustimmung vergewissern wollten, bevor sie ihre Lehrer baten, mich zu einem Gespräch in ihre Klasse zu bitten. Ich nahm die Einladungen an, zunächst in dem Glauben, daß sich das Interesse an dem Thema und an mir in Kürze legen würde und ich wieder für längere Zeit nach Israel zurückkehren könnte. Doch dem war nicht so – für mich begann nun eine Art Pendelverkehr zwischen Tel Aviv und Berlin. Zunächst versuchte ich, mein Leben so einzuteilen, daß ich sechs Monate in Berlin und sechs Monate in Tel Aviv verbrachte. Aber bald gelang mir das nicht mehr. Die Anforderungen an mich in Berlin wurden größer. Und die Begegnungen und die Gespräche mit den Jugendlichen faszinierten mich. So wurden meine Aufenthalte in Tel Aviv immer seltener.

„Leider fehlte ich an dem Tag, an dem Sie unsere Klasse besuchten. Daher konnte ich Sie nicht näher betrachten. Mir bleibt nur zu hoffen, daß unsere Klasse Ihnen keine Unannehmlichkeiten bereitet hat und daß Sie uns in guter Erinnerung behalten.“ *Günther, 6. Klasse*

Allerdings hatte ich nicht vergessen, daß ich schon Anfang der 1980er Jahre auf Wunsch eines Berliner Politikers einige von ihm ausgewählte Schulen besucht hatte. Und da war alles ganz anders gewesen. Ich erlebte, wie stark einige Schüler noch unter der politischen Beeinflussung ihrer Eltern standen. „Mit welchem Recht verlangen die Juden Wiedergutmachung von Deutschland?“ Eine der Fragen. „Was halten Sie davon, daß der alte kranke Mann – Rudolf Heß – noch immer im Gefängnis einsitzen muß?“ So lautete eine andere. Oder: „Israelis behandeln Palästinenser wie die Nazis die Juden. Wie soll man das verstehen?“ Als einigen Schülern meine Antworten nicht paßten, verließen sie, die Tür hinter sich zuknallend, das Klassenzimmer. Jahre später gestand mir der Politiker, daß er Schwierigkeiten hatte, überhaupt Schulen zu finden, die an einem Gespräch mit mir über die deutsche Vergangenheit interessiert gewesen waren.

Und dann, knapp zehn Jahre später, rissen die Einladungen an mich von Lehrern und Schülern – vornehmlich aus Schulen der westlichen Bezirke Berlins –, mit ihnen über die Nazizeit zu diskutieren, nicht ab. Ja, ich habe manchmal Mühe, all diesen Einladungen nachzukommen. Dabei ist das große Interesse der Schüler, so viel wie möglich über die Nazizeit zu erfahren, offenbar. Viele ihrer Fragen zeigen, wie schwer es für sie ist, die Zeit unter dem Nationalsozialismus und das Verhalten des deutschen Volkes zu verstehen.

Ich bin oft gefragt worden, wie es mir gelingt, die Schüler für mein Thema zu interessieren, so daß sie ungeniert ihre Fragen an mich stellen. Ich habe keine Methode dafür. Die Lehrer machen die Schüler vor meinem Besuch mit der Geschichte der Nazizeit bekannt. Diese nüchterne Abhandlung mit Leben zu füllen, ist meine Aufgabe. In der Art, wie ich zu ihnen spreche, spüren sie wohl, daß ich junge Menschen mag, sie ernst nehme und daß ich nicht zu ihnen gekommen bin, um sie zu belehren. Ich berichte ihnen von einer Zeit, wie ich sie erlebt habe. Daraus entsteht schnell ein Gespräch.

„Wußte man damals schon, auf was das hinausläuft, als Hitler an die Macht kam?"

„Wie hat Hitler das Volk angelockt? Er kann doch nicht gleich gesagt haben, daß er gegen die Juden oder die Ausländer ist?"

„Nach dem Krieg haben viele Leute behauptet, daß sie von den Konzentrationslagern nichts gewußt haben und daß Juden und andere Menschen in die Lager kamen. Kann das sein?"

Das sind einige der immer wiederkehrenden Fragen, die Schüler an mich richten, ohne daß man sie dazu ermutigen muß. Manche Antworten fallen mir nicht leicht. Im besonderen, wenn es sich um die Organisation der furchtbaren Verbrechen an Menschen handelt. Wie kann man Kindern erklären, daß hohe Beamte über die Durchführung der vom Staat angeordneten Morde rein bürokratisch oder technisch nachdachten beziehungsweise nur darüber, wie man sauberer, rationeller und schneller mordet, und dies dann an Untergebene als Befehl zur Ausführung weitergaben? Eine Frage, auf die auch ich keine Antwort weiß.

Viele Kinder fasziniert natürlich die Tatsache, daß ich zwei Jahre und vier Monate von Berlinern versteckt worden bin, um der Deportation in ein Vernichtungslager zu entgehen. In ihrer Phantasie stellen sie sich einen dunklen Keller vor, aus dem ich nie ans Tageslicht kam. Oder sie meinen, ich hätte wie ein Vagabund von einem Abenteuer zum nächsten fliehen müssen. Ihnen die Realität meines Lebens im Versteck darzustellen, von mutigen Freunden beschützt und betreut, gehört zu den Schwierigkeiten, ihnen zugleich das Deutschland unter den Nazis beschreiben zu können. „Ich habe gelogen, ich habe falsche Namen angenommen, ich habe gestohlen – zum Essen gestohlen." Die Kinder hören mir atemlos zu. Und ich füge hinzu: „Ich stehle bestimmt nicht mehr." Gelächter folgt dieser Feststellung. Auf die Frage der Schüler, wie es meiner Familie damals ergangen ist, und ich ihnen sagen muß, daß die meisten ermordet wurden, folgt entsetztes Schweigen. Das aufzulösen und zu einem offenen Gespräch zurückzukehren, erreiche ich meist nur, indem ich sie auf die Menschen, jene „anderen Deutschen", wie sie vielfach im Ausland genannt werden, hinweise, die mir und anderen vor der Deportation versteckten Menschen unter Einsatz ihres Lebens unser Überleben ermöglichten.

Die Initiative, Juden zu verstecken, ging von Menschen aus, die nicht untätig mitansehen wollten, wie man Juden diskriminierte, quälte und schließlich in den Tod trieb. Sie riskierten ihr Leben, um wenigstens einige den Krallen der Nazis zu entreißen. Sie kamen aus den unterschiedlichsten Kreisen. Einige handelten aus purer Menschlichkeit. Andere trieb ihre Religion zum Handeln. Und schließlich spielten auch politische Motive eine Rolle. Jene, die politische Gegner der Nazis geblieben waren, sahen im Verstecken von Juden eine Art des politischen Widerstandes gegen das verhaßte Naziregime.

„Ich war so bewegt, gerührt und natürlich beeindruckt von Ihnen, daß ich am Ende Ihres Besuches noch unbedingt zu Ihnen kommen mußte, um Ihnen die Hand zu schütteln. Erinnern Sie sich noch an mich? Ich hatte einen schwarzen Pulli und eine graue Hose an." *Jessica, 9. Klasse*

Nun erhebt sich die Frage, wie es plötzlich zu dem großen Interesse der Jugendlichen gekommen ist, Genaueres über den Nationalsozialismus und den Holocaust im besonderen erfahren zu wollen. In den Schulen steht der Nationalsozialismus auf dem Lehrplan. In den Gymnasien und Gesamtschulen, die ich zunächst hauptsächlich in Berlin besuchte, im 9./10. Schuljahr und wird im 11./12. Schuljahr in Kursen wieder aufgenommen. Doch auch die Jüngeren erfahren in ihrem Unterricht schon etwas über dieses Thema, etwa in Fächern wie Religion, Literatur oder Geschichte. Dokumentationen, Artikel und Filme in den Medien fördern zweifellos die Neugier der Jugendlichen. Denn trotz der ihnen vermittelten Informationen bleibt ihnen manches unklar, unverständlich, sogar unglaubhaft.

„Ich kann es nicht glauben, daß sechs Millionen Juden gestorben sind. Die Geschichte war so grausam, daß man denken könnte, daß sie nicht wahr ist. Ich habe auch schon gedacht, daß sie nur ausgedacht wäre." *Charlotte, 4. Klasse*

Ihre Eltern, die meist in den sechziger Jahren des letzten Jahrhunderts zur Schule gingen, können ihren Kindern wenig Erklärendes dazu sagen. Sie wuchsen in einer Zeit auf, in der das Thema des Nationalsozialismus nicht oder nur selten in den Schulen gelehrt wurde. Meist verwiesen die Lehrer nur auf die Verbrechen der Nazis, ohne auf Einzelheiten einzugehen, und die oft unbegreiflich hohen Zahlen der Opfer. Ich begegne immer wieder Menschen, die in jener Zeit zur Schule gingen und die mir dies bestätigen. Natürlich gab es Ausnahmen. Eltern oder Lehrer, die auf eine genaue Information ihrer Kinder zu diesem Thema wertlegten. Zeitzeugen wurden nur in den seltensten Fällen in die Schulen eingeladen. Und die Großeltern oder die Urgroßeltern, die in der Nazizeit lebten, sind mit wenigen Ausnahmen nicht bereit, über die Behauptung, sie hätten nichts von alledem erfahren, hinauszugehen.

Das war in der DDR nicht anders. Dort behauptete man, nichts mit dem Nationalsozialismus zu tun gehabt zu haben. Man habe einen antifaschistischen Staat errichtet und sich damit von allen Übeln der Vergangenheit befreit bzw. gesäubert. Menschen, die in den Konzentrationslagern zugrunde gerichtet worden waren, wurden als Widerstandskämpfer an besonderen Gedenktagen geehrt. Schulklassen wurden regelmäßig in die auf dem Territorium der DDR gelegenen KZs geführt. Die Judenverfolgung unter dem Nationalsozialismus wurde erwähnt, spielte aber im Gedenken nur eine Nebenrolle.

Als ich in einer Schule im Ostteil der Stadt die Pogromnacht des 9. November 1938 erwähnte und überzeugt davon war, daß die Einzelheiten dieses ersten staatlich organisierten Pogroms bekannt waren, fragte die schon ergraute Lehrerin, deren Hauptfach Geschichte war: „Da hat's gebrannt, nicht?"

In einer Schule in Potsdam blieben vier Schüler der Unterrichtsstunde fern, in der ich gebeten worden war, aus meinem Leben in der Nazizeit zu berichten. „Die Eltern haben ihnen untersagt, daran teilzunehmen", erklärte mir der Lehrer nach dem Unterricht. „Sie wollen nicht, daß ihre Kinder mit diesem Thema konfrontiert werden." Oder Worte des Erstaunens: „Sie sehen ja gar nicht jüdisch aus!", bekomme ich des öfteren zu hören. Auf meine Frage, wie ich denn dann auszusehen hätte, kommen die üblichen Klischees: lange oder krumme Nase, schwarze, lockige Haare, dunkle Augen.

So wurde der Besuch in Schulen für mich zu einer Aufgabe, die ich nicht mehr missen möchte. Ich habe das Gefühl, daß mein persönlicher Bericht mehr Aussagekraft hat als die abstrakte Zahl der Opfer, so hoch sie auch war. Die zwölf Jahre, in denen die Nationalsozialisten und das schreiende Unrecht in Deutschland regierten, sind für die meisten jungen Menschen eben schon Historie, meist unverständliche Historie. Einem Menschen zuzuhören, der jene Zeit auf seiten der Opfer durchleben mußte, mag zumindest den Alltag im nationalistischen Staat mit seinen Diskriminierungen, Quälereien und Unmenschlichkeiten verständlicher machen.

Fast atemlos hören sie zu, wenn ich ihnen erzähle, daß Juden keine öffentlichen Verkehrsmittel benutzen durften, es sei denn, ihr Arbeitsplatz war mehr als sieben Kilometer von der Wohnung entfernt. Aber auch dann war Juden das Sitzen in Verkehrsmitteln verboten. Der „gelbe Stern", den Juden ab September 1941 zu tragen gezwungen waren, machte uns kenntlich. Ab zwanzig Uhr abends (im Sommer ab 21 Uhr) bis sechs Uhr morgens war es Juden verboten, das Haus zu verlassen. Für mich war der Erlaß, der den Juden den Besuch von Theatern, Kinos, Konzerten, Museen und sogar den Spaziergang im Grunewald verbot, besonders schwer zu ertragen. Die Augen der Schüler beginnen zu strahlen, wenn ich ihnen berichte, daß ich ab und zu heimlich den „Stern" abnahm, um ins Theater zu gehen oder in den Grunewald zu fahren. Das war natürlich ein großes Risiko. Hätte mich jemand ohne den „Stern" als Jüdin erkannt, wäre ich sofort verhaftet und deportiert worden. Ich bezog Kraft aus solchen verbotenen „Exkursionen", die mich in eine andere

Welt versetzten, weg aus der Gesellschaft der Angst, die jüdische Menschen zu jener Zeit beherrschte.

„Ich könnte an Ihrer Stelle nicht so ‚lässig' über diese Erlebnisse sprechen. Ich hätte Alpträume. Deshalb finde ich es gut, daß Sie immer noch nicht damit aufhören, Kinder in allen möglichen Städten über diese Zeit aufzuklären. Ich halte diese Tätigkeit für ziemlich wichtig." *Holger, 7. Klasse*

Ich habe mir nicht notiert, wieviele Schulen ich seit 1989 besuchte und mit wievielen Schülern ich zusammentraf. Zunächst beschränkte ich mich auf den Besuch von Gymnasien und Gesamtschulen, auf Schüler vom 14. Lebensjahr an, also auf das Alter, in dem mir Jugendliche reif genug erschienen, sich mit dem Thema auseinanderzusetzen.

Es war nur logisch, daß sich das Interesse der Jugendlichen und ihrer Lehrer nun auch meinem Buch „Ich trug den gelben Stern" zuwandte, das 1978 erschienen war. Ich hatte viele Jahre an diesem Buch geschrieben. Um ein Geschehen plastisch darstellen zu können, muß man es im Kopf noch einmal durchleben. Und das fiel mir schwer. Doch ich empfand es als eine der wenigen Überlebenden einfach als Verpflichtung, das Los der Millionen Opfer des Naziregimes aus meiner Sicht darzustellen. Außerdem wollte ich jenen Berlinern ein Denkmal setzen, die meine Mutter und mich über zwei Jahre lang versteckt hatten. Mit ihrem Einsatz für uns bewiesen sie, daß es auch in Nazi-Deutschland möglich gewesen ist, vom Regime zum Tode Verurteilte zu retten, Menschlichkeit zu beweisen, und daß es etliche Menschen gab, die dafür ein Risiko einzugehen bereit waren. Und schließlich wollte ich auch über die Diskriminierungen und Quälereien berichten, denen Juden schon von 1933 an ausgesetzt waren. Angesichts der späteren Massenmorde ist dies nur selten ein

Thema. Überdies widerlegt es die Aussage vieler Deutschen, sie hätten von derartigen Verfolgungen ihrer jüdischen Mitbürger in Deutschland nichts gehört, nichts gesehen und nichts gewußt. Denn gerade diese Diskriminierungen fanden in aller Öffentlichkeit statt. In der „Pogromnacht“ (9. November 1938) setzten Nazihorden die meisten Synagogen der Stadt in Brand. Jüdische Geschäfte, die Monate zuvor als solche gekennzeichnet worden waren, wurden zerstört und geplündert. Ab September 1941 mußten Juden einen gelben Stern mit der Aufschrift „Jude“ an ihrem äußeren Kleidungsstück befestigen. Niemand konnte diese und viele andere Diskriminierungen übersehen.

„Ich fand das Buch super. Es hat mich zum Grübeln gebracht.“ *Doris, 12 Jahre*

Sicherlich zeigt den Jugendlichen die Geschichte der mutigen Retter von Juden eine neue Perspektive auf und hilft ihnen, mit dem scheinbar unauslöschlichen Makel umzugehen, sie gehörten zu einem Volk von Mördern. Häufig berichten mir Jugendliche von solchen Erfahrungen im Ausland, gegen die sie sich nicht zu wehren wissen.

„Ich habe Ihr Buch gelesen. Ich kann nicht sagen, daß es mir gefallen hat, denn was Sie beschreiben, ist doch sehr schrecklich.“ *Johanna, 12 Jahre*

In den ersten Jahren meiner „Tätigkeit“ als Zeitzeugin in Berliner Schulen lehnte ich es ab, vor Schülern unter 14 Jahren von meinen Erfahrungen zu erzählen. Ich war der Meinung, daß sie zu jung waren, als daß ich sie mit solch fürchterlichen Tatsachen konfrontieren durfte. Ein Bericht über die Verbrechen an unschuldigen Menschen und vor allem an Kindern könnte einen Schock auslösen, würde psychologische Folgen haben, so glaubte ich, und nur Schaden anrichten. Dann überzeugte mich Bruder Lukas aus dem

Kloster Maria Laach, daß wir, ich als Autorin und er als Illustrator, gemeinsam ein Buch für Kinder ab 10 Jahren über Otto Weidt und seine Blindenwerkstatt herausgeben sollten. Ich hatte das große Glück gehabt, dort von 1941 bis 1943 arbeiten zu dürfen, und konnte schildern, aus welchem Grund wir Otto Weidt „Papa" nannten. Das ist dann auch der Titel des Buches, das 1999 erschienen ist. Erst als viele Kinder es lasen, in der Schule oder auch zu Hause, und es verschlangen wie jede andere ihnen angemessene Lektüre, überwand ich mein Zögern, auch Grundschulen zu besuchen.

Das Buch „Papa Weidt" erzählt die Geschichte eines Mannes, der von den Behörden als „praktisch blind" anerkannt und berechtigt war, die gelbe Blindenbinde mit den drei schwarzen Punkten zu tragen. Er beschäftigte von 1941 bis 1943 dreißig jüdische Blinde und Taubstumme, betreute und beschützte sie, soweit dies trotz der ständig neuen Gesetze und Verordnungen gegen Juden möglich war. In seiner Werkstatt stellten die Blinden Besen und Bürsten her. Da diese Gegenstände im Krieg Mangelware waren, gelang es Weidt, seine Produkte gegen Eßwaren, Tabak und sogar Kleidungsstücke einzutauschen. Aufträge der Wehrmacht für Besen und Bürsten verschafften ihm die dafür nötigen Rohmaterialien. Mit der Ausführung dieser Aufträge eilte es ihm nie. Um sich der Gunst der Gestapo zu versichern, die die Oberaufsicht über alle Arbeitsstätten hatte, die Juden beschäftigten, verhalf Weidt auch diesen zu Waren, die über den Ladentische nicht zu haben waren. So gelang es Weidt von Mal zu Mal, seine Arbeiter von den Deportationen „freizukaufen".

Die regelmäßigen Transporte jüdischer Menschen in die Vernichtungslager (ab Oktober 1941) ließen keinen Zweifel mehr daran, daß die Nazis ihr Programm, Berlin „judenrein" zu machen, auch durchführen würden.

In Berlin hatte es die größte Jüdische Gemeinde Deutschlands gegeben. Einige Juden hatten eine bedeutende Rolle im Leben der Stadt gespielt. Der Propagandaminister der Nazis, Joseph Goebbels, stellte in seinem Tagebuch fest, „Berlins Befreiung von den Juden“ sei einer der wichtigsten Erfolge des Regimes. Als Otto Weidt dies klar wurde, suchte er Verstecke für einige seiner engsten Mitarbeiter. Eines davon befand sich in der Werkstatt, ein anderes in einem sogenannten Außenlager seines Betriebes. Verrat führte nach einigen Monaten zur Verhaftung der meisten bei Weidt versteckten Juden. Dennoch fügte sich die Gestapo seinem Wunsch, seine Schützlinge „nur“ in das sogenannte Vorzugslager Theresienstadt zu deportieren. Dorthin schickte er Pakete mit Lebensmitteln, etwa hundertfünfzig an der Zahl, wie entsprechende uns vorliegende Bestätigungen beweisen. Als er erfuhr, daß eine seiner engsten Mitarbeiterinnen von Theresienstadt nach Auschwitz transportiert worden war, versuchte er alles, um sie zu befreien. Es gelang ihm auch tatsächlich in den letzten Monaten ds Krieges.

„Ich finde es ‚super‘, daß er [Weidt] sich für Juden eingesetzt hat. Ich hätte es auch gern getan. PS: Ich hasse die Nazis.“ *Robert, 12 Jahre*

„Blindes Vertrauen“ – versteckt am Hackeschen Markt 1941–1943“ –, das ist der Titel der Ausstellung, die in drei von der Blindenwerkstatt Otto Weidt verbliebenen Räumen, Rosenthaler Straße 39, Berlin-Mitte, eingerichtet worden ist.

Vor einigen Jahren hatten Studenten der Museologie diese Räume entdeckt, die nahezu unverändert und unversehrt erhalten geblieben sind. Sie nutzten sie, um die Geschichte Otto Weidts in einer Ausstellung darzustellen. Schließlich ist es der einzige authentische Ort in Berlin, in dem der Besucher etwas von der Atmosphäre jener Zeit und der Not der dort arbeitenden Menschen spüren kann. Dokumente, Fotos, Briefe geben einen plastischen Einblick in jene schrecklichen Jahre. Lehrer, auch außerhalb von Berlin, nutzen diese Ausstellung, um ihre Schüler in das Thema Holocaust einzuführen und ihnen zugleich einen Mann vorzustellen, für den Zivilcourage und Menschlichkeit oberstes Gebot waren. 1999 wurde das Museum eine Dépendance des Jüdischen Museums Berlin; wenige Jahre danach wurde es in die „Gedenkstätte Deutscher Widerstand“ eingliedert.

„Ich wollte es erst gar nicht glauben. Aber hier …“ „Die Klasse aus Lychen hat was gelernt.“ Eintragungen einer 10. Klasse ins Gästebuch der Ausstellung.

Unter den Briefen wird der Leser solche von Jugendlichen aus dem Osten Berlins und seinem Umland vermissen. Das Interesse der Lehrer an einer Darstellung der Judenverfolgung in der Nazizeit war in den vierzig Jahren der kommunistischen Diktatur geringer als im demokratischen Westen. Das hatte seinen Grund. Anfang der fünfziger Jahre des vorigen Jahrhunderts erklärte Stalin Juden zu Todfeinden, die ihm nach dem Leben trachteten. Verhaftungen, ja sogar vollstreckte Todesurteile waren im kommunistischen Machtbereich damals an der Tagesordnung. In der DDR wurden Juden, die aus der Emigration zurückgekehrt waren, zu dieser Zeit diskriminiert und geächtet. Nach Stalins Tod endete zwar die Ausgrenzung der Juden in diesem deutschen „demokratischen“ Staat. Was aber blieb, war ein schwelender Antisemitismus, der erneut entfacht wurde, als der Kreml in den sechziger Jahren zu tätiger Unterstützung arabischer Terroristen gegen Israel aufrief, dem er seiner engen Beziehungen zu den Vereinigten Staaten von Amerika wegen als einem imperialistischen Staat das Lebensrecht verwehren wollte. Argumente aus jener Zeit, verbunden mit einer in einer Demokratie natürlich berechtigten Kritik an Israel, mögen noch heute in Teilen der Gesellschaft des ehemaligen kommunistischen Staates lebendig sein. Daraus mag die Abneigung einiger Lehrer und Schüler verständlich werden, sich mit dem Thema Judenverfolgung näher zu befassen. Einladungen an mich von Schulen aus dem Ostteil der Stadt sind daher wesentlich seltener als im Westen. Und wenn sie erfolgen, aus welchen Gründen auch immer, dann ist das Desinteresse der meisten Schüler am Thema unübersehbar.

„Über das Thema Antifaschismus haben wir uns doch auch mit der Judenverfolgung auseinandergesetzt. Das genügt doch!“ Eine oft wiederholte Erklärung von Schülern wie von Lehrern aus der ehemaligen DDR. Auf meine Aufforderung, über meine Erfahrungen in der Nazizeit Fragen zu stellen, denn sicherlich sei ihnen manches unklar geblieben, antwortete eine Schülerin der Erich-Maria-Remarque-Schule in Hellersdorf: „Fragen? Nein. Sie haben doch schon alles gesagt.“ Vielleicht ändert sich das mit den Jahren, je länger eben auch die DDR-Zeit zurückliegt.

Kinder schreiben mir Briefe. Sie richten sie an mich, weil sie die Echtheit meiner Aussagen spüren. Einmal fragte mich eine der Jüngsten unter ihnen, ob es mir nicht schwerfalle, immer wieder über meine Erlebnisse zu sprechen. Ich frage mich manchmal, wieviele Erwachsene sich darüber wohl Gedanken machen.

Einige der Kinder verzieren ihre Briefe mit Zeichnungen ihrem Alter entsprechend – schwarz-weiße und bunte Blumen herrschen vor und sind wohl als Dank dafür zu werten, daß ich zu ihnen kam, ihre Fragen beantwortete und ihre Meinungen mit ihnen diskutierte. Manchmal fügen sie auch ein Porträt von mir an, wie sie mich gesehen haben oder was sie für eine Vorstellung von mir haben, wenn sie mich nicht persönlich kennenlernten. Es zeigt mich meist fröhlich, selten traurig. Ab und zu zeichnen sie auch Symbole aus jener Zeit, denen sie verächtlich machende Bemerkungen beifügen als Beweise für ihr Verstehen. Die Aussagen in ihren Briefen, die ich hier vorstelle, sind für mich Dokumente der Freude. Es sind Briefe, die mich fühlen lassen, daß ich diesen Kindern nahe war, daß sie verstanden, was ich ihnen sagen wollte, und es aufnehmen und umsetzen werden in ihr Verständnis vom Leben. Sie machen es mir möglich, an sie zu glauben, die ja in nicht zu ferner Zeit diejenigen sein werden, die den Geist des Landes bestimmen.

„P.S. Wenn Sie Zeit haben und lustig sind, können Sie mir mal schreiben.“ *Sandra L., 7. Klasse*

„Wie aber wird es morgen sein?“

Seit etlichen Jahren gehört der Nationalsozialismus, und der Holocaust im besonderen, zum Lehrplan in deutschen Schulen. Dabei werden Fakten nicht beschönigt. Menschen, die ihn durchlebten, stellen sich zur Verfügung, sie ihrem Erleben nach zu illustrieren. Es ist wert, an dieser Stelle anzumerken, daß in den ersten Jahrzehnten nach dem Geschehen nicht nur in der Schule über dieses Thema geschwiegen wurde. Man war damals in der Bundesrepublik insgesamt noch nicht bereit, über die staatlich organisierten Verbrechen, an denen sich viele hunderttausende Deutsche skrupellos beteiligt hatten, wenigstens nachzudenken, ja, sie auch nur als geschehen zur Kenntnis zu nehmen. Um so mehr setzt uns und unseren Kindern heute die Frage zu: Wie konnte das geschehen?

In wenigen Jahren wird keiner mehr von denen, die man „Zeitzeugen“ nennt, am Leben sein. Schon heute ist die noch verbliebene kleine Zahl ihres Alters wegen häufig nicht bereit oder seelisch unfähig, über ihre furchtbaren Leiden während jener Zeit zu reden. Hinzu kommt, daß es zu einer äußerst schwierigen Aufgabe geworden ist, Kindern und Jugendlichen, die in unbegrenzter Freiheit und grenzenloser Demokratie aufwachsen, die Schrecken und facettenreichen Verbrechen einer Diktatur verständlich zu machen.

Wie sollen sie auch die kaltblütigen, grausamen Morde an Juden, Zigeunern – wie man sie damals nannte –, politisch Andersdenkenden und anderen den Nazis nicht „genehmen" Menschen begreifen, deren „Schuld" allein darin bestand, Menschen mit anderen Religionen, von anderer Herkunft oder mit anderem Denken als die Mehrzahl des Volkes ihres Landes zu sein? Fragt man die Opfer nach ihrem Begreifen, stehen auch sie heute noch vor einem Rätsel, wie es möglich war, daß tausende von oft bürgerlich wohlerzogenen und gebildeten Deutschen sich dem Morden anschlossen, als ob sie nur ein Unkraut ausrissen. Allein der Kontakt, der häufig zwischen Schülern und Überlebenden in der Schulklasse entsteht, so kurz er auch sein mag, hilft der Glaubwürdigkeit über die Schrecken jener Zeit den Boden zu sichern. So ist es heute.

Wie aber wird es morgen sein? Wenn jene Menschen, die heute über die Greuel der Nazidiktatur aufzuklären suchen, nicht mehr unter uns sind? Wird allein das in Büchern, Filmen, Dokumentationen Mitgeteilte ausreichen, um nachkommenden Generationen das damalige Geschehen als Wirklichkeit zu vermitteln? Oder wird das leidvolle, wohl oft auch als leidig empfundene Thema ad acta gelegt werden?

Es ist schwer, dazu eine endgültige Voraussage zu machen. Am einfachsten wäre es natürlich, wenn man das Kapitel abschließen, es im Archiv einordnen könnte. Doch das kann man eigentlich nur mit Ereignissen tun, die man erklären und damit begreifen kann, deren Ursachen wie deren Ausführung. Nun handelt es sich bei dem Thema Holocaust eben um eine für die meisten Menschen unbegreifliche Materie. Und Unverstandenes bleibt lebendig, je nach Temperament, als störende Frage oder quälendes Problem, das immer wieder auftaucht, irgendwo, irgendwann, irgendwie bei der Beschäftigung mit der Historie oder bei der Betrachtung der Familiengeschichte.

So wird die Frage, wie es geschehen konnte, eine offene Frage bleiben. So will es die Logik. Beweisen uns das nicht schon heute unsere Kinder, die dritte Generation nach dem Geschehen? Sie stellen Fragen, sie wollen wissen. Fragen, die ihnen ihre Eltern nicht beantworten können, die ihrerseits derartige Fragen an ihre Eltern stellten und keine Antworten erhielten. Die einen aus Gewissensnot, die andern aus Unkenntnis. Darum werden die vielen Bücher, Filme, Dokumentationen nicht auf dem Müll der Geschichte landen. Dafür wird die Frage auch nachfolgender Generationen Sorge tragen. Die Frage: Wie war das möglich?

Doch solange die Frage Rätsel aufgibt, besteht auch die Gefahr ähnlicher Verbrechen wie damals, als man Menschen sortierte, diskriminierte, quälte und schließlich mordete. Die „ethnischen Säuberungen" in Bosnien vor unserer Haustür, die den nazistischen in wenig nachstanden, geschahen vor wenigen Jahren. Ähnliches spielt sich noch heute in den verschiedensten Staaten dieser Erde ab. All das nur einige wenige Jahrzehnte nach den schrecklichen Verbrechen des Naziregimes, die die Menschen gelehrt haben sollten, daß ein jeder Mensch auf dieser Erde ein Recht auf Leben hat.

Um so wichtiger, ja unerläßlicher ist es, daß das Thema „Nationalsozialismus" einen breiten Raum im

Lehrplan einnimmt. Und wenn es nur dazu dient, Gefahren ähnlicher Art frühzeitig zu erkennen und ihnen rechtzeitig zu begegnen. Die Menschheit wird aber von den Gefahren solcher Verbrechen erst frei sein, wenn die gesellschaftlichen, sozialen und politischen Hintergründe, die den Nazis den Weg zur Macht bereiteten, wirklich aufgeklärt sind. Und das ist nicht Aufgabe der Schule.

Aus der Vergangenheit lernen

„Stille Helden“

Es ist mir eine besondere Freude – fast möchte ich es als ein Wunder bezeichnen, daß ich heute hier vor Ihnen stehe und mit Ihnen über ein Thema nachdenke, das mich seit dem Ende des Zweiten Weltkrieges beschäftigt. Als eine der Überlebenden oder genauer gesagt, als eine, die von mutigen Berlinern gerettet worden ist, war ich nie frei von dem Gefühl, es der ganzen Welt mitteilen zu müssen, daß es auch in Nazi-Deutschland Menschen gegeben hat, die ihren Kopf riskierten, um andere aus den Klauen ihrer Mörder zu retten. In England, wo ich die ersten Nachkriegsjahre verbrachte, glaubte mir das niemand. In den USA begegnete ich noch vor wenigen Jahren Menschen, die mich der Lüge bezichtigten, als ich von diesen Helden sprach. Nur in Berlin gab es schon frühzeitig Anerkennung für diese Retter. Die Stadt half jenen von ihnen, die durch das Kriegsende in eine finanzielle Notlage geraten waren. Wobei manchmal merkwürdige Maßstäbe angelegt wurden. Einer Puffmutter, die vier jüdische Frauen versteckte, unter ihnen jüdische Mädchen – eine von ihnen eine blinde Heimarbeiterin der Blindenwerkstatt Weidt –, wurde die dringend benötigte Hilfe „aus moralischen Gründen“ verweigert.

Die Nachricht vom Tode Otto Weidts, zwei Jahre nach Kriegsende, erreichte mich in England, der schlechten Postverbindungen wegen sehr spät. Sie traf mich tief. Wir alle, die bei ihm arbeiten durften, haben diesen Mann verehrt. Er gab uns nicht nur praktische Hilfe. In der Art, wie er uns zur Seite stand, tat er etwas für jene Zeit Unglaubliches: Er behandelte uns wie Menschen, kam uns mit Respekt entgegen, half uns, uns aufzurichten, sann mit uns über Auswege aus schwierigen Situationen nach, wußte immer wieder Rat. Ja, er gab uns ein Stück Selbstachtung zurück. Wir nannten ihn Papa, den Mann, der sich um uns sorgte und mit uns lebte im wahrsten Sinne des Wortes.

Mit seiner Witwe blieb ich bis zu ihrem Tode in Kontakt. Sie lebte von einer bescheidenen Rente, die ihr die Stadt gewährte, und war böse darüber, daß ihres Mannes Hilfe für Verfolgte nicht anerkannt wurde. Sie übergab mir die 150 Karten aus Theresienstadt, auf denen die Empfänger Pakete bestätigten, die ihnen Otto Weidt geschickt hatte. Wohl der einzige Deutsche, der den Hungernden im KZ mit Lebensmitteln aushalf.

Heutigen Statistiken zufolge verhalfen sie 25 Personen zum Überleben. Dazu übergab mir Frau Weidt eine Anzahl von Dokumenten, von deren Wichtigkeit ich wohl damals noch weniger verstand als sie.

Ich lebte acht Jahre ungern in England. Dort lernte ich, was es heißt, ein Ausländer zu sein. Mitte der fünfziger Jahre beschloß ich, nach Deutschland zurückzukehren. Ich ging nach Bonn, der damaligen Bundeshauptstadt, weil ich meinte, dort beim Aufbau der Demokratie mittun zu können. Zu meiner Überraschung fand ich eine Atmosphäre vor, die ich nicht begriff. Es war, als hätte es nie eine schreckliche Vergangenheit gegeben, hätte nie ein Deutscher schwere Schuld an Menschen auf sich geladen. Statt dessen saßen alte Nazis in hohen Positionen neu aufgebauter demokratischer Institutionen. Ihr Einfluß war spürbar.

Ich mußte bald erkennen, daß ich mit meinem ständigen Erinnern an die Opfer, an die Retter, an die Verbrecher in Bonn störte. Gewiß, man tat schließlich etwas für eine sogenannte Wiedergutmachung und stellte Naziverbrecher vor Gericht, oft nur auf Druck des Auslands. Ihre Strafen spotteten häufig ihren Taten.

Im September 1951 legte Bundeskanzler Adenauer eine Regierungserklärung vor, mit der eine tolerante und verständnisvolle Haltung der Deutschen gegenüber dem Staat Israel und dem jüdischen Volk versichert wurde. Dann ging er im dritten Teil der Erklärung auf die Vergangenheit ein und betonte, daß die Mehrheit des deutschen Volkes die begangenen Verbrechen an den Juden verabscheut und sich nicht daran beteiligt habe.*

Was ich damals dazu empfand, brauche ich Ihnen sicher nicht klarzumachen. Es spornte mich an, mehr zu tun, deutlicher noch als zuvor über die Verbrechen der Nazizeit zu sprechen und die risikoreiche Hilfe der wenigen mutigen Retter hervorzuheben. Es machte mich noch mehr zum lästigen Störenfried. Ich erkannte die Nutzlosigkeit meines Tuns und wanderte schließlich nach Israel aus.

Im Jahr 1988, kurz vor der Wende, sah ich die Räume in der Rosenthaler Straße wieder, die einst die Blindenwerkstatt Weidt beherbergt hatten. Zu meiner Überraschung waren sie unverändert, so als ob keine vierzig Jahre nach Kriegsende vergangen waren. Ich hatte das Gefühl, ein Mausoleum zu betreten.

Die Erinnerung warf Schatten an die Wände, Schatten von Menschen und von Judensternen. Die hölzernen Treppenstufen, die schäbigen Dielen knarrten unter meinen Tritten wie einst, wenn wir uns vor der

---

* Für den vollständigen Text siehe Seite 61 unten.

Gestapo zu verstecken suchten. Ich dachte damals viel darüber nach, wie man in diese Räume, die einst eine Oase in unserer damaligen Not gewesen waren, wieder Leben hineinbringen könnte.

Ich wandte mich an den Berliner Magistrat (Ost) mit der Bitte, man möge doch wenigstens eine Tafel der Erinnerung dort anbringen. Eine Antwort erhielt ich nie. Der erste, 1990 auf demokratische Weise gewählte Bürgermeister in Ost-Berlin, Tino Schwerzina, hatte Verständnis für mein Begehren, dem sich inzwischen Volker Hobrack (BVV) angeschlossen hatte. Doch bürokratische Barrieren konnten wir beide nicht wegräumen. Es war die damalige Präsidentin des Berliner Abgeordnetenhauses, Frau Hanna Renate Laurien, die mich ermutigte, eine Tafel der Erinnerung allen Widersachern zum Trotz anzubringen. Eine entsprechende Feierstunde im Jahr 1994 mit dem damaligen Senator für Kultur, Roloff-Momin, und einem Sohn von Otto Weidt, der von den Heldentaten seines Vaters – die elterliche Ehe war geschieden – nichts gewußt hatte, gab es schließlich. Mir schien das damals das Höchste, was wir zur Erinnerung an Otto Weidt erreichen konnten.

Doch die Geschichte der Blindenwerkstatt lebte einem Märchen ähnlich weiter. Eine Studentin, als Praktikantin in einer benachbarten Galerie beschäftigt, fand heraus, daß die drei letzten authentischen Räume der Blindenwerkstatt nur mit Schutt und Müll zugeschippt, während die anderen vermietet waren.

Sechs ihrer Kollegen beschlossen, sie zu säubern und dort eine erste Ausstellung über Otto Weidt, auch mit Hilfe einiger in meinen Händen befindlichen Dokumenten, aufzubauen. Einen Monat glaubten wir sie offenhalten zu können. Zwei der am Aufbau der Ausstellung beteiligte Studenten boten sich an, sie auf ehrenamtlicher Basis weiter offenzuhalten. Der vom israelischen Botschafter Awi Primor herbeigerufene Staatsminister für Kultur, Dr. Michael Naumann, fand, daß in diesen Räumen, in denen sich Geschichte abgespielt hatte, eine Dauerausstellung entstehen müßte. Seine Idee, sie an das Jüdische Museum anzugliedern, wurde mit der großen Unterstützung des Bundespräsidenten Johannes Rau 1 ½ Jahre später realisiert.

Doch das Märchen hatte noch weitere Kapitel. Nach einem Vortrag in Boston 1994, in dem ich auch über Otto Weidt berichtete, stand plötzlich ein Herr vor mir, dessen Anblick mich erschreckte. Die Form seines Gesichtes, seine Bewegungen, seine Ausdrucksweise – es war Gary, der Sohn meiner Kollegin Alice Licht, der seiner Mutter so ähnlich sah. Gary erfuhr durch meinen Vortrag vieles über seine Mutter, die bereits gestorben war. Sie hatte nie über die Zeit bei Otto Weidt gesprochen. Wie so viele Gerettete nicht fähig sind, das Erlebte in Worte zu kleiden. Gary und ich trafen uns in seinem Kibbuz in Israel wieder. Seine Anwesenheit in Boston und damit unser erstes Zusammentreffen war rein zufällig zustande gekommen. Wir verdanken Gary eine ganze Reihe von Dokumenten aus der Hinterlassenschaft seiner Mutter, die Eingang in unsere Ausstellung gefunden haben.

Die uns von Staatsminister für Kultur, Michael Naumann, versprochene Dauerausstellung kam schließlich zustande, gleichzeitig mit der Wiedereröffnung der gesamten Fläche, die einst die Blindenwerkstatt ausmachte.

Und dies geschieht in Zusammenarbeit mit der Gedenkstätte Deutscher Widerstand, der wir vor einigen Jahren angegliedert wurden. Hier erfahren wir von Professor Dr. Tuchel und seinen Mitarbeitern großartige Unterstützung, die unsern Traum vom Zentrum für

Stille Helden mit der Blindenwerkstatt und Otto Weidt als Mittelpunkt verwirklichen wird.

Doch ich möchte Ihnen auch davon berichten, daß wir vom ersten Tag unserer Existenz an im Jahr 1999 bestrebt waren, alles zu tun, um dem Aufbau eines Museums gerecht zu werden. Wir registrieren schon jetzt nach nur knapp sechs Jahren 20.000 Besucher pro Jahr, und diese Zahl steigt stetig. Eine große Zahl von Besuchern kommt übrigens aus den USA und vor allem aus Israel. Diese Zahl schließt Gäste ein, die zu unseren Veranstaltungen kommen mit Themen, die unserer Arbeit entsprechen. Dazu haben wir etwa 300 Führungen von Schulklassen im Jahr. Auch hier gibt es erfreulicherweise eine steigende Tendenz. Wobei ich bemerken möchte, daß mich die Zahl der Besucher und Schüler aus der ehemaligen DDR nicht befriedigt. Die Gründe für das Desinteresse der Ostdeutschen für unser Museum und dessen Inhalt ist mir unverständlich.

Im Jahr 2000 gründeten wir den Förderverein „Blindes Vertrauen". Wir haben heute über 100 Mitglieder, von denen man uns sagt, diese Zahl sei erfreulich hoch. Uns reicht sie natürlich noch nicht. Wir haben in diesen ersten Jahren fünf Ausstellungen präsentieren können. Dabei kam uns der Maler Bruder Lukas Ruegenberg zu Hilfe, der unser Kinderbuch „Papa Weidt" illustriert hat und seine Bilder zu einer Ausstellung zur Verfügung stellte – eine Ausstellung, die in Westdeutschland immer noch gezeigt wird. Von ihm stammte auch die Ausstellung seiner Bilder zum Jugendbuch „Jakob der Lügner" von Jurek Becker. Die Karten aus Theresienstadt ergaben eine Ausstellung mit dem Titel „Zwischen den Zeilen".

Eine Ausstellung galt Erich Frey, einem stark sehbehinderten Mitarbeiter der Blindenwerkstatt, den Weidt, wie wir erst vor wenigen Jahren erfuhren, in einem der

Keller des Hauses Rosenthaler Straße versteckt hatte. Frey ist leider von der Gestapo geschnappt und nach Auschwitz deportiert worden. Unsere bisher letzte Ausstellung über das Jüdische Kinderheim in Niederschönhausen, das Otto Weidt unmittelbar nach dem Krieg wieder aufzubauen mithalf, wird von anderen Museen dieser Stadt übernommen werden.

Spenden unserer Mitglieder werden es uns ermöglichen, in Kürze Stolpersteine für 24 der ehemaligen Mitarbeiter der Werkstatt vor ihrem letzten Wohnort verlegen zu lassen. Schulkinder werden die nötigen Recherchen durchführen.

Wir gingen in kurzer Zeit einen langen, nicht immer leichten Weg. Ich bin ein bißchen stolz darauf. Dabei erfreut mich die Tatsache, daß viele junge Leute zu uns kommen, deren Interesse an unserer Ausstellung und deren Neugier, die Wahrheit über die Vergangenheit zu erfahren, erstaunlich und erfreulich groß ist. Es läßt die Hoffnung zu, daß sie verstehen, was unsere Ausstellung ihnen sagen will, und daß sie die Maxime verinnerlichen, nach denen Otto Weidt lebte, nämlich, daß jeder Mensch auf dieser Erde ein Recht auf Leben hat, ganz gleich, welcher Hautfarbe, ganz gleich, welcher Religion, ganz gleich, welcher politischen Bindung.

In diesem Sinne wünsche ich uns weiterhin eine gute Zusammenarbeit, die auch den heutigen Tag prägen soll.

Endspurt – Überleben in Berlin 1943–1945

Man schrieb den 27. März 1945. Die Armeen der westlichen Alliierten und der Sowjetunion stießen unaufhaltsam innerhalb Deutschlands in Richtung Berlin vor. Ihr Sieg über das nationalsozialistische Deutschland war nur noch eine Frage von wenigen Wochen.

An jenem 27. März gelang es der Gestapo zum letzten Mal, Juden in Verstecken aufzustöbern und sie – 42 an der Zahl – aus Berlin ins Lager Theresienstadt zu befördern.

Zwei Jahre zuvor hatte der Reichsminister für Propaganda, Joseph Goebbels, Berlin für *judenrein* erklärt und dies als einen großen Sieg nationalsozialistischer Politik gefeiert. Seinem Tagebuch vertraute er an, daß es Juden gegeben habe, „die uns durch die Hände gewischt sind. Aber wir werden ihrer noch habhaft werden." Und tatsächlich – in letzter Minute konnten die Nazis noch einige dieser Menschen dem von ihnen für sie bestimmten Schicksal zuführen.

Der Wendepunkt im von den Nazis angezettelten Krieg war schon Anfang des Jahres 1943 überschritten. Die deutsche Armee hatte in einer der längsten und grausamsten Schlachten um die Stadt Stalingrad eine ihrer folgenschwersten Niederlagen erlitten. Die letzten Soldaten der 6. Armee hatten sich ergeben und waren mit Generalfeldmarschall Paulus den Weg in die sowjetische Gefangenschaft angetreten. Von da an trieben sowjetische Truppen deutsche Soldaten aus ihrem Land dahin zurück, wo sie hergekommen waren. Als *Frontbegradigung* stellte das Oberkommando der Wehrmacht den um ihre Männer und Söhne bangenden Frauen diese Operation dar.

Zur gleichen Zeit verstärkten die nationalsozialistischen Machthaber die Zahl der Deportationen von Berliner Juden in Richtung Auschwitz. Am 27. Februar 1943 holten sie die noch in der Stadt lebenden Juden ab. Sie holten sie von den Werkbänken, an denen sie zur Herstellung von Munition und Materialien für Hitlers Krieg gezwungen worden waren. Sie holten sie aber auch vor aller Augen der Hausbewohner aus ihren Wohnungen oder griffen sie auf der Straße auf. Für den Transport von über 7.000 Menschen in die Konzentrationslager hatten sie erstaunlicherweise Waggons zur Verfügung, die ihnen zu jener Zeit für den Nachschub ihrer Soldaten an die Front häufig fehlten. Dieser 27. Februar 1943 ist als *„Fabrikaktion"* in den beschämendsten Teil zeitgenössischer deutscher Geschichte eingegangen.

An jenem 27. Februar 1943 endete das Leben und Wirken jüdischer Menschen in dieser Stadt. Von den einst 160.000 Einwohnern jüdischen Glaubens hielten sich nur noch jene in Berlin und Umgebung auf, denen es gelungen war, sich zu verstecken. Ihre genaue Zahl ist unbekannt. Schätzungen zufolge handelte es sich um 7.000 bis 10.000 Menschen, die den Versuch unternahmen, den Nazi-Häschern zu entkommen. Wenige Tage nach der *Fabrikaktion*, in der Nacht vom 1. zum 2. März 1943, flogen englische Bomberverbände einen der ersten schweren Luftangriffe auf Berlin. Er konzentrierte sich, wohl rein zufällig, auf einen Bezirk, in dem viele Juden ihre Wohnungen hatten. „Die Juden rächen sich", so flüsterten Berliner einander zu.

„Sie ermorden sie alle." Die das unter Tränen sagte, war Emma Gumz. Zusammen mit ihrem Mann betrieb sie eine Wäscherei mit Heißmangel im Westen Berlins (Knesebeckstr. 17). Der Nachbarsjunge sei auf Heimaturlaub von der Ostfront. Dort habe er gesehen, was sie mit den Juden machen, berichtete die Frau. Der junge Soldat hätte unterschreiben müssen, daß er nicht darüber spricht, was er gesehen habe. „Aber wer kann denn das?", fügte sie hinzu. Und dann kam es wie ein Befehl aus ihrem Mund: „Frau Deutschkron, Sie nehmen den *Stern* ab und kommen mit Inge zu uns. Wir verstecken Sie!" Als wir tatsächlich nach längerem Nachdenken und vielen Gesprächen am 15. Januar 1943 bei der Familie Gumz untertauchten, leuchteten die Augen dieser Frau, und sie sagte sehr bewegt: „Ich bin ja so stolz, daß ich Sie dazu überreden konnte."

Sie kamen aus Lehrerkreisen, waren Arbeiter, Professoren, Gewerkschafter, Politiker, Kleinfabrikanten, die uns wie Frau Gumz ihre Hilfe anboten. Sie hatten von Anfang an ihre Augen nicht vor dem Unrecht verschlossen, das Juden, politischen Gegnern, Gewerkschaftern, Homosexuellen, Zigeunern von den 1933 an die Macht gelangten Nationalsozialisten angetan wurde. Sie waren Menschen aus allen Schichten der Gesellschaft mit stark ausgeprägtem Gefühl für Recht und Unrecht. Und so dachten sie auch nicht darüber nach, was es in diesem Staat, in dem von nun an politische Verbrecher das Sagen hatten, für Folgen für sie selber haben würde, könnte man sie als Beschützer von Juden enttarnen. Sie ertrugen es einfach nicht, untätig zusehen zu müssen, wie man Menschen ihrer Religion oder ihrer politischen Einstellung wegen verfolgte. Und schließlich ihrer Ermordung zutrieb.

Meiner Mutter war der Entschluß, uns der Deportation zu entziehen, nicht leicht gefallen. Im November 1942 waren die letzten Mitglieder unserer Familie *abgewandert*, wie Deportationen im Amtsdeutsch umschrieben wurden. War es rechtens, sie mit ihrem Schicksal allein zu lassen, das auch für uns bestimmt war? Meine Mutter suchte eine Antwort auf diese Frage. Sie fand sie nicht, Schuldgefühle blieben zurück. Sie verließen uns nie. Ein Leben lang.

Dazu plagte sie die Sorge, wie lange dieser ihr unwürdig erscheinende Zustand, ohne eigenes Dach über dem Kopf und mit allen Kleinigkeiten und Lebensnotwendigkeiten auf die Freunde angewiesen, dauern würde. Drei Monate?, wie ein Freund nach jedem den Nazis abträglichen Ereignis, wie der Zusammenbruch der deutschen Front in Nordafrika oder der Sturz Mussolinis, immer wieder voraussagte? Überzeugen konnte er mit dieser Meinung niemanden. Doch seine Freunde und auch wir vernahmen seine Prophezeiungen nur allzu gern. Ein bißchen Hoffnung blieb immer zurück.

Der englische Sender BBC tat ein übriges. Er versorgte jene, die es wissen wollten, mit Nachrichten in deutscher Sprache über den Stand des Krieges aus englischer Sicht. Es war bei Todesstrafe verboten, ausländische Sender abzuhören. Doch diese Sendungen wurden bald zu Ritualen des Tagesablaufs aller unserer Freunde, die man nicht versäumen durfte. Mit einer Decke über Kopf und Radio krochen sie förmlich in den Apparat hinein. Oft verzweifelten sie und fluchten, wenn der Sender gestört wurde, von denen, die nicht wollten, daß das deutsche Volk die Wahrheit über den Krieg erfahren sollte. Manch hitzige Debatte folgte diesen Nachrichten aus der freien Welt, die jeder auf seine Art interpretiert sehen wollte. Aber jede Auslegung hatte das baldige Ende des Naziregimes im Blick.

Nach der Entscheidung, das Verstecken zu wagen, waren wir damit beschäftigt, unsere Habe soweit zu reduzieren, daß sie für uns keine Last und für unsere Freunde keine Belästigung sein würde. Was wir nicht mitnehmen konnten, machte ich durch Risse und Löcher unbrauchbar. Ich hatte eine böse Freude an dieser Zerstörung. Wir vertrauten nun voll und ganz auf unsere Freunde und waren unendlich dankbar für ihren Enthusiasmus, uns vor den Nazi-Mördern bewahren zu wollen. Beunruhigende Gedanken verdrängten wir schnell. Doch einer wollte nicht weichen: *Wir* übernahmen kein Risiko. Unsere Bestimmung hieß Auschwitz. Doch was würde aus *ihnen* werden, die sich auf so gefährliche Weise mit uns verbunden hatten?

„Aber Ella, wir werden euch doch nicht im Stich lassen“, empört reagierte Grete Sommer, als wir zögernd und zaudernd vor ihrer Tür standen. Pakete mit unseren wenigen Habseligkeiten in den Händen. Wir hatten unser erstes Versteck Hals über Kopf verlassen müssen. Die Nachbarin hatte zwei Frauen bemerkt, die im Hause Gumz aus- und eingingen. Es seien Verwandte aus Pommern, hatte Frau Gumz der neugierigen Frau erklärt, die, so schien es, zufrieden abzog. Aber war sie es wirklich? Würde sie eventuelle Zweifel an unserer Identität dem Blockwart melden? Möglicherweise war ihr Ehemann Mitglied der NSDAP und würde die Zweifel prüfen lassen. „Wir müssen aufgeben“, meine Mutter war kreidebleich, und sie nahm die tröstenden Worte der Frau Gumz, daß sie uns trotzdem weiterhelfen würde, mit Lebensmitteln zum Beispiel, gar nicht mehr auf.

Die erste Nacht in Gretes 1½-Zimmerwohnung (Storkzeile 8) schliefen wir auf dem Fußboden des Wohnzimmers. Die Lehnen der Sessel dienten als Kopfpolster. „Ein Provisorium“, tröstete Grete. „Keine Sorge, wir bringen euch schon unter.“ Schließlich schloß sie uns jeden Abend in ihrem Papiergeschäft (Westfälische Str. 64) ein. Auf Auflegern von Couches bauten wir hinter dem Tresen unsere Schlafstätte auf. Wir löschten eiligst das Licht und tappten im Dunkeln umher, damit nicht auffiel, daß jemand zu so ungewöhnlicher Stunde im Laden war. Wir wagten uns kaum zu mucksen, registrierten jedes Geräusch und wußten, daß auch dieser Zustand nicht lange währen konnte.

Er endete schon am folgenden Wochenende. Im Laden konnten wir natürlich nicht bleiben. Es würde auffallen, wenn wir am Sonntag wie an jedem Wochentag als erste Kunden den Laden verließen. Das Bootshaus der beiden in Schildhorn bot sich an. Sie hatten es 1933 erworben, um dort mit ihren politischen Freunden zusammenzutreffen und mit ihnen in ihrem Ruderboot auf der Havel zu fahren, ohne daß ihre politischen Gespräche belauscht werden konnten. Es war Februar, kalt und stürmisch. Das prasselnde Feuer wärmte die zwei kleinen Räume des Bootshauses. Doch auch die so entstehende Gemütlichkeit und die von Grete erzwungene Heiterkeit vertrieben die Sorgen nicht, wie es mit uns weitergehen sollte.

Für uns hatte sich vieles verändert. Wir waren auf der Flucht, waren Obdachlose, waren Menschen ohne Recht auf Leben. Seltsam war uns zumute. Äußerlich glichen wir nun *den anderen*. Solange ich den *Stern* getragen hatte, war ich angeguckt worden, war im Blickfang der Passanten gewesen. Einige wenige hatten mir durch freundliches Augenzwinkern ihre Sympathie zu erkennen gegeben. Andere wußten offenbar um unsere Not und wagten, mir im Gewühl überfüllter Verkehrsmittel Lebensmittelmarken oder Obst in die Manteltasche zu stecken. Jene, die ihren Haß auf Juden ausdrücken wollten, schnitten uns böse Grimassen. Die Mehrheit jedoch blickte mit ausdruckslosen Augen auf uns. Sie guckten quasi durch uns hindurch.

Ich gebe es ehrlich zu: Ohne den *Stern* am Mantel fühlte ich mich erleichtert. Ich war mir dieses *Sterns* immer bewußt gewesen. Mit meinem Gesichtsausdruck, einer Maske gleich, hatte ich den Vorübergehenden sagen wollen: „Seht her, so sieht sie aus, eine Jüdin!“ Und nun ging ich die ersten Tage ohne den *Stern* keineswegs ungezwungen durch die Menge. Im Gegenteil – nun guckte ich sie an, prüfend, ob sie mich wohl kannten, mich als entflohene Jüdin erkannten. Doch die Menschen gingen an mir vorüber, einfach so. Ich sah ihre Gesichter. Sie sahen besorgt aus, hart und grau. Ihr Blick war nach innen gerichtet, nicht auf mich. Der Krieg im fünften Jahr hatte niemanden unbeschädigt gelassen.

Noch vor kurzem waren sicherlich auch Menschen, die den *Stern* trugen, durch diese Straßen gehastet, hatten nicht nach links, nicht nach rechts geguckt, sich nicht umgesehen, waren in der einen Stunde, die ihnen für ihre Einkäufe gewährt worden war, von Laden zu Laden gehetzt. Schnell weg von der Straße, die nur Unheil versprach. Wo waren sie nun? Nein, ich wollte es nicht wissen. Und jene, die an mir vorübergingen, gewiß auch nicht. Sie trugen an ihrem eigenen Geschick. Und ich – ich wurde ihn nicht los, diesen *Stern*.

„Du bist von nun an Gertrud Dereszewski." Der blinde Otto Weidt hielt mir ein Arbeitsbuch hin. Er war der Besitzer einer Blindenwerkstatt, in der er dreißig jüdische Blinde beschäftigte (Rosenthaler Str. 39). Er haßte die Nazis und tat alles, um seinen jüdischen Arbeitern zu helfen. Er stand ihnen mit Rat und Tat zur Seite. Er sorgte für zusätzliche Lebensmittel – die Rationen für Juden wurden immer mehr gekürzt. Er reklamierte sie bei der Gestapo, als es um ihre Deportation ging. Als die Gestapo eines Tages unerwartet alle dreißig Blinden aus der Werkstatt zur Deportation abholte, überzeugte Otto Weidt die Gestapo, daß er ohne diese Arbeiter die von der Wehrmacht bestellten Waren nicht liefern könnte. Er holte sie persönlich aus dem Sammellager wieder ab.

Die Gertrud Dereszewski, eine Prostituierte, deren Arbeitsbuch ich nun erhielt, sei nicht gewillt, wie andere deutsche Frauen bis zum Alter von 55 Jahren zur Arbeit in einer Munitionsfabrik dienstverpflichtet zu werden, erklärte mir Otto Weidt. Deshalb verkaufte sie ihr Arbeitsbuch. Ihre Daten glichen den meinen. So wurde ich offiziell als Arbeiterin der Blindenwerkstatt bei den Behörden gemeldet. Wir alle verehrten Otto Weidt und nannten ihn *Papa*. Er hatte für uns diskriminierte, verachtete und verfolgte Menschen in seiner Werkstatt eine Oase der Menschlichkeit geschaffen.

Ich war nun dank des Arbeitsbuches der Dereszewski die einzige *Legale* unter sieben Mitarbeitern der Blindenwerkstatt, die sich der Deportation entziehen konnten. In Vorahnung nazistischer Politik, alle Juden aus Berlin zu deportieren, hatte Weidt Verstecke für einige und ihre Familien gefunden. Den letzten fensterlosen Raum hatte er durch einen Schrank von der Werkstatt abtrennen lassen. Dort brachte er vier Personen unter. Ein gemieteter Laden, als Lagerraum für seine Werkstatt getarnt, diente drei Personen. Eine blinde Heimarbeiterin und ihre sie betreuende Schwester nahm eine Puffmutter auf. In einem der Keller des Hauses Rosenthaler Straße 39 hauste einige Zeit ein Blinder mit seiner Frau.

Am 27. Februar 1943 wurde das Unfaßbare Wirklichkeit. Sie holten alle noch legal lebenden Juden ab – wo immer sie sie fanden. Danach war in der Blindenwerkstatt gähnende Leere. Die Blinden und die sehenden Zuarbeiter waren wie alle anderen Berliner Juden Opfer der *Fabrikation* geworden. Drei nichtjüdische Bürstenmacher und zwei durch ihre nichtjüdischen Frauen vor Verfolgungen geschützte Blinde saßen wie gewohnt an ihren Werkbänken. Zu ihnen gesellten sich die Versteckten, die einige Aufgaben der deportierten Kollegen zu übernehmen suchten. Die Werkstatt war schließlich Otto Weidts Existenzgrundlage und ihre einzige Überlebenschance. Doch die Angst, entdeckt zu werden, verließ sie nie. Die Gestapo suchte Keller und Verließe ab, inspiziere Abwässerkanäle. Das waren für sie nicht nur Gerüchte.

Dann waren da noch die Bombenangriffe – bei Tag und bei Nacht, die ganze Stadtteile in Steinwüsten verwandelten. Versteckte Juden konnten in den Häusern, in denen sie Zuflucht gefunden hatten, nicht die Schutzräume aufsuchen. Luftschutzwarte kontrollierten die Ausweise an Hand von Einwohnerlisten mit der Akribie eines deutschen Beamten. So blieben Illegale meist in ihren Verstecken. Traf eine Bombe das Haus und fand man sie in einer der Wohnungen, war nicht nur ihr Schicksal besiegelt.

Im Laufe des Jahres 1943 mehrten sich Ereignisse, die das Ende des Krieges und der Naziherrschaft nicht mehr als Utopie erscheinen ließen. Auf einer Konferenz in Casablanca beschlossen der amerikanische Präsident und der britische Premierminister die „bedingungslose Kapitulation des deutschen Reiches". Ein Beweis, wie sicher sie sich ihrer Sache waren. Gleichzeitig befahlen sie die ersten Landungen alliierter Truppen auf Sizilien, später auch in Süditalien, die erfolgreich verliefen.

Sondermeldungen des deutschen Oberkommandos, man habe sowjetische Truppen entscheidend zurückgeschlagen, hielten dagegen. Wir wußten nicht, woran wir glauben sollten. Die Furcht, Nazi-Deutschland könne doch noch als Sieger aus diesem Zweiten Weltkrieg hervorgehen, ließ uns nicht zur Ruhe kommen. „Keine Macht der Welt, kein Teufel aus der tiefsten Hölle kann uns den Sieg entreißen!" Mit diesen Worten beruhigte Joseph Goebbels jene Menschen seines Volkes, die zu zweifeln begonnen hatten.

Otto Weidt zeigte sich nun seltener in der Werkstatt. Er konnte es nicht verwinden, daß er seine dreißig Blinden nicht vor der Deportation hatte bewahren können. Mit Mühe hatte er einige nichtjüdische Blinde gefunden, die die Plätze der Deportierten einnehmen sollten. Ihre Zahl reichte nicht aus, um die Produktion auf der gewohnten Höhe zu halten. Ihm drohte der Verlust von Wehrmachtsaufträgen. Und ohne Produktion konnte er keine Lebensmittel auftreiben, die er für seine Versteckten brauchte. Er war nicht mehr der strahlende Sieger von einst, als er die Gestapo mit seinen Argumenten und Geschenken überzeugte, daß er die jüdischen Blinden zur Herstellung von Besen für die Wehrmacht benötigte.

Einmal sah ich diesen Mann, der stets Auswege aus schwierigen Situationen gefunden hatte, ratlos. Einer seiner Illegalen lag in kritischem Zustand in seinem Versteck. Medikamente waren ohne Rezept, von einem zugelassenen Arzt unterschrieben, nicht zu haben. Er sprach schließlich ganz offen mit der Tochter des Kranken darüber, was im Falle des Ablebens des Vaters zu tun sei. Doch zum Glück fand sich ein jüdischer Arzt, der durch seine nichtjüdische Ehefrau von einer Deportation verschont blieb. Er war nur zur Behandlung von legal lebenden Juden zugelassen. Doch er war bereit, dem Kranken zu helfen. Ungeachtet der Gefahr für sich selbst, entfernte er den *Stern* von seinem Mantel und eilte ans Krankenbett des 62jährigen. Er konnte ihm helfen. Georg Licht wurde wieder gesund. Ein Aufatmen ging durch die Werkstatt. Das Schicksal des einen war doch mit dem Überleben der übrigen Versteckten verbunden. Eine Galgenfrist, von der sie nichts ahnten.

Weidts Bürstenfachmann Chaim Horn begegnete an einem Tag im Oktober 1943 einem ehemaligen Freund. Mit Stolz weihte er ihn in sein Geheimnis ein. Weidt habe ihn und seine Familie seit mehreren Monaten versteckt. Horn konnte nicht ahnen, daß er einem Spitzel der Gestapo gegenüberstand. Einem, dem die Gestapo als Lohn für aktive Mitarbeit Überleben versprochen hatte. Wenige Tage später erschien die Gestapo in der Blindenwerkstatt und holte sie alle ab. Es bleibt Weidts Geheimnis, wie es ihm gelang, daß seine Schützlinge *nur* nach Theresienstadt, dem Lager für Privilegierte ohne Gaskammern, und nicht direkt nach Auschwitz deportiert wurden.

Von da an packte Weidt Pakete für seine Freunde in Theresienstadt mit Trockengemüse, Trockenkartoffeln, trockenem Brot, mit allem, was er ohne Lebensmittelmarken auftreiben konnte. Auf vorgedruckten Karten bestätigten die Freunde den Empfang. In einem kurzen ihnen erlaubten Gruß machten sie klar, wie bedeutend diese Sendungen für sie waren. „Grüß meine Freunde, die Wittlers", stand da zu lesen. Wittler war zu jener Zeit der größte Brotfabrikant in Berlin. Ein andere adressierte seine Dankespost „an die Kartoffelgroßhandlung Otto Weidt".

Es war 1944, das fünfte Kriegsjahr. Fast täglich prasselte ein Feuersturm auf die Stadt nieder. Manchmal kamen die Bomber auf die Minute genau wie am Vorabend und luden ihre todbringende Last ab. Sie operierten fast ungehindert über der Stadt. Soldaten auf Heimaturlaub reagierten mit Entsetzen auf die Angriffe aus der Luft. Diese seien viel furchtbarer als alles das, was sie tagtäglich an der Front ertragen müßten.

Der Splittergraben, ein öffentlicher Schutzraum, und daher auch für uns zugänglich, bäumte sich auf wie ein Schiff in starkem Seegang. Die Holztüren schlugen im Luftdruck lärmend hin und her. Das Krachen der herabstürzenden Bomben war ohrenbetäubend. Blitze zuckten. Der ganze Himmel war in Bewegung. Wenn der Bombenhagel abflaute, lugten einige vorsichtig aus dem Graben. Ihr Bericht war meist niederschmetternd. Im näheren Umkreis schien alles zu brennen. Als Entwarnung gegeben wurde, rannten alle durch den schwarzen Qualm der brennenden Häuser in Richtung ihrer Wohnungen. Einige Häuser brannten lichterloh. „Man kann sie doch löschen!“, riefen die Menschen verzweifelt aus. Doch ohne Widerhall. Es fehlte an Wasser. Die wenigen zur Verfügung stehenden Löschzüge der Feuerwehr wurden für nahe Gebäude der SS und des Oberkommandos des Heeres eingesetzt. Ich hörte das erste Mal Flüche gegen die Regierung: „Wohnungen von Frauen und Kindern, deren Männer und Väter an der Front das Vaterland verteidigen, sind offensichtlich nicht so wichtig“, schimpften sie. Doch dann gingen die Ausgebombten eiligst daran, einige ihrer Wertsachen und Dokumente aus den brennenden Wohnungen zu retten.

Andere, deren Häuser nicht Opfer der Flammen geworden waren, hämmerten und nagelten sofort nach der Entwarnung mitten in der Nacht, um Pappe an die Stelle der geplatzten Fensterscheiben einzusetzen. Den Tag über sprachen sie von diesem Angriff, wohl wissend, daß am Abend mit großer Wahrscheinlichkeit der nächste folgen würde. Die nationalsozialistische Volkswohlfahrt beköstigte alle, die Adressen aus ausgebombten Häusern nachweisen konnten. Meine Mutter und ich fanden uns schnell im stündlich wachsenden Chaos zurecht. Es gab Bohnenkaffee und dick beschmierte Leberwurststullen – ein für das fünfte Kriegsjahr luxuriöses Angebot. „Sie haben Angst vor uns Ausgebombten“, hörte ich jemanden sagen. In Hamburg, auf das am 25. Juli 1943 einer der schwersten Luftangriffe des Krieges niedergegangen war und Tausende von Toten gefordert hatte, hätten Ausgebombte rebelliert. Es mag das Ziel der Alliierten gewesen sein, mit Hilfe der vernichtenden Luftangriffe den Widerstand der Deutschen gegen ihre Führung anzufachen. Aber das gelang ihnen nicht.

„Wir müssen doch siegen!" Beschwörend klangen diese Worte, die Zuhörer nickend bestätigten. „Was soll denn sonst aus Deutschland werden?" Sie fragten es flüsternd den Nachbarn auf der Treppe, den zufälligen Gesprächspartner auf der Straße, den vor ihnen in der Schlange nach Lebensmitteln anstehenden Volksgenossen. Sie sprachen nicht davon, daß Deutsche sich an vielen Völkern Europas versündigt hatten. Viel eher glaubten sie, beweisen zu können, daß die Welt Deutschland habe vernichten wollen.

Und nun war einer gekommen, der Deutschlands Größe wieder herstellen wollte. So sollte es sein, so könnte es sein, so würde es sein. Deutschlands Generäle folgten den Anweisungen des Führers, der Rückzug verboten und gedroht hatte, alle jene zu entlassen, die sich diesem Befehl widersetzten. Derartige Gespräche endeten meist mit dem Hinweis auf Deutschlands Wunderwaffen, die noch in der Entwicklung seien, die V1 und die V2, die bereits englische Städte zerstört hätten, oder die Armee Wenck, von der zwar keiner wußte, wo sie auf ihren siegesgewissen Einsatz wartete. Deutschland hätte die modernsten Waffen und Soldaten, die es als ihre Mission ansahen, die Feinde zu besiegen und ihr Land zu Ruhm und Ehre zurückzuführen. Ein tiefer Seufzer begleitete die Schlußpunkte derartiger Gespräche: „Ach, wenn der Krieg nur bald ein Ende hätte."

In der Nacht vom 30. Januar 1944 setzten Bomben auch das Haus in Brand, in dem wir ein so günstiges Versteck gefunden hatten (Sächsische Str. 26). „Ihr könnt bei mir bleiben, so lange Ihr wollt." Mit diesen Worten hatte uns Lisa Holländer aufgenommen. „Ich habe keine Angst, mein Liebstes haben sie mir schon genommen." Ihr jüdischer Ehemann, bis 1938 ein erfolgreicher Exportkaufmann, war plötzlich und grundlos verhaftet worden. Seine Frau erfuhr nie etwas über sein Schicksal, bis eines Tages ein Paket aus einem Konzentrationslager mit seiner blutigen Hose eintraf und dem Vermerk: Paul Holländer sei an einem Herzversagen gestorben.

„Unser Versteck", murmelte meine Mutter vor sich hin und guckte in die Flammen, die sich langsam und ungehindert in unser Haus fraßen. Wir verbrachten die Nacht auf der Straße, saßen auf geretteten Matratzen, aus denen bei der kleinsten Berührung Flammen aufspritzten. „Wo sollen wir bloß noch hin?"

Ich gab vor, ihr nicht zuzuhören. „Ich habe keine Kraft mehr." Selten hatte ich meine Mutter so verzweifelt gesehen. „Immerzu fliehen." Sie war Anfang fünfzig. Die Jahre von 1933 an mit den Verfolgungen und Drohungen, den Verboten und Verhaftungen, hatten an ihrer Kraft gezehrt. „Eines Tages werden sie uns doch finden." Und sie rechnete mir vor, aus wie vielen Verstecken wir schon hatten fliehen müssen. „Mach du allein weiter! Ich gebe auf!" Ich ertrug das nicht. Ich stürzte in ihre Arme, schüttelte sie und schwor, daß ich sie nicht allein gehen lassen würde. Ich würde natürlich mit ihr gehen, wenn sie darauf bestand, aufzugeben. „Du mußt weitermachen, du hast die Kraft dazu", entgegnete sie.

Tante Lisa hatte Bruchstücke unseres Gesprächs mitangehört. „Wie kannst du nur so sprechen, Ella, denk doch an uns, die Freunde. Auch wir warten sehnsüchtig auf das Ende." Und sie verwies auf die militärische Lage Nazi-Deutschlands. Es gäbe doch nun wirklich keine Zweifel mehr darüber, daß Deutschland den Krieg verlieren und das Ende des Naziregimes Gewißheit würde. „Ach, es dauert doch alles so lange", entgegnete meine Mutter sehr leise und auch ein bißchen verlegen.

Walter Rieck, einer unserer Helfer, hatte von den schlimmen Zerstörungen in unserem Bezirk gehört und fürchtete um unsere Sicherheit. Zwei Frauen ohne Papiere würden ohne Zweifel als versteckte Jüdinnen entlarvt werden, sobald die Verwaltung die Lage wieder im Griff hatte. Rieck nahm uns nach Potsdam mit. Dort hatte seine Familie in einer kleinen Siedlung am Stadtrand einige Zimmer gemietet. Wie das so viele ausgebombte Berliner getan hatten oder solche, die die Angst vor den Bomben in das noch heile Potsdam getrieben hatte. Die Familie Rieck rückte zusammen. Es gab noch Platz für uns. Ein Provisorium natürlich.

Mit Hilfe einiger Bewohner der Siedlung, die Mitleid mit den in Berlin ausgebombten Richters hatten, wie wir uns nun nannten, fanden wir eine Unterkunft. Es war ein ehemaliger Ziegenstall aus Beton, Fliegenfenstern und Holztüren und einem Herd aus roten Ziegelsteinen mit einer einzigen Kochstelle, die mit Holz gespeist werden mußte. Wärme strahlte sie allerdings nicht aus. Dieses Häuschen mit einem kleinen Schlafraum war offiziell als unbewohnbar gemeldet und darum für uns geeignet. Die Nachbarn liehen uns Betten, einen Schrank und ein paar Kochtöpfe.

Die Propaganda der Regierung, die den Endsieg als Gewißheit versprach, war schal geworden. Die Menschen hatten zu zweifeln begonnen. Sie lauschten Gerüchten, hörten Spekulationen zu und machten sich ihre eigenen Gedanken. In der Anfangsphase der Naziherrschaft hatten viele die neue Politik unterstützt, ohne die verbrecherischen Absichten der Nationalsozialisten zu durchschauen. Das in Hitlers „Mein Kampf" enthaltene Programm der NSDAP hatten nur wenige gelesen. Doch es klang gut, was sie über die Möglichkeiten zur Beseitigung der Not des deutschen Volkes hörten. So nahm die Mehrheit alles hin, glaubte auch, daß alles rechtens sei, selbst die Diskriminierungen und Entrechtungen der Juden und derer, die sich den Zielen der neuen Regierung entgegenstellten. Es war doch alles so einfach. Diese Regierung dachte und handelte für sie. Die Erfolge ließen dies zu. Das eigene Denken konnte abgeschaltet werden.

Nun aber, da die Erfolge ausblieben, Niederlagen an der Tagesordnung waren, große Opfer vom Volk gefordert wurden, war ein Wandel spürbar. Hingeworfene Bemerkungen machten deutlich, daß die Menschen die von der Regierung propagierten Darstellungen der Lage nicht mehr so ohne weiteres hinnahmen. Es gab nur noch wenige, die nicht davon überzeugt waren, daß die Alliierten eines Tages eine Landung an der französischen Küste wagen würden, um Frankreich von den Deutschen zu befreien und auf das deutsche Festland vorzustoßen. Die schweren Luftangriffe bewiesen doch die Stärke der Alliierten. Die Frage, die die Menschen sich stellten, war, wann und wo die Invasion zu erwarten wäre. Die Argumente der Regierung, daß die Alliierten in einem solchen Falle eine schlimme Niederlage erleiden würden, klangen nur noch böse und schrill.

Zur gleichen Zeit brach die Ostfront immer mehr ein. Das Führerhauptquartier in der Ukraine wurde von russischen Truppen erobert. Deutsche Armeen wurden aufgerieben, andere eingekesselt. Die Belagerung von Leningrad, die 900 Tage gedauert hatte, mußte aufgegeben werden. Die Zahl der Opfer stieg auf beiden Seiten ins Unermeßliche. Immer zahlreicher wurden die Benachrichtigungen, daß der Sohn oder der Ehemann für „Führer, Volk und Vaterland“ gefallen sei. Andere Briefe enthielten die Nachricht, der Sohn oder der Vater sei vermißt gemeldet. Es wurde in allen Fällen darauf hingewiesen, daß auf Trauerkleidung zu verzichten sei. Sie sollte offenbar das Straßenbild nicht stören.

Aus sicherer Quelle behaupteten einige zu wissen, daß sich unter Offizieren der Wehrmacht Empörung breitmachte. Deutsche Soldaten würden so sinnlos geopfert. Trotzdem änderte sich nichts. Die Befehle, Verteidigung um jeden Preis und Verbot eines jeden Rückzugs blieben in Kraft. Sollte aus strategischen Gründen ein Rückzug zwingend werden, müßte das Prinzip der „verbrannten Erde" in Anwendung kommen, also die vollkommene Verwüstung der zu verlassenden Gebiete. So ein Zusatz in deutlicher Sprache. Der sich zurückziehenden Armeen folgten die Einsatzgruppen der SS und führten dies auch aus – an Menschen und Material.

Der Krieg beherrschte nun das Leben der Menschen bei Tag und bei Nacht. Bei Tagesanbruch versuchten sie, die Schäden zu reparieren, die die Bomber in der Nacht angerichtet hatten. Dann kam der Gang zum Kaufmann, nicht um etwas Bestimmtes zu kaufen, sondern um zu nehmen, was zu haben war. Die Auswahl war kleiner geworden, seitdem die Deutschen besetzte Gebiete hatten aufgeben müssen, in denen sie Produkte jeder Art zu requirieren pflegten. Anstehen gehörte nun meist dazu – für die Milch, die wegen der Bombenschäden auf den Straßen vom Umland nach Berlin nicht zur Zeit eintraf. Für Gemüse und Obst, die aus Mangel an Arbeitskräften knapper und einseitiger geworden waren, für Fleisch, das ohnehin nur noch in kleinen Mengen zu haben war.

Für unsere Freunde wurde es schwieriger, uns auch noch mit ihren knapper werdenden Rationen zu versorgen. Schwarzmarktpreise waren nicht mehr erschwinglich.

Pilze, die im Wald nahe unseres Ziegenstalles wuchsen, waren erst im Herbst eßbar. Meine Mutter und ich verlegten uns aufs Stehlen. Wir gingen an Felder heran, auf denen Gemüse gezüchtet wurde. Davon gab es als Folge der schlechten Ernährungslage viele im Umland von Berlin. Meine Mutter hatte ein starkes Handgelenk, mit dem sie Kohlköpfe abdrehte. Ich fing die „Ernte“ in einem Sack auf und hielt Wache, daß niemand uns störte. Meine Mutter arbeitete schnell. Als ich sie auf die große Menge der Kohlköpfe ansprach, die sie schon „geerntet“ hatte, bemerkte sie empört: „Was verlangst du eigentlich von mir: stehlen soll ich und dabei auch noch zählen?“ Wir lachten wie lange nicht mehr.

„Bitte begreife doch, du bist noch immer in Lebensgefahr.“ So bedrängte mich mein Freund Hans Rosenthal. Er wollte mir zu verstehen geben, daß auch die für die Nazis ungünstige Kriegslage sie nicht daran hinderte, entflohene Juden zu jagen. Rosenthal war Materialverwalter der Jüdischen Gemeinde. Es war ihm gelungen, gute Beziehungen zu einigen Berliner Grossisten aufzubauen, die ihn mit im Handel nicht mehr erhältlichen Waren belieferten. Die Gestapo hatte dies erkannt und ihn gezwungen, auch für sie derartige Waren heranzuschaffen. Dafür wurde er nicht deportiert. Seine Nähe zu den Mördern ergab, daß er uns mit Nachrichten über Aktivitäten der Gestapo versorgen konnte.

Er ließ uns wissen, daß die Gestapo eine *Geflitztenkartei* angelegt habe, in der sie die Namen aller derer verzeichnet hatten, die ihnen entkommen waren. Bei Personenkontrollen auf Straßen und in öffentlichen Verkehrsmitteln, die hauptsächlich Deserteuren der Wehrmacht und entflohenen Fremdarbeitern galten, waren versteckte Juden leicht zu identifizieren. Er warnte uns auch davor, leichtfertig Kontakte zu Unbekannten aufzunehmen. Viele Verhaftungen gingen auf Denunzierungen zurück.

Als meine Mutter und ich einmal mit der S-Bahn fuhren, stiegen am Bahnhof Zoo zwei Männer ein. Sie riefen den Reisenden zu, ihre Ausweise für eine Kontrolle bereitzuhalten. Zu unserem Glück begannen sie ihre Kontrolle im hinteren Teil des Wagens. So blieb uns noch Zeit, bei der Einfahrt in den Bahnhof Tiergarten aus dem vorderen Teil des Zuges zu springen und die Treppe hinunterzulaufen.

Es wurden auch jene Juden Beute der Gestapo, die ihren sie schützenden nicht-jüdischen Partner durch Scheidung oder Tod verloren hatten. Es sind Fälle bekannt geworden, in denen Beamte der Gestapo auf dem Friedhof darauf warteten, bis der Sarg in der Gruft verschwunden war, dann sofort den zurückbleibenden Juden griffen und ihn zum Sammelplatz für zu Deportierende führten.

„Ich kann Ihre Grüße an Alice leider nicht ausrichten. Sie ist nicht hier." Dieser mysteriöse Satz stand auf einer Postkarte aus Theresienstadt, die Berlin im Mai erreichte, auf der ein Freund von Alice ein von Weidt geschicktes Paket bestätigte. Es war ihm verboten, nähere Angaben zu machen. Tage danach löste sich das Rätsel. Eine weitere Postkarte, datiert vom 16. Mai 1944, traf in der Blindenwerkstatt ein. Darauf teilte Alice mit, daß ihre Eltern und sie nun im Zug von Theresienstadt ins Arbeitslager Birkenau säßen. Sie hatte diese Karte aus dem Zug geworfen. Jemand hatte sie aufgehoben und abgeschickt. Die deutsche Reichspost erhob Strafporto, denn es fehlte die Briefmarke.

Im Jahr 1944 fuhr die Deutsche Reichsbahn elf Transporte mit 389 Juden, die in Berlin aufgespürt worden waren, nach Auschwitz. Den letzten im Monat Oktober 1944. Zur gleichen Zeit wurden über 20.000 Menschen von Theresienstadt nach Auschwitz transportiert. Unter ihnen viele, die ursprünglich aus Deutschland in das sogenannte Vorzugslager Theresienstadt gebracht worden waren. Nun sollten auch sie ihr Ende in den Gaskammern von Auschwitz finden. Die Mörder hatten dazu allerdings nur noch einen Monat Zeit. Im November 1944 gab SS-Führer Heinrich Himmler Anweisung, die Gaskammern von Auschwitz abzuschalten. Den herannahenden russischen Truppen sollten die Verbrechen der Deutschen an Juden, Zigeunern, Polen, Russen, deutschen Kommunisten und anderen verborgen bleiben.

Otto Weidt war außer sich, als er Alices Karte entnahm, daß auch sie nun noch in Auschwitz einem schrecklichen Ende zugeführt werden sollte. Er beschloß, nach Auschwitz zu fahren, unter dem Vorwand, er sei Produzent von Besen und Bürsten und wollte sie der Lagerleitung zum Kauf anbieten. Er beliefere die Wehrmacht und verschiedene andere Lager und würde das auch für Auschwitz übernehmen. An dem von ihm angekündigten Datum im Juni 1944 ließ man den blinden Mann nicht ein.

Kurz darauf erfuhr er, daß seine Freundin Alice in ein Nebenlager in Christianstadt überwiesen worden war. Dort hatte er mehr Glück. Er traf einen polnischen Zivilarbeiter, der im Lager aus- und einging. Gegen ein Entgelt suchte und fand dieser Alice unter den dort arbeitenden Frauen. Von da an konnte Weidt Alice mit Verbandszeug, Medikamenten und Stärkungsmitteln versorgen. Von größerer Bedeutung aber war die Nachricht, die er Alice zukommen ließ: Er habe im nahen Ort ein Zimmer gemietet und dort Geld und Kleidung für sie hinterlegt. Sie solle, so bald sie könne, dorthin fliehen. Und so ist es schließlich auch gekommen. Eines Tages stand sie wieder in Berlin vor der Tür der Blindenwerkstatt.

Es war am Nachmittag des 6. Juni 1944. Die Tür unseres Papiergeschäfts wurde plötzlich aufgerissen. Jemand rief mit lauter Stimme in den Laden hinein: „Die Blätter sind gefallen“, schloß die Tür ebenso schnell wieder und verschwand. Grete und ich brauchten einige Zeit, um zu begreifen, was uns Käte Schwarz, eine unserer vertrauenswürdigsten Kundinnen, hatte mitteilen wollen. Dann erinnerten wir uns. Diese Worte stammten aus einer Rede, die der britische Premierminister im Unterhaus gehalten hatte. Winston Churchill hatte darin auf eine bevorstehende Invasion mit den Worten hingewiesen: sie werde durchgeführt werden, „bevor die Blätter fallen“. Dieser Hinweis war sowohl für das britische Volk bestimmt, das unter dem Beschuß deutscher Raketen litt, wie auch für das deutsche Volk, das nun schon Monate unruhig Berichte und Argumente verfolgte, die für oder gegen eine mögliche Invasion sprachen.

Alliierte Truppen waren in der Nacht vom 5. zum 6. Juni 1944 nahe Cherbourg gelandet. Im deutschen Heeresbericht am 7. Juni wurde diese Tatsache mit nichtssagenden Worten bekanntgegeben. Unsere Versuche, aus ausländischen Sendern mehr zu erfahren, schlugen fehl. Die Störsender waren verstärkt worden. Dennoch war nach drei Tagen klar, daß die Invasion unter großen Verlusten auf beiden Seiten geglückt war und Tausende von englischen und amerikanischen Soldaten in der Normandie Fuß gefaßt hatten. Im deutschen Heeresbericht wurde der Meldung über die Invasion alliierter Truppen hinzugefügt, deutschen Soldaten sei es gelungen, einen Keil in die englischen Stellungen zu treiben. Überdies habe man die englische Küste mit neuartigen Waffen bombardiert. Dies habe eine Massenflucht aus London zur Folge gehabt. Weitere Vergeltungsschläge würden folgen.

Die deutsche Führung hatte Wochen zuvor immer wieder versichert, die Alliierten würden eine Invasion nie wagen. Eine Niederlage an den mit modernsten Waffen gespickten Befestigungen wäre ihnen sicher. Doch viele Menschen waren skeptisch. Amerikaner und Engländer waren allein zahlenmäßig den Deutschen überlegen. Überdies würden nur die Sowjets davon profitieren. Der Kampf im Westen würde sie entlasten. Vor den Russen hatten die Deutschen eine fast panische Angst. Ihnen waren die Verbrechen deutscher Truppen an der russischen Bevölkerung nicht verborgen geblieben. Berichte erreichten die Berliner, nach denen auf deutsches Gebiet vordringende russische Truppen an Deutschen Rache nahmen. Die Bevölkerung war nervös wie nie zuvor in diesen Kriegsjahren, in denen sie so lange Sieger gewesen waren. Sie verloren das erste Mal ihre Sicherheit.

Eines Tages erschreckte uns eine Kompanie Soldaten, die mit Sturmgepäck ausgerüstet auf dem Fehrbelliner Platz Stellung bezog. Doch sie blieben dort nur wenige Stunden. Dann marschierten sie wieder ab, so geräuschlos, wie sie gekommen waren. Die Erklärung folgte Tage später. Deutsche Offiziere hätten ein Attentat auf Adolf Hitler verübt. Für den Fall, daß es gelänge, sollten Kompanien an strategisch wichtigen Punkten der Stadt Aufstellung nehmen. Das Attentat schlug fehl. Als die Kompanie abmarschierte, dem Befehl Hitler-treuer Offiziere folgend, waren jene, die das Attentat gewagt hatten, längst erschossen worden. Mit ihnen Verbündete wurden nach Schauprozessen vor dem Volksgerichtshof verurteilt und hingerichtet. Tausende von Soldaten wurden verhaftet. Die Nazis überschlugen sich in ihrer Wut gegen die, die das Ende des Krieges und der Naziherrschaft herbeiführen wollten. Ihre Brutalität gegenüber den Attentätern und ihren Familien kannte keine Grenzen.

Das deutsche Volk aber blieb stumm, als ob es sich unter den Schlägen duckte, die Hitler gegen seine Widersacher austeilen ließ. Der Putsch vom 20. Juli 1944 blieb ohne Wirkung auf das Kriegsgeschehen.

Uns aber traf es tief. Wenn doch der Putsch gelungen wäre! Wie viele Menschen hätten überleben können! Seit dem Frühjahr 1944 trieben die Nazis mit Hilfe ungarischer Faschisten noch 400.000 ungarische Juden in die Gaskammern von Auschwitz. Mehrere tausend Juden von den griechischen Inseln führten die Nazis einem gleichen Schicksal zu. Wie viele junge Menschen aus Ost und West von Europa wären nicht mehr den Wahnideen der Nazis zum Opfer gefallen! Wie viele Werte, die das Erbe Europas ausmachten, wären erhalten geblieben!

Die Diskussionen unserer ebenso enttäuschten Freunde drehten sich um die Frage, aus welchem Grunde das Ausland dem Putsch vom 20. Juli jegliche Unterstützung versagt hatte. Über ihre Medien ließen diese die Welt wissen, daß ihr unverrückbares Ziel die „bedingungslose Kapitulation" des Nazireiches sei und bleibe, dessen Macht ein für allemal gebrochen werden müsse.

Und dies hätte der Putsch einer relativ kleinen Gruppe von Offizieren aus dem Reich der vielen Millionen Deutscher nicht herbeiführen können.

Wir waren neidisch. Neidisch auf jene Menschen, die in Frankreich nun von der Nazityrannei befreit worden waren. Bis Mitte August hatten die Alliierten die Deutschen schon aus großen Teilen Frankreichs in Richtung Rhein vertrieben. Am 23. August hatten sie in Paris kapitulieren müssen. Wenige Tage später führte Charles de Gaulle einen Triumphzug über die Champs Elysées an. Das Ende der deutschen Besetzung von Paris war für uns wie ein Symbol, das es deutlicher nicht machen konnte: Das Ende der Nazityrannei über Europa würde Wirklichkeit werden.

Gewiß, der Weg nach Berlin war noch weit, vom Westen wie vom Osten. Und die Nazis hörten nicht auf, dem deutschen Volk den „Endsieg“ als Gewißheit einzuhämmern. Sie verdoppelten ihre Anstrengungen und forderten dies auch von ihrem Volk. Jeder Deutsche, der nicht in einem kriegswichtigen Betrieb beschäftigt und noch tauglich war, mußte an die Front. Frauen mußten ihre Plätze im zivilen Leben einnehmen, etwa bei der Feuerwehr oder in den Rüstungsindustrien. Geschäfte und Büros wurden überprüft. Wer abkömmlich schien, wurde eingezogen.

„Du mußt hier weg!“ Dr. Ostrowski erklärte mir, daß meine Tätigkeit als Verkäuferin im Papiergeschäft seiner Partnerin zu gefährlich geworden sei, seit nun auch weibliche Arbeitskräfte rekrutiert würden. Ich war verzweifelt und drückte das auch aus. Ich hatte mich zu sicher gefühlt und die Tätigkeit in diesem Papiergeschäft als beste Tarnung angesehen. Hinzu kam, daß ich mit den Kaufleuten aus der Nachbarschaft freundschaftliche Beziehungen angeknüpft hatte. Sie bekamen von mir selten gewordenes Briefpapier, sie brachten mir etwas Butter oder ein paar Äpfel, ohne zu ahnen, wie nötig ich das alles brauchte. Und nun? Dr. Ostrowski bot keine Alternative an. Was mir nun blieb, war, irgendwo spazierenzugehen, um die Zeit totzuschlagen. Eine nicht ungefährliche Aussicht.

Meine Mutter war in einer ähnlichen Lage. Der Druckereibesitzer Theodor Görner (Rosenthaler Str. 26) hatte meine Mutter unter falschem Namen eingestellt. Er lehnte die Nazis ebenso eindeutig ab wie Otto Weidt. Sie arbeitete in der Setzerei und erhielt den Lohn einer Arbeiterin. Am Anfang eines jeden Monats übergab Görner meiner Mutter Lebensmittelmarken, damit sie am Kantinenessen teilnehmen konnte. Eines Morgens erschien plötzlich die Gestapo in der Druckerei. Vor den Betriebsangehörigen, unter ihnen meine Mutter, erklärten die Beamten, ihr Chef habe sich wie ein Volksfeind benommen. Er habe vor Jahren ein halbjüdisches Kind adoptiert und nun versucht, es in einer höheren Schule anzumelden. Eine solche Handlung grenze an Landesverrat. Es sei auf jeden Fall eine Mißachtung deutscher Rassegesetze. Zur Strafe würde der Betrieb des Görner geschlossen.

Pünktlich wie jeden Morgen gingen meine Mutter und ich von nun an zusammen anstatt zur Arbeit mit einem Buch in der Tasche in den Park von Sanssouci. Wir konnten an Werktagen nicht in unserer Behausung bleiben, da wir vorgegeben hatten, in Berlin einer Arbeit nachzugehen. Erst am Nachmittag kehrten wir in unseren Ziegenstall zurück. Zuerst genossen wir es, unter den alten Bäumen spazierenzugehen. Außer uns gab es noch einige ältere Leute, die in den schattigen Alleen auf den Bänken saßen und dem Vogelgezwitscher zuhörten. Trotz der Schönheit des Parks, einer vom Krieg unberührten Welt, fanden wir die Ruhe nicht, die wir so nötig hatten. Herbst und Winter standen bevor. Die Fronten kamen näher, die Luftangriffe wurden heftiger, die Lebensmittel knapper.

„Suche Privatlehrer oder -lehrerin für meine Kinder“, so stand es auf Anschlägen zu lesen, die an Bretterzäunen, Bäumen oder Hausruinen angebracht waren. Die immer häufiger werdenden Luftangriffe hatten die Berliner Verwaltung veranlaßt, die Schulen der Stadt zu schließen und die Schüler in von Bomben verschonte Gebiete wie Schlesien, Bayrische Berge und das Sudetenland zu evakuieren.

Schüler, deren Eltern sich nicht von ihren Kindern trennen wollten, durften in Berlin bleiben. Meine Mutter fand, daß sie für die Tätigkeit einer Privatlehrerin geeignet sei. Sie stellte sich als Witwe eines Studienrates vor und hatte bald eine immer zahlreicher werdende Schülerschar um sich. Daß sie niemals mit dem Deutschen Gruß grüßte, fiel niemandem auf. Man zahlte gut, und man mochte sie. Es ergab sich aus Gesprächen der Kinder, daß einige der Eltern Mitglieder der NSDAP waren.

Meine Mutter verlor einige ihrer Schüler als Folge eines Führerbefehls, „für den Endsieg“ sei in ganz Deutschland der „Deutsche Volkssturm“ zu bilden von waffenfähigen Männern von 16 bis 60 Jahren. Es war Hitlers letztes Aufgebot. Aus den Geländespielen der Hitlerjugend wurde nun bitterer Ernst. Junge Burschen taten Dienst an den Flakgeschützen auf den Dächern von Luftschutzbunkern. Sie marschierten in ihren Hitler-Jugend-Uniformen auf den Straßen mit Gewehren, die ihrer Größe kaum entsprachen. Ältere Männer in Zivil, das Gewehr geschultert, machten einen niedergeschlagenen Eindruck, als sie von Soldaten zu den Sammellagern geführt wurden. Sie sollten an Vorbereitungen zur Verteidigung der Stadt mitarbeiten.

Herr König war nicht zur Wehrmacht eingezogen worden, obwohl er altersmäßig dafür in Frage kam. Grinsend verwies er auf meine Frage danach auf seine Beziehungen: „Über die Partei natürlich“ und zeigte mir sein Parteiabzeichen, das er bereits unter dem Revers seines Jacketts versteckte. Unser Freund Walter Rieck, der wußte, wie dringend ich Beschäftigung brauchte, hatte mich Herrn König als Aushilfskraft empfohlen. Er verwaltete das Haus, in dem sich das Antiquariat von König befand (Berliner Str.). Trotz seiner guten Beziehungen hatte auch König seine Angestellten an die Rüstungsindustrie abgeben müssen.

Er kenne mich, Inge Richter, seit Jahren, hatte Rieck dem König erzählt. Einer Knieverletzung wegen könnte ich in der Fabrik nur begrenzte Zeit an der Maschine stehen und wäre sicher in der Lage, ihm an einigen Nachmittagen der Woche auszuhelfen.

König fand Gefallen an mir. Ich zeigte meine Freude an den schönen alten Büchern, die er auf Auktionen erstanden hatte, und ihm gefiel meine Wißbegierde. Als er einmal neben mir stehend einen Stapel Bücher durchsah, sagte er plötzlich hämisch lachend: „Der Kommerzienrat Levy dürfte auch schon in einem Massengrab schmoren.“ Er hatte den Namenszug des ehemaligen Besitzers in einem der Bücher gefunden. Mühsam beherrschte ich mich und schwor mir, diesen Satz nie zu vergessen.

Ob ich englisch spräche, fragte er eines Tages. Als ich dies bejahte, war er begeistert. „Dann können Sie mein Geschäft führen, wenn die Amerikaner kommen. Ich als PG werde das wohl kaum dürfen.“ Nein, an den Endsieg glaube er längst nicht mehr. Er sagte es sehr überzeugend.

Es war zur Zeit der Ardennen-Offensive. Hitler mobilisierte im Dezember 1944 alle der Wehrmacht noch zur Verfügung stehenden Kräfte. 250.000 Soldaten hatten den Auftrag, die Alliierten zum Atlantik zurückzuwerfen. Die Luftwaffe unterstützte mit 1.400 Maschinen diese entscheidende Schlacht. Tatsächlich erzielten die deutschen Truppen einige Geländegewinne. Die deutsche Propaganda jubelte. Die Menschen schöpften Hoffnung, glaubten an eine entscheidende Wende im Kriegsgeschehen. Wir schliefen schlecht in jenen Tagen vor Angst, daß dies tatsächlich der Fall sein könnte. Doch die Alliierten schlugen zurück. Es hielt sie im Westen nichts auf und auch nicht die Sowjets im Osten. Beide hatten längst die deutschen Grenzen überschritten.

Nur einmal noch sah ich die Berliner froh und zuversichtlich. Es war, als am 12. April 1945 bekannt wurde, daß der amerikanische Präsident Roosevelt gestorben war. Wieder flackerte Hoffnung auf, daß nun alles gut gehen würde, ohne daß jemand hätte erklären können, warum. Doch auch dieser Hoffnungsschimmer verblaßte schnell. Alle jene Menschen, die sich nun keiner Illusion mehr hingaben über das, was ihnen bevorstand, grüßten einander mit den Worten: „Bleib übrig!"

„Uns ist bekannt geworden, daß Sie zwei Jüdinnen versteckt halten." Mit diesen Worten war Rieck zur Gestapo geladen worden. Er verneinte diese Anschuldigung mit Vehemenz, die, wie er glaubhaft beweisen konnte, von seiner eifersüchtigen Ehefrau stammte. Die Gestapo entließ Rieck ohne Konsequenzen. Dennoch war klar, daß wir so schnell wie möglich aus unserem Ziegenstall zu verschwinden hatten. Man konnte nicht sicher sein, ob die Gestapo nicht doch noch Verdacht schöpfte. Wir hatten eine unruhige Nacht. Um 5 Uhr morgens verließen wir auf Strümpfen unsere Behausung. Rieck übergab uns die Schlüssel zu einer Wohnung in der Konstanzer Straße. Der Wohnungsinhaber käme nur ab und zu nach Berlin, um nach dem Rechten zu sehen, beruhigte uns Rieck. Allerdings sei auch dies nur als Provisorium zu verstehen. Noch einmal standen wir vor der Frage, wohin in dieser zerstörten Stadt, wer hat noch den Nerv, uns aufzunehmen? Die Nazis wüteten wie Wahnsinnige gegen jeden, der ihre Befehle nicht befolgte. „Ich war zu feige, mein Vaterland zu verteidigen", stand auf einer Tafel, die an Laternenpfählen erhängte Soldaten um den Hals trugen. Man fand sie in vielen Teilen der Stadt zur Abschreckung.

„Mischt euch unter die Flüchtlinge", schlug Tante Lisa vor. Viele Wochen schon flohen Menschen aus den deutschen Ostgebieten vor den sowjetischen Truppen nach Westen. Da die Nazibehörden die belagerten Städte zur Flucht ihrer Einwohner erst kurz vor ihrer Eroberung durch die Russen freigaben, hatten die meisten von ihnen nur leichtes Gepäck. Während der Fahrt trauerten sie ihrem zurückgelassenen Besitz nach und erzählten, was sich Fürchterliches in den letzten Tagen in ihrer Heimatstadt zugetragen hatte. Wir waren einem solchen Flüchtlingszug zugestiegen und lauschten sehr aufmerksam ihren Berichten. Wir wollten wie sie als Flüchtlinge aus dem Osten in Berlin aufgenommen werden.

Bei der Nationalsozialistischen Volkswohlfahrt, die die ankommenden Flüchtlinge betreute, gaben wir Guben, Am Markt 4, als unsere Anschrift vor der Flucht an. Wir hatten lange darüber nachgedacht, denn weder unser Geburtsort noch unser letzter Wohnort durften noch für deutsche Behörden erreichbar sein, um unsere Angaben zu prüfen. Das Osthavelland sei das Aufnahmegebiet für Menschen aus der Lausitz. Man hieß uns, dort hinzufahren. Meine Mutter bestand aber auf Berlin, weil uns Verwandte hier betreuen würden. „Niemand bleibt freiwillig in Berlin“, argumentierte die Beamtin. Auf unsere Frage nach den Gründen verwies sie darauf, daß Berlin möglicherweise belagert werden könne. Meine Mutter reagierte mit perfekt gespielter Entrüstung mit den Worten: „Das würde der Führer nie zulassen!“ Die Beamtin beeilte sich, nun schleunigst die Zuzugsgenehmigung für uns zu unterzeichnen. Ihre Reaktion hätte schlimme Folgen für sie haben können. Ich wundere mich noch heute, daß ich bei der Bemerkung meiner Mutter ernst geblieben bin. Das Erlebnis reizte uns noch häufig zum Lachen. Es war ja mehr als nur ein faux pas der Beamtin. Es machte deutlich, daß wir nun unweigerlich als Sieger aus diesem Kampf ums Überleben hervorgehen würden.

Wir, Ella Paula und Elisabeth Marie Richter, suchten uns nun ein möbliertes Zimmer. Der Vermieter im Haus Ludwigkirchstraße 6 mußte unser Anmeldeformular unterschreiben. In diesem Moment ging das Licht aus – die Elektrizitätswerke litten unter Bombenschaden. „Wie dumm", meinte Herr Hellweg, „nun kann ich gar nicht sehen, was ich unterschreibe. Aber Polen oder Juden werden Sie ja wohl nicht sein."

Am 21. April konnte man die die Stadt umzingelnden Kanonen der sowjetischen Truppen hören. Ich beschwor meine Mutter, die Russen in unserem Ziegenstall und nicht in Berlin zu empfangen. Als wir am 22. April die ersten Panzerketten über den Asphalt der Hauptstraße Richtung Potsdam rattern hörten, waren wir unbeschreiblich glücklich. Ich winkte russischen Soldaten zu. Doch sehr bald mußte ich mich noch einmal verstecken. Ein russischer Offizier, dem ich klarzumachen suchte, wer ich wirklich war, schlug vor, mit mir Hochzeit zu machen. Er sagte das Wort auf Jiddisch. Ich gab vor, ihn nicht zu verstehen. Daraufhin zog er seine Pistole, richtete sie auf meine Brust und brüllte, es sei alles gelogen, ich sei gar keine Jüdin. Nur mit großer Mühe und List gelang es uns, ihn loszuwerden. Frauen waren gefragt.

Diese angstvollen Minuten schmälerten unsere Freude über das Ende des Krieges, das Ende der Naziherrschaft und unser Überleben nicht.

Dann allerdings wurde in allen Einzelheiten bekannt, was die Nazis Fürchterliches gegen Millionen von Menschen vieler Nationen angerichtet hatten. Unser Entsetzen kannte keine Grenzen. Wir mußten feststellen, daß unsere gesamte Familie ermordet worden war. Immer neue Namen fielen uns ein von Freunden und Bekannten, die einem grausigen Schicksal zum Opfer gefallen waren. Wir weinten, weinten tagelang.

Lachen in der Not

Zehn kleine Meckerlein, die saßen einst beim Wein;
der eine machte Goebbels nach,
da waren es nur noch neun!

Neun kleine Meckerlein, die hatten was gedacht;
dem einen hat man's angemerkt,
da waren es nur noch acht!

Acht kleine Meckerlein, die hatten was geschrieben;
dem einen hat man's Haus durchsucht,
da waren es nur noch sieben!

Sieben kleine Meckerlein, die fragten einmal:
„Schmeckt's"?
Der eine sagte „Schlangenfraß",
da waren es nur noch sechs.

Sechs kleine Meckerlein,
die schimpften auf die Pimpfe;
der eine sagte „Lausepack",
da waren es nur noch fünfe.

Fünf kleine Meckerlein, die saßen am Klavier;
der eine spielte Mendelssohn,
da waren es nur noch vier.

Vier kleine Meckerlein, die kannten Dr. Ley;
der eine wußte was von ihm,
da waren es nur noch drei.

Drei kleine Meckerlein, die nannten Mythos „Dreck";
da holte PG Rosenberg gleich zwei von ihnen weg.

Ein kleines Meckerlein ließ dies Gedicht mal sehn;
man brachte es nach Dachau hin,
da waren es wieder – zehn.

Dieses etwas abgewandelte Kinderlied beschreibt das Leben in Deutschland, so wie es im Jahre 1933 seinen Anfang nahm und zwölf Jahre lang das Schicksal seiner Bürger bestimmte. Menschen haben es geschrieben, die das Entsetzen über das totalitäre System, dem sie sich zu unterwerfen gezwungen sahen, dazu trieb. Es wurde zu einem der Ventile, derer sie sich bedienten, um ihr Denken vor dem Ersticken zu bewahren.

Die Strophen dieses Liedes offenbaren Bedingungen, die im Nazireich zur Folge hatten, daß ein Mensch ohne Vorwarnung oder entsprechende Rechtsmittel abgeholt und in einem Konzentrationslager gequält oder gar ermordet werden konnte. Eine gegenteilige richterliche Entscheidung konnte daran nichts ändern. Das Recht war in Deutschland außer Kraft gesetzt.

Der Zufall wollte es, daß die Naziführung zu jener Zeit den Deutschen eine neue Form des Grußes unter Volksgenossen anstelle des üblichen „Guten Morgen" oder „Guten Abend" empfahl: (Zitat) *„Der deutsche Gruß ist zu erweisen durch aufgehobene Rechte."*

Ein bitteres Schmunzeln – mehr wagte man nicht über die von den Nazis ungewollte Doppeldeutigkeit. Doch gab man es flüsternd weiter am Stammtisch, im Familienkreis, unter Freunden oder bei zufälligen Begegnungen auf der Straße. Ehe dieser Witz noch mit erstaunlicher Schnelligkeit die letzte Ecke dieses Landes erreicht hatte, erfand jemand einen Zusatz: „Gedämpfte Zungen", das sei nun das am häufigsten servierte Gericht in deutschen Gaststätten.

So entstand der Flüsterwitz, von Menschen in die Welt gesetzt, deren Augen und Ohren nichts entging, was ihre Freiheit begrenzen und sie zu Gehorsam verpflichten sollte. Der Witz bot beiden, dem Erzähler wie auch dem, der ihm zuhörte, einen Moment der Befreiung von dem Druck, unter dem die Deutschen fortan leben mußten.

„Heil Hitler, der Hund ist tot.“ „Haben Sie Dank für diese wunderbare Nachricht“, rief der Herr begeistert aus und schüttelte dem Überbringer dieser Botschaft überglücklich die Hand. Jedoch – er hatte die Nachricht falsch gedeutet. Der Mann, der sie überbrachte, hatte tatsächlich seinen Hund überfahren.

Die von den Nazis eingeführten barbarischen Methoden galten in den ersten Monaten ihrer Herrschaft, in denen sie sich noch nicht sicher im Sattel fühlten, in erster Linie ihren politischen Gegnern. Gnadenlos führten sie sie durch in den von ihnen errichteten Konzentrationslagern. Im März 1933, knapp zwei Monate nach ihrem Regierungsantritt, verkündete SS-Führer Heinrich Himmler der Welt den Bau eines solchen ersten Lagers in Dachau zum Zweck der Umerziehung von Gegnern, Kritikern und Zweiflern. Das schreckliche Schicksal des Mannes, dessen wir heute hier gedenken, Carl von Ossietzky, wurde zum furchtbaren Beispiel dafür. Sein Name ist mir seit meiner Kindheit geläufig. Meine Eltern scheuten sich nicht, auch in meiner Gegenwart über den von ihnen so geschätzten Kämpfer für Freiheit und Recht zu sprechen.

Die Grausamkeit nazistischer Methoden traf aber auch Staatsbürger, die sich, vielfach politisch ungebunden, nur über den Habitus der Herrschenden lustig gemacht hatten oder über die Zustände, die sie schufen. Dies alles galt dem Ziel der Nazis, die Totalität ihres Systems durch Furcht, Angst und Schrecken im deutschen Volk zu festigen. Jeder, der sich dem widersetzte oder auch nur den Anschein dafür gab, mußte aus dem Weg geräumt werden. *„Was gibt's für neue Witze?“*, fragt Müller den Schulz. Dessen geflüsterte Antwort: *„Sechs Monate KZ!“*

Aus Statistiken geht hervor, daß viele Tausende aus allen Teilen Deutschlands, aus allen demokratischen Parteien, den Gewerkschaften, selbst den Kirchen, in derartigen Lagern des Grauens auf deutschem Boden ihre Opfer wurden. Eine Tatsache, von der in den ersten Jahren des Bestehens der Bundesrepublik kaum Notiz genommen wurde. Es ist schwer, dafür eine Erklärung zu finden.

Denn es war niemandem verborgen geblieben, was in diesen Lagern geschah. Die Quelle ihrer Kenntnisse waren Berichte ehemaliger Häftlinge, die nicht über ihr Martyrium schwiegen, wie sie mit ihrer Unterschrift hatten versichern müssen.

Und doch fand man immer wieder Gelegenheit, zu lachen in Deutschland. Noch lachte man gemeinsam: Nichtjuden und Juden. Beide Seiten waren in den ersten Monaten des Naziregimes überzeugt davon, daß diese schreckliche Regierung sich nicht an der Macht würde halten können. Drei Monate gaben sie ihr, ähnlich den schwachen Regierungen während der Weimarer Republik.

An der Form des linken Ohrs würde die Rassezugehörigkeit erkennbar, erklärte ein nationalsozialistischer Rasseforscher seinem Publikum. Juden seien Nichtarier im Gegensatz zu den Deutschen – den Ariern. Die Form und die Zeichnung des linken Ohrs eines Juden ließen deutlich die semitische Abstammung erkennen. Ein arisches Ohr wäre viel klarer in seiner Form. Um dies zu demonstrieren, bat er einen jungen Mann aus dem Publikum aufs Podium. Triumphierend führte er dessen linkes Ohr vor und bewies auf seine Weise, daß es sich deutlich um ein typisch arisches Ohr handelte. Dieser Naziwissenschaftler ahnte nicht, daß der so Vorgeführte Jude war. Aus begreiflichen Gründen legte dieser keinen Wert darauf, dies der Nazigesellschaft zu offenbaren. Und so wurde das linke Ohr eines Juden zu einem arischen Demonstrationsobjekt. Noch lachte Berlin, lachte, lachte über so viel Unsinn.

In diesen ersten drei Monaten gelang es den Nazis, ihr System auf ihre Weise zu stabilisieren. Als es gesichert schien, wandten sie sich den Juden zu, dieser bis dahin in der deutschen Gesellschaft fest integrierten Minderheit. Ihre Verfolgung stand an oberster Stelle, sowohl auf dem Partei- wie auch auf dem Regierungsprogramm der Nazis.

Eine ihrer ersten Maßnahmen, der Wirtschaftsboykott jüdischer Geschäfte am 1. April 1933, verlief aus der Sicht der Machthaber nicht unbedingt zu ihrer Zufriedenheit. Es gab damals noch Berliner, die sich nicht um die SA-Männer scherten, die breitbeinig in ihren khakifarbenen Uniformen vor jüdischen Geschäften Aufstellung genommen hatten. Oft wollten die Berliner mit ihrem Eintritt in die Geschäfte nur ihre Sympathie mit den jüdischen Inhabern bekunden. In anderen Städten hatten die Nazis andere Schwierigkeiten. So erhielt Julius Streicher, ein führender Antisemit der Nazis, an jenem 1. April ein Telegramm aus einer norddeutschen Kleinstadt: Darin hieß es: *„Sendet sofort Juden Stopp Sonst Boykott unmöglich.“*

Dennoch wurde der Boykott zum Auftakt für eine Serie von Maßnahmen gegen die Juden. Sie alle basierten auf dem sogenannten Arierparagraphen, mit dem 1933 das Prinzip der Rassentrennung eingeführt worden war. Danach galt das Blut von Juden, also von Nichtariern, dem damaligen Sprachgebrauch entsprechend als *artfremd* und müsse ausgeschieden werden. Beamte des Innenministeriums, die auch in der Nachkriegszeit dem deutschen Staat dienten, erklärten dem deutschen Volk, wie das zu geschehen habe. Betroffen davon waren alle Juden einschließlich ihrer Großmütter. Familien, die nur eine jüdische Urgroßmutter aufzuweisen hatten, priesen sich glücklich, denn ihr Blut galt schon als *gereinigt*. Sie konnten dem Leben und der Karriere ihrer Nachkommen nicht mehr schaden. „Ein Schulrat kam zur Inspektion. In einer Klasse sieht er ein blondes Mädchen mutterseelenallein auf einer abgesonderten Bank. *„Warum sitzt du denn so allein, mein Kind?"*, fragt er mitleidig. Das Kind antwortet schluchzend: *„Wegen Omi."*

Der 1933 eingeführte Arierparagraph wurde in die verschiedenen Gesetze aufgenommen, die den Ausschluß der Juden aus den meisten Bereichen der Gesellschaft ermöglichten. Das betraf den öffentlichen Dienst – also Beamte aller Kategorien, die freien Berufe, d. h. Beschäftigte in der Presse, der Musik, dem Theater, Schulen, Universitäten, wie aber auch Ärzte, Zahnärzte und Anwälte. *„Wie geht's?*, fragt ein Jude den anderen. *„Wie einem Anwalt"*, antwortet der andere. *„Ich kann nicht klagen."*

Die Schnelligkeit, mit der die Entlassungen aus dem Staatsdienst vollzogen wurden, läßt den Schluß zu, daß sie noch vor der Machtübernahme der Nazis von ihren Sympathisanten in den Ministerien vorbereitet worden waren und in den Schubladen bereitlagen.

Zur gleichen Zeit überschlugen sich Vereine, Organisationen, Berufsgruppen darin, dem Trend zu entsprechen und sich ihrer jüdischen Mitglieder zu entledigen. Einspruch dagegen von nichtjüdischen Kollegen war selten. Der Schnitt war vollzogen, die Ausgrenzung der Juden aus der aktiven deutschen Gesellschaft perfekt. Die Interessen und Lebensbedingungen der Arier glichen in nichts mehr den an ihrer Seite lebenden Juden.

Dieser Zustand verschärfte sich mit den Jahren. Die hysterische Propaganda gegen die Juden, denen die

Nazis alle Verbrechen dieser Welt anlasteten, konnte niemandem entgehen und zeigte in einigen Kreisen der sogenannten Arier seine Wirkung. Immer kleiner wurde die Zahl derer, die den Juden zur Seite standen aus Angst um ihr Leben, aus Hilflosigkeit oder der Karriere wegen. Als sich Mißstimmung in der Bevölkerung gegen das Euthanasieprogramm regte, also der Tötung *unwerten Lebens*, wie die Nazis es nannten, gelang es dem Bischof Clemens Galen von Münster, die Nazis von der Aufgabe dieses Programms zu überzeugen. Feindlichen Maßnahmen Juden gegenüber reagierte das deutsche Volk nicht ähnlich empfindlich. Ich erinnere mich noch gut an die Gespräche in jüdischen Kreisen, die doch tatsächlich gehofft hatten, das Beispiel des Bischofs Galen würde Schule machen.

Gewiß, das Leben der sogenannten Arier war enger geworden. Die Nazis hatten die Zügel angezogen, forderten unbedingten Gehorsam, Ehrerbietung, Achtung vor den Diktatoren. Und wieder war es der Witz, der einiges über den Seelenzustand der Deutschen preisgab. *„Keiner soll hungern, keiner soll frieren"*, eine Parole der Nazis, die in großen Lettern in Zeitungen, Anschlagsäulen, öffentlichen Gebäuden zu lesen war. Kopfschüttelnd liest das ein Arbeiter und sagt irritiert zum anderen: *„Auch das dürfen wir nicht?"*

War zu Anfang der Spaß am Wortspiel, an der Aufdeckung der Unfähigkeit der Regierenden, die Freude am Spott die Ursache für Witze gewesen, waren sie nun eher Ausdruck des Fatalismus. Das Telefon klingelt. *„Hallo, ist dort Müller?" „Nein, hier spricht Schmitz." „Ach, entschuldigen Sie, da hab ich falsch gewählt." „Aber bitte, haben wir das nicht alle?"* die Antwort.

Die bisher erwähnten Beispiele des Flüsterwitzes im sogenannten Dritten Reich sind keine Beweise dafür, daß das deutsche Volk Gegner der Nazis war. Das Erzählen und das Weitergeben von Witzen war keine Auseinandersetzung mit dem System. Es waren Gedankenspiele, die der Staat nicht kontrollieren oder gleichschalten konnte. Das flüsternde Weitererzählen von Witzen bewies auch keine Zivilcourage, war höchstens als Surrogat zu verstehen. Für einen Augenblick war der Witz, in der Befreiung des Lachens, ein Ventil, um Dampf abzulassen.

Der Witz, der nun unter Juden kursierte, war dem der Nichtjuden nicht mehr ähnlich. Die Jahrhunderte der Verfolgung hatten die Juden gelehrt, sich und ihr Verhalten immer wieder selbstkritisch zu prüfen. Sigmund Freud kommentierte das so: *„Dieser Umstand (die Verfolgung) hat eigentümliche Früchte getragen: Kein Volk hat sich selbst so ironisiert und verulkt wie das jüdische."* Tatsächlich verließ ihr Humor sie nie. Aus ihm schöpften sie trotz aller Widrigkeiten neuen Lebenswillen. Er half ihnen, sich Mut zu machen, Hoffnung zu hegen, selbst wenn sie mit dem Rücken zur Wand standen. „Zwei Juden sollten erschossen werden. Plötzlich heißt es, sie würden gehängt. Da sagt der eine zum andern: *‚Siehst du, jetzt haben sie auch noch nicht einmal Patronen.'"*

Die im September 1935 mit großem Pomp auf dem Parteitag der NSDAP eingebrachten Nürnberger Gesetze erschreckten die jüdische Bevölkerung nicht sonderlich. Das Reichsbürgergesetz beraubte sie zwar aller politischen Rechte und degradierte sie zu Staatsangehörigen. Im wesentlichen waren die Bestimmungen und Verbote, die ihnen mit dem Arierparagraphen von 1933 aufgebürdet worden waren, darin enthalten. *„Man wird sich arrangieren können"*, so der Kommentar der Betroffenen, ein Wort, das ihr Leben von da an begleitete und den Begriff des Sichduckens zur Grundlage hatte.

Anders war es mit dem Gesetz zum Schutz des deutschen Blutes und der deutschen Ehre. Es verbot Eheschließungen zwischen Juden und Nichtjuden. Es enthielt außerdem einen Passus, nachdem nichtjüdische Hausangestellte unter 45 Jahren nicht mehr bei Juden tätig sein durften.

Rassenschande nannten die Nazis das Übertreten dieses Gesetzes, das mit Haftstrafen und KZ für den Juden geahndet wurde.

Ein jüdischer Arzt, der eine Hausangestellte beschäftigte, so erzählte man sich, verstand die Welt nicht mehr. *„Ich geh um acht, sie kommt um neun. Sie geht um drei, ich komm um vier. Wann soll ich sie denn da schänden?“*

Das Wort Auswanderung blieb dennoch ein Thema. Zu Beginn des Naziregimes waren es hauptsächlich junge Menschen gewesen, die das Land verließen, das ihnen jede Ausbildungsmöglichkeit verwehrte. Einige wohlhabende Juden übersiedelten in ein anderes Land, das ihnen und ihrem Besitz mehr Sicherheit versprach. Doch der großen Mehrheit der deutschen Juden fiel es weiterhin schwer, Auswanderung auch nur ins Auge zu fassen. Sie glaubten weiter an Deutschland und an die Deutschen. So auch mein Vater, der seine Heimat nicht verlassen wollte, für die er als Freiwilliger im Ersten Weltkrieg gekämpft hatte. Zwei Arten von Juden gibt es, so beschrieben die Juden ihre Glaubensgenossen: *„Die Pessimisten sind im Exil, die Optimisten im Konzentrationslager.“*

Von der Jüdischen Gemeinde kam keine Ermutigung zur Auswanderung. Im Gegenteil. Dr. Leo Baeck, einer der führenden Rabbiner, mahnte: *„Verlaßt nicht sinnlos Deutschland. Tut hier eure Pflicht!“* Ich habe bis heute nicht begriffen, was er damit gemeint haben könnte.

Im Jahr 1936 glaubten die Juden eine Schutzpatronin zu haben. Sie nannten sie *Santa Olympiada.* Denn in

Berlin waren mit Beginn der Olympischen Spiele alle Schilder und Plakate, die Juden den Eintritt in Cafés, Restaurants und Kinos verwehrten, beseitigt worden. Offensichtlich der ausländischen Gäste wegen. Die Juden hielten es aber tatsächlich für möglich, daß dies auch das Ende ihrer Diskriminierung anzeigte. Doch am Ende des internationalen Wettbewerbs muß die Kraft der *Santa Olympiada* erloschen sein.

Im Jahr 1937 nahmen die Nazis die Quälerei der Juden verstärkt wieder auf. Ihre Bestimmungen, Schikanen, Forderungen trafen nun den einzelnen mehr als zuvor, als man der Allgemeinheit der Juden Vorschriften machte. So verlangten sie nun die Abgabe von Gold und Silber. Meine Mutter, eine sehr resolute Frau, weigerte sich, *den Verbrechern*, wie sie die Nazis nannte, unser Familiensilber auszuhändigen. Doch sie mußte erkennen, daß Namenslisten über die Abgabe Aufschluß gaben. Eine Verweigerung der Abgabe würde bestraft werden. So kramte meine Mutter in alten Sachen und fand einige alte, verbeulte, zerbrochene Silberstücke, die sie herzugeben bereit war. Unsere nichtjüdischen Freunde sorgten mit ähnlichen unbrauchbar gewordenen Silberstücken aus ihrem Haushalt dafür, daß unsere Abgabe vollkommen war. Das alles ging unter großem Gelächter vor sich. Unser wirkliches Familiensilber fand bei unseren nichtjüdischen Freunden, *unseren Aufbewahriern*, wie wir sie nannten, ein gutes Versteck.

„Der Moses war doch ein großes Rindvieh“, sagte ein Jude zum anderen. *„Wie kannst du nur so von unserem großen Propheten sprechen, der uns aus Ägypten herausgeführt hat?“*, empörte sich der andere. *„Na eben, hätte er uns nicht herausgeführt, hätt' ich jetzt einen englischen Paß.“*

Nicky und Pippa, zwei Wellensittiche, waren ganz still und schienen zuzuhören, was in ihrem Revier am

9. und 10. November 1938 vor sich ging. Stunden zuvor hatte die Gestapo meinen Vater verhaften wollen und befohlen, daß er sich nach seiner Heimkehr unverzüglich auf seinem Revier einzufinden hätte. Es war das erste staatlich organisierte Pogrom am 9. November 1938 als Strafe für den Mord eines jungen jüdischen Polen an einem deutschen Diplomaten. Nichtjüdische Freunde versteckten meinen Vater.

Frau Giese, eine ältere Dame und Besitzerin der Wellensittiche, nahm meine Mutter und mich auf und brachte uns in ihrem Wohnzimmer unter, eben dem Revier der beiden Vögel. Mein Vater besuchte uns zuweilen, um zu überlegen, wie wir uns weiter verhalten sollten. Er war immer noch überzeugt davon, daß er sich der Polizei hätte stellen müssen, als sie ihn verhaften wollte. Meine Mutter lehnte das mit drastischen Worten ab. Wochen später besuchten wir Frau Giese, um uns für ihre Aufnahme zu bedanken. Nicky und Pippa nahmen ihren Platz an der Gardinenstange ein und begrüßten uns im Tonfall meiner Mutter mit den Worten: *„Martin, bist du wahnsinnig?“*

In jenen Tagen des Pogroms begriffen die deutschen Juden endlich, daß sie in ihrer geliebten Heimat nicht mehr in Frieden und Sicherheit würden leben können. Ein Ansturm auf die Konsulate setzte ein für Einreisevisen, ganz gleich, wohin. Doch die meisten Länder forderten Sicherheiten, Verwandte im Ausland, die für den Einwanderer zu bürgen bereit wären. Oder eine hohe Summe Geldes zugunsten des Einwanderers, die auf einer britischen Bank zu deponieren wäre. Der Grund dafür: Auswanderer aus Deutschland durften nur zehn Reichsmark von ihrem eigenen Guthaben ins Ausland mitnehmen. Der südamerikanische Staat Kolumbien machte eine Ausnahme. Er war bereit, deutsche Juden ohne diese Auflagen aufzunehmen, sofern sie eine Ausbildung oder Erfahrung in der Landwirtschaft vorzuweisen hätten. Erst versuchte es einer: Er stellte sich den Konsulatsbeamten als Gärtner vor, ein Beruf, wie er meinte, der vom Wachsen und Blühen von Pflanzen abhängig sei. Und da hätte er einiges vorzuweisen. Prompt erhielt er ein Einreisevisum. Plötzlich gab es unter den Berliner Juden eine große Zahl von Gärtnern, die in Kolumbien eine Zuflucht fanden. Es war schon Krieg, als man in Bogotà empört feststellen mußte, daß die als Gärtner eingewanderten Juden längst ihr Glück in anderen Berufen gefunden hatten. Eine Ausweisung war nun nicht möglich.

Ein Berliner Jude reiste nach New York, um Bedingungen und Möglichkeiten für eine Einwanderung an Ort und Stelle zu prüfen. Er besuchte einen aus Berlin emigrierten Freund in seinem Exil. Da glaubte er seinen Augen nicht zu trauen. Im Eingang der Wohnung des Freundes hing ein großes Porträt von Adolf Hitler. *„Bist du verrückt geworden?"*, empörte er sich. Sehr leise antwortete der Freund: *„Es ist doch gegen das Heimweh."*

Krieg lag in der Luft. Hitler hatte ihn schon im September 1938 gewollt. Doch die Westmächte waren auf seine Bedingungen eingegangen. Im Sommer 1939 schien dennoch der Frieden am seidenen Faden zu hängen. Die Berliner Bevölkerung verfolgte den Verlauf der Verhandlungen, von denen sie nur wenig erfuhr, ungewöhnlich schweigsam. Einerseits sich wohl bewußt, daß sie an den Entscheidungen nichts würden ändern können, andererseits verängstigt, was Krieg für sie bedeuten könnte.

Die Juden waren verzweifelt. Krieg würde all ihren Bestrebungen, auszuwandern, ein Ende setzen und sie zwingen, in diesem Land zu bleiben, das sie mit Haß und Drohungen überschüttete. Ein Jude bat in einem

Reisebüro, einen Globus zu sehen. Verwundert stellte man einen vor ihn hin. Nun saß er da und drehte den Globus und guckte und drehte ihn erneut und starrte auf die fremden Staaten.

Schließlich fragte er deprimiert: *„Ham Sie nicht nen anderen Globus?"*

Shanghai und Aleppo sollten noch für Einwanderer offen sein, hieß es. Zwei Orte, deren Ruf nicht der beste war. Mein Vater suchte Aleppo, von dem er nie zuvor etwas gehört hatte, im Lexikon. Da stand zu lesen: *„bekannt für die Aleppo-Beule, eine ansteckende orientalische Hautkrankheit"*. Als Fluchtort fiel Aleppo für die Familie Deutschkron aus.

Als der Krieg im September 1939 schließlich begann, kam er eigentlich unerwartet. Der Hitler-Stalin-Pakt von 23. August 1939 schien die Möglichkeit eines Krieges zunächst auszuschließen. Würden die Westmächte gegen zwei so hochgerüstete verbündete Mächte antreten? Doch sie taten es. In Berlin war der Krieg vorbereitet. Lebensmittelkarten wurden verteilt, die für die Juden mit einem „J" gekennzeichnet waren, Luftschutzkeller geöffnet – einer für die jüdischen Bewohner, abseits von den anderen.

Die jüdischen Bewohner wurden gezwungen, vom ersten Ton der Sirenen an bis zur Entwarnung im Keller auszuharren. Es bestünde Gefahr, daß sie feindlichen Flugzeugen Lichtsignale gäben, erklärte der Luftschutzwart. Nach 20 Uhr war es Juden untersagt, bis morgens um 6 Uhr ihre Wohnungen zu verlassen. Arische Frauen könnten sonst in der Verdunkelung von jüdischen Männern belästigt werden, der Kommentar. Reaktionen des Auslands auf die Maßnahmen gegen die Juden, die nun Schlag auf Schlag folgten, hatte die Naziregierung, nun da Krieg war, nicht mehr zu fürchten.

Pour le Sémite nannten die Juden den gelben Lappen in Anlehnung an den international renommierten Verdienstorden, mit dem Aufdruck *Jude*, den sie am äußersten Kleidungsstück in Herzhöhe fest anzunähen hatten. Es war Spießrutenlaufen, mit diesem *gelben Stern* auf der Straße zu gehen. Jeder guckte einen an, einige wenige sehr vorsichtig, aber doch freundlich, andere gehässig, Grimassen schneidend. Die Mehrheit guckte sozusagen durch uns durch, aber sie guckte. Dennoch erklärten einige Juden, sie trügen den *gelben Stern* mit Stolz. Schließlich sei es der einzige Orden, den Hermann Göring nicht anlegen konnte.

Der Krieg zeigte trotz aller anfänglichen Erfolge der deutschen Armeen auch in der Heimat bald sein wahres zerstörerisches Gesicht. Hermann Göring hatte einst erklärt, er wolle Meier heißen, wenn auch nur ein einziges feindliches Flugzeug jemals am Himmel Berlins auftauchen würde. Doch sie kamen zu Tausenden und legten mit ihren Bomben ganze Straßenzüge in Schutt und Asche. Die Menschen verbrachten viele Stunden im Luftschutzkeller, besorgt, verängstigt, entsetzt, und horchten auf die schrillen Pfeiftöne der vom Himmel herabstürzenden Bomben. Ein Volksempfänger unterhielt sie mit Berichten über die großen Erfolge deutscher Armeen. Daraufhin die Frage eines Volksgenossen: „*Wo wären wir jetzt, wenn wir den Führer nicht hätten?*" Antwort aus dem Dunkel: „*Im Bett.*"

Rudolf Hess, Hitlers Stellvertreter, flog im Mai 1941 plötzlich mit seinem eigenen Flugzeug ins feindliche England. Die Naziregierung hatte große Mühe, dem Volk dafür eine plausible Erklärung zu geben. Nach den Einnahmen von Frankreich, den Benelux-Ländern und Skandinavien war eine Invasion Englands eines der wichtigsten noch verbliebenen Kriegsziele der Deutschen. Hess habe in einem Anfall von Wahnsinn gehandelt, hieß es. In einem vom deutschen Rundfunk immer wieder geschmetterten Kampflied hieß es: „*Es singt und spielt das ganze Land, denn wir fahren gegen Engelland!*" Der Volksmund flüsterte dazu: „*Und wenn dann einer mal wirklich fährt, dann wird er für verrückt erklärt.*"

Witzige Reaktionen der Juden auf die unablässigen Verfolgungsmaßnahmen wurden seltener. Es war unsäglich schwer für sie, mit der Realität fertig zu werden. Juden mußten ihre Wohnungen räumen, wurden in sogenannte Judenhäuser gepfercht, die ihnen zugestandenen Lebensmittelrationen wurden immer kleiner. In Hitlers Munitionsfabriken mußten sie Zwangsarbeit machen, die vielfach ihre Kräfte überstieg. Unter Vorwänden stahl man ihnen das letzte Geld. Als die Deportationen in den Osten begannen, ließ die Angst sie nicht mehr los, daß sie als Nächste einem unbekannten Schicksal zugeführt würden. Einige aber hörten nicht auf, Hoffnungsschimmer zu suchen, und sie fanden sie im Zeitgewinn, im Fehlschlag nazistischer Ziele, im Rückzug der Armeen aus Feindesland.

Ein Jude sollte erschossen werden. Ein SS-Mann trat auf ihn zu, guckte ihn lange an und sagte schließlich: „*Sie sehen ja leidlich arisch aus. Ich will Ihnen eine Chance geben. Ich habe ein Glasauge, das nicht so leicht zu erkennen ist. Wenn Sie sofort richtig raten, welches es ist, werde ich Sie zurückstellen lassen.*" Ohne Zögern kam die Antwort des Juden: „*Das linke, Herr Sturmbannführer.*" „*Woran haben Sie das erkannt?*", fragte der erstaunte SS-Mann. „*Es guckt so gütig, Herr Sturmbannführer.*"

Es war die Zeit, als die deutsche Wehrmacht um Stalingrad kämpfte und nicht nur diese eine Stadt verlor. Doch die Nazis ließen nicht ab, Juden in Viehwaggons gen Osten zu deportieren. Keiner wußte, wohin. „*Sie dürfen sich auf keinen Fall deportieren lassen*", inständig bat die Besitzerin einer Wäscherei, die seit Jahren unsere Wäsche wusch, meine Mutter. Sie und ihr Mann würden uns verstecken, sagte sie. Ein Soldat sei von der Front im Osten zurückgekehrt und habe berichtet, was sie dort mit den Juden machten. Sie weinte. Meine Mutter zögerte. Sie konsultierte andere nichtjüdische Freunde, die meinem Vater, der kurz vor Kriegsausbruch nach England fliehen konnte, versprochen hatten, uns beizustehen. Sie schworen, daß wir uns auf sie verlassen könnten. Und so nahmen wir am 15. Januar 1943 unser illegales Leben auf – ohne festes Zuhause, ohne Ausweise, ohne Lebensmittelkarten.

Nein, der Mensch gewöhnt sich nicht an alles: Wir vergaßen keinen Moment, daß unsere Freunde ihren Kopf riskierten, damit wir überleben konnten, daß wir für jede Notwendigkeit des Lebens, und war sie noch so klein, von ihnen abhängig waren und daß wir von einer Minute zur anderen gezwungen sein könnten, in eine andere Unterkunft fliehen zu müssen, weil wir aufgefallen waren. Wir versuchten, zu unserem Zusammenleben mit Menschen, die wir oft vorher kaum gekannt hatten, beizutragen. Wir stahlen Gemüse von den Feldern im Umland von Berlin. Meine Mutter wurde perfekt im Stehlen von Kohlköpfen. Ich nahm sie in einem Sack auf. Einmal fragte ich sie: „*Genug – wie viele willst du denn noch stehlen?*" Indigniert reagierte sie: „*Was verlangst du noch von mir? Stehlen soll ich und dabei noch zählen?*" Wir lachten. Es hatte den Charakter des Satzes: Ich lache, also lebe ich. Eine Freundin besaß ein Papiergeschäft. Sie meinte, ich könnte ihr im Geschäft helfen. Niemand würde meine wahre Identität erkennen. Ich bewährte mich. Sie ließ mich häufig im Laden allein. Oft trafen sich Kunden zu Gesprächen im Laden. Daß der Krieg kein gutes

Ende für Deutschland nehmen würde, war keinem von ihnen entgangen. Nur die hundertprozentigen Nazis glaubten noch an den Endsieg. *„Wissen Sie, wann der Krieg zu Ende ist?“ „Wenn Göring in die Hosen von Goebbels paßt.“*

Man lachte, doch darin war die Sorge um die Ernährung enthalten. Lebensmittel waren nun für alle knapp geworden. *„Es geht alles vorüber, es geht alles vorbei“*, sang Zarah Leander. Der Volksmund fügte hinzu: *„und im nächsten Dezember gibt's wieder ein Ei.“*

Bitterkeit schwang mit nach den Jahren der Entbehrungen und der Angst. *„Was machst du nach dem Krieg?“*, fragte einer den anderen. *„Ich werde endlich richtig reisen, Urlaub machen. Ich will Großdeutschland kennenlernen“. „Und was machst du am Nachmittag?“*

Bei der Durchsicht einer Auslage im Papiergeschäft fand ich eines Abends eine Brieftasche inmitten von Grußkarten. Ich öffnete sie. Ich erblickte einen Satz Lebensmittelkarten für einen Monat und einen drei Monate gültigen Haushaltsausweis, der zum Kauf von Sonderrationen berechtigte. Welch ein Schatz für eine illegal lebende Jüdin! Doch ich beschloß, meiner Freundin die Entscheidung zu überlassen, was damit geschehen sollte. Die Besitzerin der Brieftasche hieß Amanda Heubaum. Ihre Personalien ähnelten denen meiner Mutter. Bei näherer Untersuchung der Brieftasche fand sich in einem Seitenfach ein postkartengroßes Porträt von Adolf Hitler. *„Wer dieses Porträt mit sich herumträgt, beweist, daß er diesem Verbrecher Sympathien entgegenbringt“*, entschied meine Freundin und händigte die Brieftasche samt Inhalt meiner Mutter zur Nutzung aus. Wir nannten meine Mutter von nun an nur noch Amanda Heubaum. Sie schimpfte, wir lachten.

Trotz des nahen Endes des Krieges wurde unsere Situation schwieriger. Fliegerbomben der Alliierten zerstörten potenzielle Verstecke. Wir schliefen nun irgendwo auf dem Fußboden, auf umgekehrten Sesseln, auf einem Sofa zu zweien, auf Luftmatratzen hinter dem Tresen eines Geschäftes, in einer Küche, in einer Laube, in einem Bootshaus, in einem ehemaligen Ziegenstall. Lebensmittel wurden so knapp, daß unsere Freunde Mühe hatten, uns von ihren Rationen mitzuernähren.

Es mußte etwas geschehen. Die kurze Zeit, die es noch bis zur Kapitulation des deutschen Reiches dauern würde, mußte überbrückt werden. Noch jagten die Nazis Juden, die sich versteckt gehalten hatten, und deportierten sie in ein im Reich gelegenes Konzentrationslager. Sie taten dies bis Ende März 1945. Wieder wußten unsere Freunde Rat. Wir fuhren mit der Bahn in Richtung Front. Im Spreewald bestiegen wir einen Zug, der Flüchtlinge aus Schlesien nach Berlin bringen sollte. Wir lauschten ihren Gesprächen. Wir wollten über die Zustände in den Kampfgebieten informiert sein. Aus Guben kämen wir, erklärten wir der Nationalsozialistischen Volkswohlfahrt, die Flüchtlinge betreute. Man empfahl uns, ins Osthavelland weiterzureisen. Es sei das Aufnahmegebiet für Flüchtlinge aus Guben. Meine Mutter bestand darauf, in Berlin bleiben zu wollen. Die Beamtin versuchte, sie zu überzeugen. *„Wenn nun hier in Berlin etwas geschieht?“* Meine Mutter fragte erstaunt: *„Ja, aber was soll denn hier geschehen?“* Die Beamtin antwortete mit leiser Stimme: *„Berlin könnte belagert werden.“* Meine Mutter verstand es, Verständnislosigkeit zu simulieren. *„Das kann doch nicht sein“*, sagte sie im Brustton der Überzeugung *„Das würde doch unser Führer nie zulassen!“* Die Beamtin errötete betroffen. Was sie gesagt hatte, konnte als Defätismus ausgelegt werden. Darauf stand die Todesstrafe. Ganz schnell unterschrieb sie unseren Antrag, in Berlin unterzukommen. Und wir? Wir lachten tagelang. Es verging uns erst, als wir die volle Wahrheit über die von den Nazis verübten Verbrechen erfuhren und wußten, daß wir keine Familie mehr hatten.

Quellenverzeichnis

Seite 11: Ein Todesurteil und vier Leben. Aus: Inge Deutschkron, Wolfgang Benz: Stille Helden. Zeugnisse von Zivilcourage im Dritten Reich. Hg. von der Kultur-Stiftung der Deutschen Bank. Frankfurt am Main 2002.

Seite 45: Jugend – was war das? Aus: Berliner Kindheit im zwanzigsten Jahrhundert. Berlin 2005.

Seite 53: Erinnerungen an zwei Finsterwalder Jungen. Aus: Der Speicher Nr. 4. 1996.

Seite 57: Mit den Jahren wuchsen die Zweifel. Aus: Helmut Lotz, Kai Precht: Deutschland, mein Land? 50 ganz persönliche Geschichten. dtv. München 1999.

Seite 64: Die Kistenparty. Unveröffentlichter Originalbeitrag. 1972.

Seite 71: Denn ihrer war die Hölle. Kinder in Ghettos und Lagern. Aus: Inge Deutschkron: Denn ihrer war die Hölle. Kinder in Ghettos und Lagern. Verlag Wissenschaft und Politik. Köln 1965.

Seite 81: Legalität vor Moral. Unveröffentlichter Originalbeitrag.

Seite 83: Drohbrief an Inge Deutschkron von 1973. Unveröffentlichter Originalbeitrag. 1973.

Seite 84: Ausgeschlagene Erbschaft – eine Deutschstunde. Aus: Tagesspiegel 14.4.1992.

Seite 100: Der Eichmann-Prozeß. Übersetzung von „Eichmann and the Germans“ 1960.

Seite 105: Die ewige Muttersprache. Aus: Inge Deutschkron: Emigranto. Vom Überleben in fremden Sprachen. Transit Verlag. Berlin 2001.

Seite 111: Das verlorene Glück des Leo H. Aus: Inge Deutschkron: Das verlorene Glück des Leo H. Büchergilde Gutenberg. Frankfurt am Main 2001.

Seite 115: Die politischen Beziehungen zwischen der Bundesrepublik Deutschland und Israel – eine Bilanz. Aus: Ralph Giordano: Deutschland und Israel: Solidarität in der Bewährung. Bilanz und Perspektive der deutsch-israelischen Beziehungen. Bleicher Verlag. Gerlingen 1992.

Seite 136: Die deutsche Nachkriegsgeneration und Israel. Aus: Reinhard Renger: Die deutsche „Linke" und der Staat Israel. Geschichte einer schwierigen Beziehung. Forum Verlag. Leipzig 1994.

Seite 153: So entstand „Sara": Meine Rückkehr von Tel Aviv nach Berlin. Aus: Stefan Fischer-Fels: Der Schriftsteller Volker Ludwig. Kabarettautor – Liedtexter – Stückeschreiber. Alexander Verlag. Berlin 1999.

Seite 162: Kinder schreiben Briefe an eine Achtzigjährige. Aus: Inge Deutschkron: Offene Antworten. Meine Begegnungen mit einer neuen Generation. © Transit Verlag. Berlin 2004.

Seite 178: „Wie aber wird es morgen sein?" Aus: Gedenktag für die Opfer des Nationalsozialismus. 27. Januar 2006.

Seite 183: „Stille Helden". Grußwort anläßlich eines Workshops der „Stillen Helden". Unveröffentlichter Originalbeitrag. Berlin 9. Februar 2006.

Seite 189: Endspurt – Überleben in Berlin 1943–1945. Rede zum 20. Juli. Unveröffentlichter Originalbeitrag. 19. Juli 2007.

Seite 220: Lachen in der Not. Rede anlässlich der Verleihung des Carl-von-Ossietzky-Preises. Unveröffentlichter Originalbeitrag. Oldenburg 4. Mai 2008.